U0894170

"十四五"职业教育国家规划教材

汽车发动机电气维修

（含工作页）

主　编　江　帆

副主编　江拥军

参　编　曾忠俊　邓全伯
　　　　覃有森　田　勇

主　审　许　平

電子工業出版社

Publishing House of Electronics Industry

北京 · BEIJING

内 容 简 介

本书内容主要包括汽车电气元件的识别与检测、汽车电路图的识读、蓄电池的检查与维护、充电系统的故障诊断与检修、起动系统的故障诊断与检修等5个学习项目。本书在内容编排上以就业为导向、以学生为主体，以培养技术应用型人才为根本任务，以汽车电气设备维修人员必备的能力和基本素质为主线。在呈现形式上，本书将教材和学生工作页分开，便于学生自学和教师批改作业，内容力求图文并茂、通俗易懂。

本书既可作为职业院校汽车相关专业学生的教材，也可供汽车维修电工和汽车机电维修工等岗位技术人员参考使用。

图书在版编目（CIP）数据

汽车发动机电气维修 / 江帆主编. —北京：电子工业出版社，2017.9

ISBN 978-7-121-32123-8

Ⅰ. ①汽… Ⅱ. ①江… Ⅲ. ①汽车—发动机—电气设备—车辆修理—中等专业学校—教材 Ⅳ. ①U472.43

中国版本图书馆 CIP 数据核字（2017）第 159578 号

策划编辑：郑　华
责任编辑：郑　华　　特约编辑：王　纲
印　　刷：北京虎彩文化传播有限公司
装　　订：北京虎彩文化传播有限公司
出版发行：电子工业出版社
　　　　　北京市海淀区万寿路 173 信箱　邮编　100036
开　　本：787×1 092　1/16　印张：13.25　字数：339 千字
版　　次：2017 年 9 月第 1 版
印　　次：2023 年 9 月第 7 次印刷
定　　价：31.80 元

凡所购买电子工业出版社图书有缺损问题，请向购买书店调换。若书店售缺，请与本社发行部联系，联系及邮购电话：（010）88254888，88258888。

质量投诉请发邮件至 zlts@phei.com.cn，盗版侵权举报请发邮件至 dbqq@phei.com.cn。

本书咨询联系方式：（010）88254988，3253685715@qq.com。

前　言

PREFACE

现代汽车维修技术的不断更新和汽车企业组织的不断调整，对汽车维修从业人员的技术技能和职业素养提出了更高的要求，也对先理论、后实践的传统教学模式提出了巨大的挑战。当前汽车维修专业的职业教育中，“以任务为主线、教师为主导、学生为主体”的任务驱动教学法，将教学方式由传授式变为启发式，由再现式变为探究式，由单向传导式变为多维互动式，更加贴合产业形式和教育形式的发展，更有利于教育教学质量和人才培养质量的提高，因而日益受到学生、学校和企业的的欢迎和重视。

自 2004 年以来，柳州市第一职业技术学校的汽车运用与维修专业教师团队，秉承“以就业为向导、以技术为基础、以能力为本位”的原则，在课程设置、教学管理和人才培养等方面进行了多方探索和不懈创新，通过校企合作组建“五菱班”、“丰田班”、“通用班”等方式，建立起一套从明确任务、制定计划、实施计划、检查控制到评价反馈的工作过程系统化的课程模式。本套“职业院校任务驱动教学法创新示范教材”正是在此优秀实践经验和教学成果基础上，全面调研、精确分析、谨慎论证、科学编撰而成，是学校汽修专业教学团队教学成果和集体智慧的展示和结晶。

本套教材大部分采用“主教材+工作页”的形式，主教材侧重典型工作任务的知识讲解，工作页强调技能掌握和知识点的收集。本套教材在编写过程中，始终力求做到三个兼顾和三个突出。

1．在教材的编写指导思想方面，既注重体现职业教育的最新理论与前沿技术、行业能力的最新水平与发展要求，又同时兼顾职业院校学生的实际特点和实际水平；既注重汽修专业基础知识、基本理论和必备技能的掌握，又兼顾企业的典型工作任务和典型工作流程，让学生的学习和工作结合为一体；既强调教师作为学习过程的策划组织者、资源提供者、指导咨询者、过程监督者以及绩效评估和改善者的重要作用，又兼顾对学生综合职业能力的培养，强调学生在真实工作情境中整体化地解决综合性专业问题的能力和技术思维方式。

2．在教材的知识体系构建上，力求突出工作过程的系统化、学生学习的自主化和评价反馈的及时化，本套教材通过有一定实际价值的行动产品来引导教学组织过程，学生学习方式多以强调合作和交流的小组形式进行，从而使学生能够进一步理解技术知识并提高解决问题的能力。在本书的工作页板块，始终贯穿有“质量控制与评价”环节，过程化的学习评价可帮助学生获得初步总结、反思及自我反馈的能力，为提高其综合职业能力提供必要的基础。

本书由江帆老师主编（编写项目 1 至项目 5），覃有森老师（提供项目 4 和项目 5 的相关资料）、邓全伯老师（提供项目 4 和项目 5 的相关图片）、曾忠俊老师（提供教材的部分资料）、田勇老师参加编写。

本书在编写过程中还得到了柳州桂鹏上海大众 4S 店技术经理马武忠等企业技术人员的大力支持，在此一并表示感谢。

由于时间仓促，编者水平有限，教材内容难以覆盖全国各地的实际情况，书中难免有错漏之处，请使用本书的教师和学生批评指正，并给我们提出修改意见和建议。

目　录

CONTENTS

项目 1

汽车电气元件的识别与检测

项目概述

汽车基础电气元件的检测贯穿于电气类课程的学习，是汽车电路检测的基础。在本项目中，我们将介绍汽车电路的基本组成与特点，以及汽车保险、继电器和开关等基础电气元件的检测方法等内容。

思维导图

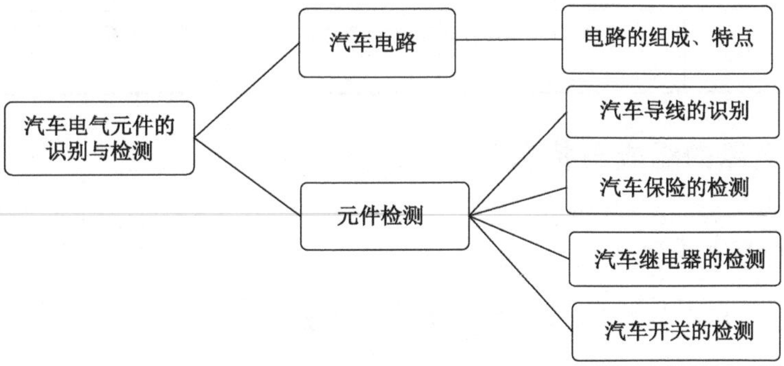

任务 1.1 认识汽车电路

任务目标

技能目标	能够实车识别汽车电源、用电设备、开关、保险和导线
知识目标	能说出汽车电路的基本组成与特点
学习活动	完成工作页→在车上找出倒车灯电路

任务引入

王先生的车子挂倒挡时倒车灯不亮了，刘师傅稍做检查便找到了故障点，排除后倒车灯恢复正常。如果你是刘师傅，你该怎么检查？

任务资讯

一、汽车电路简介

电路是指电流流经的回路。随着汽车技术的发展，汽车上的用电设备越来越多，汽车电路也越来越复杂，汽车上常见的电路种类及其组成见表 1-1。

表 1-1　汽车电路的种类及组成

序号	电路种类	电路组成
1	电源电路	由蓄电池、发电机、充电指示装置、配电装置（车身控制模块、熔丝盒）和电路保护器（熔丝、断路器、继电器）组成
2	起动电路	由起动机、起动继电器、起动开关及起动保护电路、起动预热装置及其控制电路组成
3	点火电路	由点火线圈、发动机控制模块、火花塞及点火开关等组成
4	照明与灯光电路	由前照灯、雾灯、示宽灯、转向灯、制动灯、倒车灯、车内照明灯和相关控制继电器及开关组成
5	仪表电路	由仪表及其传感器、各种报警指示灯及控制器组成
6	辅助装置电路	包括风窗刮水及清洗装置、风窗除霜（防雾）装置、空调装置、音响装置、电动车窗、电控门锁、电动座椅、电动后视镜等电路
7	电子控制电路	由发动机控制系统、自动变速器控制系统、底盘控制系统、车身控制系统、娱乐控制系统、网络通信等电路组成

二、汽车电路的组成与特点

1. 汽车电路的基本组成

汽车电路由电源、保护装置、控制装置、负载（用电设备）、导体和地线组成，如图 1-1 所示。

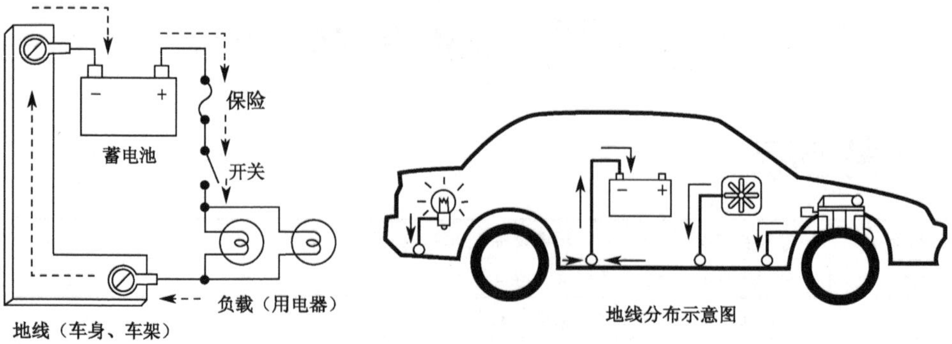

图 1-1　汽车电路的组成

其中，电源包括蓄电池和交流发电机；保护装置包括熔丝和断路器；控制装置包括开关和继电器；负载包括灯泡和电动机等用电设备；导体包括电缆和导线；地线通常为车身或车架，地线接线柱通常有一个螺栓或螺钉，将地线直接连接到车体或金属部件上。

所有电路均须形成完整的回路。无论路径的数量多少或者部件的位置在哪里，电流必须在一个封闭的回路中流动，即从蓄电池正极出发，通过保护装置和控制装置，流到负载（用电器），经地线最终返回到蓄电池的负极，如图 1-1 中虚线所示。这就是电路的回路原则。

2. 汽车电路的特点

图 1-1 所示的汽车电路体现了汽车电气系统的特点。

（1）单线制：即利用车身、车架等金属构件作为各种用电设备的共用连线（俗称搭铁），而用电设备到电源须另设一根导线。

（2）负极搭铁：所谓搭铁，就是采用单线制时，将蓄电池的一个电极用导线连接到发动机或底盘等金属车体上。若蓄电池的负极连接到金属车体上，称为负极搭铁；反之，若蓄电池的正极连接到金属车体上，称为正极搭铁。我国相关标准中规定汽车电器必须采用负极搭铁方式，目前世界各国生产的汽车也大多采用负极搭铁方式。

（3）两个电源：指蓄电池和发电机这两个供电电源。蓄电池主要用于起动，对其他用电设备而言属于辅助电源，在汽车未运转时向有关用电设备供电；发电机是主电源，当发动机运转到一定转速后，发电机转速达到规定的发电转速，开始向有关用电设备供电，同时对蓄电池进行充电。

（4）用电设备并联：是指汽车上的各种用电设备都采用并联方式与电源连接，每个用电设备都由各自串联在其支路中的专用开关控制，互不产生干扰。

（5）低压直流供电：汽车电气设备采用低压直流供电，柴油车大多采用 24V 直流供电，汽油车大都采用 12V 直流电压供电。

想一想：如果汽车电路不采用单线制会是什么结果？

提示：电路导线将会成倍增加。

三、汽车电路主要电气元件在车上的位置

如图 1-2 所示，汽车电源（蓄电池、发电机）通常安装在发动机舱内，也有些车型的蓄电池安装在行李舱内；开关（点火开关、车灯开关等）安装在驾驶舱内，方便驾驶员操作；保险装置、继电器通常安装在发动机舱和驾驶舱内的中央接线盒上；用电设备（起动机、车灯等）安装在发动机舱、驾驶舱和车身的其他地方。

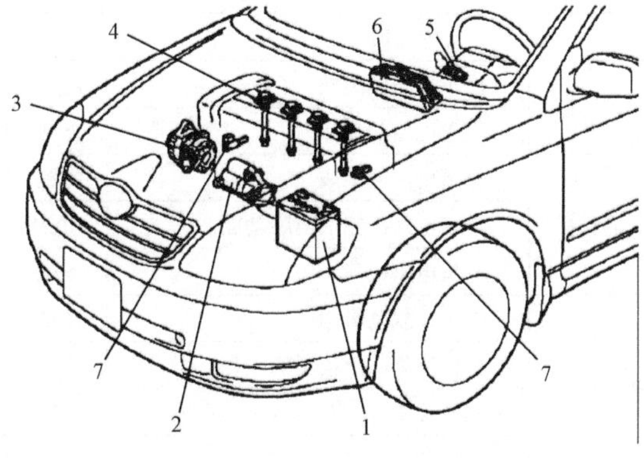

1—蓄电池；2—起动机；3—发电机；4—点火线圈；5—点火开关；6—组合仪表；7—传感器

图 1-2　发动机各电气设备位置示意图

任务实施

一、实训项目

1. 认识汽车闭合电路

完成学习任务单中的填图、电路连接练习与汽车电路特点分析。

2. 分析汽车喇叭电路

完成学习任务单中的汽车喇叭电路分析与喇叭电路实物识别。
（1）在汽车上找到汽车喇叭电路组成元件的安装位置。
（2）分析汽车喇叭不响的可能原因。

二、实训器材

实训车辆 4 辆，其他器材及工具如下所示。
器材：电路板、蓄电池、灯泡、灯泡带线插座、导线、开关、保险、电工胶布。
工具：12 寸活动扳手或工具套装、尖嘴钳、剥线钳。

任务评价

任务评价见表 1-2。

表 1-2 任务评价表

考核项目		评分标准	学生自评	小组互评	教师评价	小计
知识目标	汽车电路的组成	能完整叙述				
	汽车电路的特点	能完整叙述				
技能目标	分析电路的组成	完整、正确				
	连接电路，完成电路功能	正确连接				
	分析电路故障	正确、完整				
素质目标	安全、规范操作	做到、做好				
	操作步骤、流程正确完整	正确、熟练				
	团队合作	是否和谐				
	现场 7S	是否做到				
总评						

任务小结

（1）汽车电路由电源、保护装置（保险）、控制装置（开关、继电器、控制模块等）、负载（用电设备）、导体和地线等组成，具有单线并联、低压直流、两个电源、负极搭铁等特点。

（2）导线、开关、保险、继电器、接线器和接线盒是电路的基本元件，应熟悉每个电路中这些元件的安装位置。

任务 1.2 汽车导线的识别

任务目标

技能目标	能够实车识别汽车电路图中的导线和导线连接器
知识目标	能说出汽车导线和导线连接器在电路图中的标识方法
学习活动	完成工作页→在车上找出导线和连接器

任务引入

王先生的车子喇叭不响，刘师傅稍做检查便找到了故障点——喇叭线路故障，排除后喇叭恢复正常。如果你是刘师傅，你该怎么检查喇叭线路？

任务资讯

一、导线

汽车导线由铜芯多股软线、聚乙烯塑料护套组成。导线有单色线和双色线之分，双色线在基色上布有纵向彩条，如图 1-3（a）所示。

某些信号电路受到干扰容易失真，因此设置了屏蔽线，如图 1-3（b）所示，以防外界电能透过绝缘层进入电路产生干扰。屏蔽的方法是在电线绝缘层的表面用金属网包裹作为屏蔽层，再将屏蔽层与地线连接，这样干扰信号将被导向地线，从而保护通过芯线的信号不受干扰。

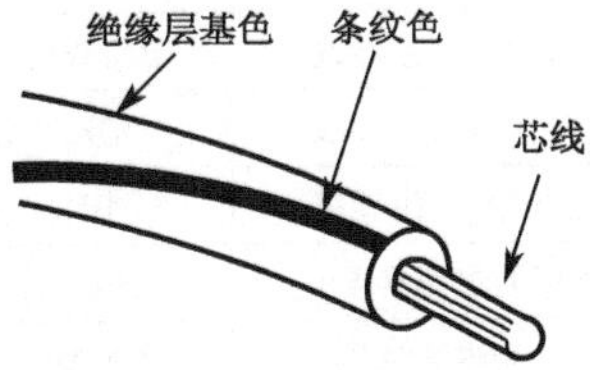

（a）普通双色线

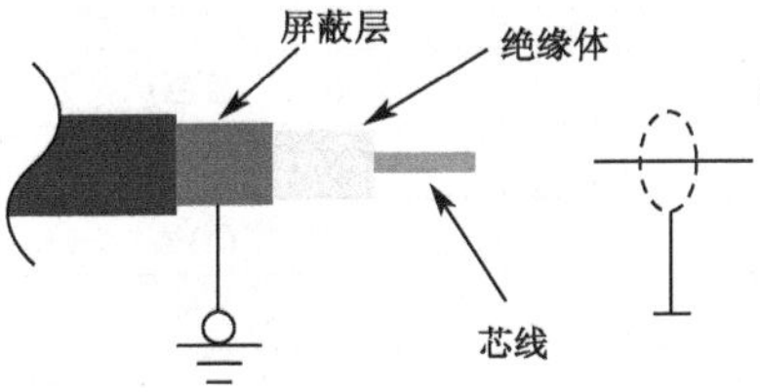

（b）屏蔽线

图 1-3 普通双色线与屏蔽线的结构

电路图中导线的识别包括导线的颜色和截面积两方面。

1. 导线的颜色

为便于安装和检修，汽车电路多采用双色线，主色为基础色，辅色为环布导线的条形色带或螺旋色带，且标注时主色在前，辅色在后。以双色为基础选用时，各用电系统的电源线为单色，其余为双色，国产汽车双色线的主色见表 1-3。

表 1-3　国产汽车双色线的主色

系统名称	电线主色	代号	系统名称	电线主色	代号
电源系统	红	R	仪表、报警指示和喇叭系统	棕	Br
点火和起动系统	白	W	前照灯、雾灯等外部照明系统	蓝	Bl
电气装置接地线	黑	B	各种辅助电动机及电气操纵系统	灰	Gr
灯光信号系统	绿	G	收放音机、点烟器等系统	紫	V
车身内部照明系统	黄	Y			

导线颜色的中、英文名称及缩写见表 1-4。

表 1-4　导线颜色的中、英文名称及缩写

线色	常用缩写	中文	线色	常用缩写	中文
Black	BLK/B	黑色	Light Green	LT GRN	浅绿色
Blue	BLU/BL	蓝色	Orange	ORG/ O	橙色
Brown	BRN/BR	棕色	Pink	PNK/P	粉红色
Clear	CLR/CL	透明	Purple	PPL/PP	紫色
Dark Blue	DK BLU	深蓝色	Red	RED/R	红色
Dark Green	DK GRN	深绿色	Tan	TAN/T	褐色
Green	GRN/G	绿色	Violet	VIO/ V	粉紫色
Gray	GRY/ GR	灰色	White	WHT/W	白色
Light Blue	LT BLU	浅蓝色	Yellow	YEL/Y	黄色

美国汽车的线色表示法见表 1-5。

表 1-5　美国汽车的线色表示法

单色线		双色线	
导线颜色	图示上的缩写	导线颜色	图示上的缩写
深绿色	D-GN（深绿色）	带白色色标的红色导线	RD/WH（红色/白色）
浅绿色	L-GN(浅绿色)	带黑色色标的红色导线	RD/BK（红色/黑色）
深蓝色	D-BU(深蓝色)	带白色色标的棕色导线	BN/WH（棕色、白色）
棕色	BN（棕色）	带白色色标的黑色导线	BK/WH(黑色/白色)
橙色	OG(橙色)	带黄色色标的黑色导线	BK/YE(黑色/黄色)
黄色	YE（黄色）	带黑色色标的深绿色导线	D-GN/BK（深绿色/黑色）
灰色	GY（灰色）	带白色色标的深绿色导线	D-GN/WH（深绿色/白色）
浅蓝色	L-BU（浅蓝色）	带黑色色标的浅绿色导线	L-GN/BK（浅绿色/黑色）
红色	RD（红色）	带黄色色标的红色导线	RD/YE（红色/黄色）
黑色	BK（黑色）	带深蓝色色标的红色导线	RD/D-BU（红色/深蓝）
粉红色	PK（粉红色）	带棕色色标的黑色导线	BK/BN（黑色/棕色）
白色	WH（白色）		
紫色	PU（紫色）		

2. 导线截面积

导线截面积根据工作电流的大小来选取，是经过换算而统一规定的线芯截面积，而不

是实际线芯的几何截面积，也不是各股线芯截面积之和。它的公制单位是 mm^2。对于一些电流特别小的电器，如指示灯电路，为了保证应有的力学强度，导线的截面积不得小于 $0.5mm^2$。

导线的截面积标注在颜色代码前面，单位为 mm^2 时不标注，如 1.25R 表示截面积为 $1.25mm^2$ 的红色导线；1.0G/Y 表示截面积为 1.0 mm^2 的双色导线，主色为绿色，辅色为黄色。

美国汽车的导线尺寸采用美国汽车工程师协会（SAE）标准或美国线规标准（AWG）。一般来讲，SAE 规格导线尺寸范围为 20～10，而 SAE 规格导线尺寸为 8～0。SAE 系统使用的导线规格以 2 递增，尺寸越小，规格号码越大。典型电路导线公制尺寸与 SAE/AWG 尺寸的对比见表 1-6。

表 1-6 典型电路导线公制尺寸与 SAE/AWG 尺寸对比表

典型电路	电流值（A）	公制尺寸（mm^2）	SAE/AWG 尺寸（规格号码）
时钟	0.3	0.22	24
顶灯	1	0.22	24
仪表盘	0.7～1	0.22～0.35	24～22
点火装置	1.5～4	0.35～0.8	22～18
刹车灯	3.5～4	0.5～0.8	20～18
加热器/除雾器	6～10	1.0～3.0	16～12
前照灯近光	8～9	2.0～3.0	14～12
起动机线圈	10～12	2.0～5.0	14～10
前照灯远光	13～15	3.0～5.0	12～10
空调	12～20	3.0～5.0	12～10
电动车窗	20～25	5.0～8.0	10～8

二、导线连接器

1. 连接器的结构与拆装

连接器有导线连接器和电气设备连接器两种，连接器的结构由插入的插销和被插入的插孔组成。带有插销的连接部称为插头，带有插孔的连接部称为插座，如图 1-4 所示。

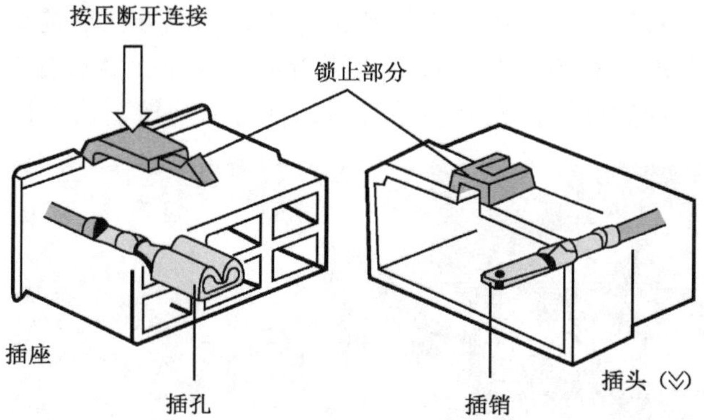

图 1-4 连接器的结构组成

当要拆卸连接器时，先通过按压的方法解除连接器的锁止机构，再拉开连接器，如

图 1-5 所示。不允许在未解除锁止的情况下用力猛拉导线，以防止拉坏导线或锁止机构。

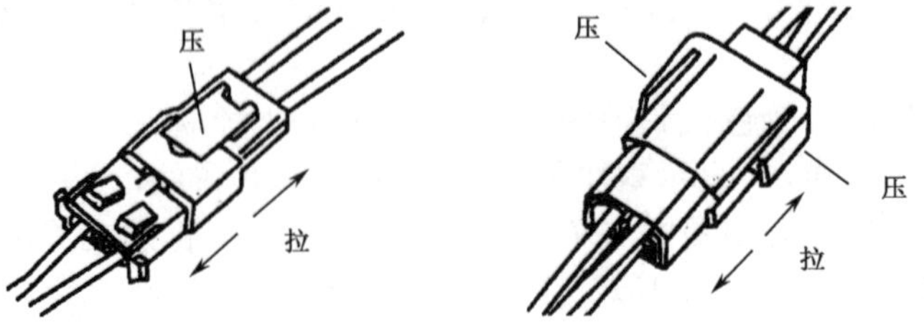

图 1-5　连接器的拆卸方法

2. 连接器的表示方法

连接器在电路中的表示方法见表 1-7。

表 1-7　连接器的表示方法

在电路图中的符号	连接器类型	在电路图中的表示方法	连接器端视图
X500/14 X510/7	导线连接器	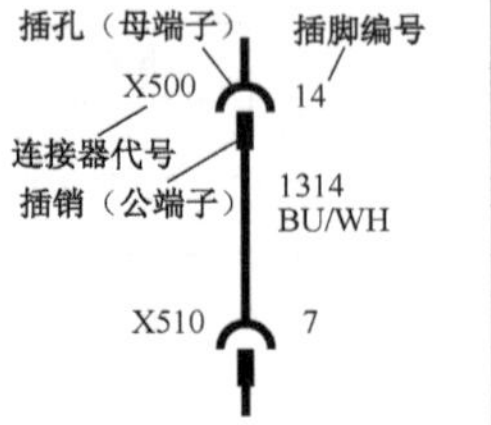	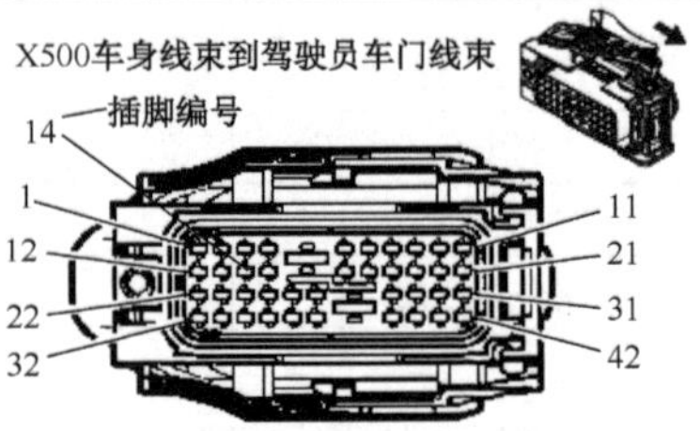
S30/1 S30/12	电气设备连接器	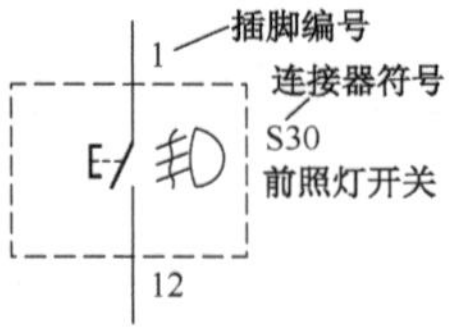	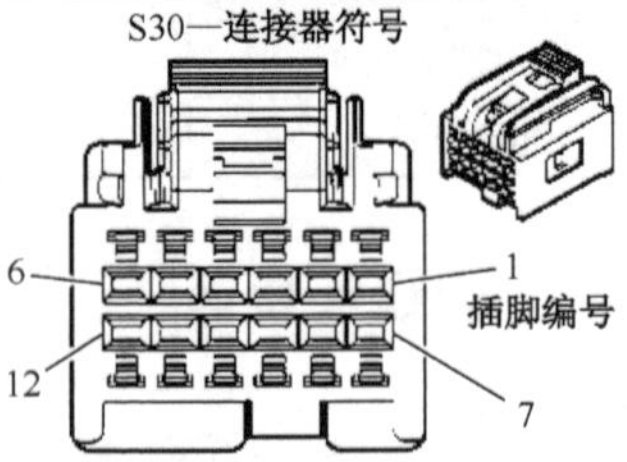

3. 连接器的探测

在探测连接器前部时，必须使用专用探测工具（如博世 208 接线盒），并选用大小形状合适的测试探针，不得直接使用万用表表笔和试灯探针探测连接器前部，因为表笔和试灯探针会使大多数端子变形，如图 1-6 所示。也不得使用探针探测装有密封件的扁平式连接器的后部，但没有密封件的连接器允许使用合适的探针从连接器后部探测（图 1-6）。

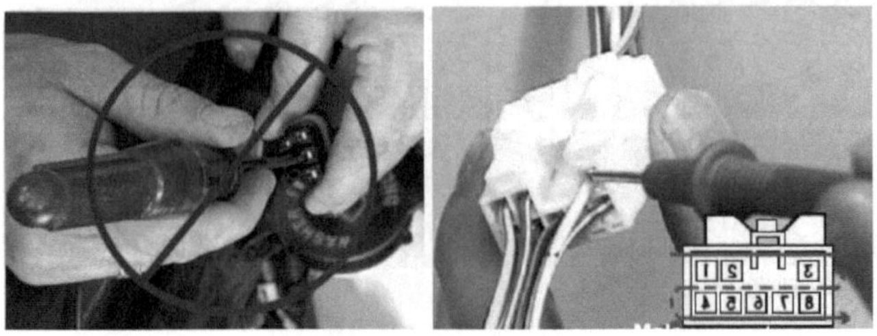

图 1-6　连接器的探测

任务实施

一、实训项目

（1）识别导线，并完成学习任务单中的内容。
（2）拆装导线连接器，并完成学习任务单中的内容。
（3）探测导线连接器，并完成学习任务单中的内容。

二、实训器材

实训车辆 4 辆，其他器材及工具如下所示。
器材：汽车导线及连接器（线束）、208 接线盒。
工具：万用表、试灯。

任务评价

任务评价见表 1-8。

表 1-8　任务评价表

考核项目		评分标准	学生自评	小组互评	教师评价	小计
知识目标	汽车导线识别内容（颜色、截面积）	能完整叙述				
	汽车导线连接器的结构特点	能完整叙述				
技能目标	辨识导线颜色及截面积	完整、正确				
	拆装导线连接器	正确拆装				
	探测导线连接器	正确操作				
素质目标	安全、规范操作	做到、做好				
	操作步骤、流程正确完整	正确、熟练				
	团队合作	是否和谐				
	现场 7S	是否做到				
总评						

任务小结

（1）汽车导线识别主要是颜色和截面积的识别，不同功率用电设备的导线截面积不同。
（2）维修中应正确拆装和探测导线连接器，避免损坏连接器。

任务 1.3　汽车保险的检测

任务目标

技能目标	能够识别、检测、判断汽车保险
知识目标	能说出汽车保险的种类和颜色区分
学习活动	完成工作页→用多种方法检测汽车保险

任务引入

王先生的车子喇叭不响，刘师傅稍做检查便找到了故障点——喇叭保险故障，排除后喇叭恢复正常。如果你是刘师傅，你该怎么检查和判断喇叭保险的好坏？

任务资讯

汽车保险的作用是保护电路，避免电路过载烧毁。当电路中流过超过规定的过大电流时，汽车电路保险装置熔断，切断电路，从而防止烧坏电路连接导线和用电设备，并把故障限制在最小范围内。汽车上的保险装置主要有熔断器、易熔线和断路器，其符号及外形见表 1-9。

表 1-9　汽车电路中的保险装置

保险装置类型	符号	实物图片
熔断器	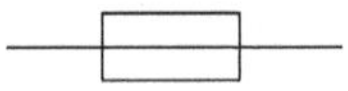	
易熔线		
断路器		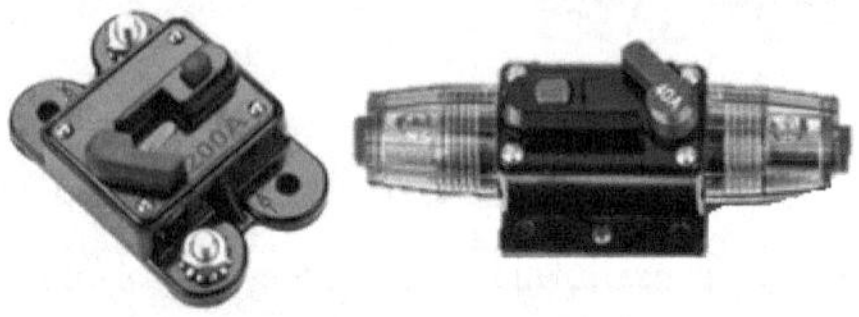

熔断器通常称为熔丝。当过大的电流流过熔丝时，在熔丝上产生热量，使熔丝中的导体熔化形成电路开路，电流停止流动，从而保护电路。熔丝的类型很多，汽车上常用的是插片式熔丝。熔丝的额定电流是指熔丝不被熔断时能通过的最大设计电流值，熔丝额定电流的 80%应该等于电路正常工作时的电流。一般不同额定电流的熔丝的颜色也不

同，如图 1-7 所示。熔丝是一次性的，熔断之后必须更换。更换熔丝前，必须排除导致熔丝被烧掉的电路故障。

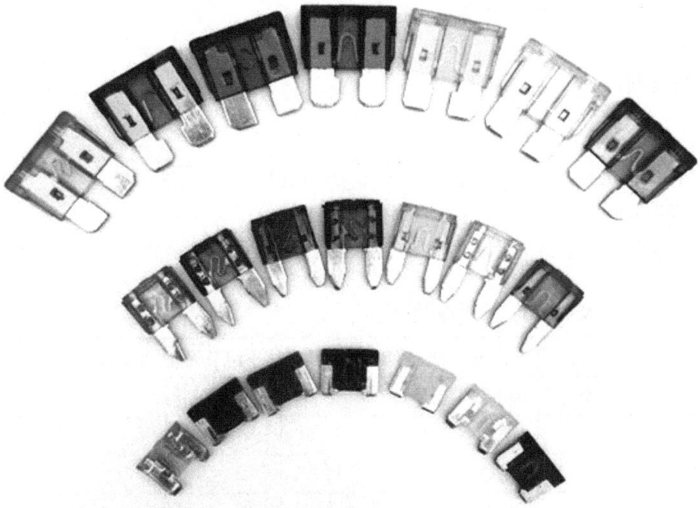

额定电流（A）	颜色
2	灰色
3	紫色
5	黄褐色
7.5	棕色
10	红色
15	蓝色
20	黄色
25	白色或本色
30	绿色

图 1-7　汽车熔丝及颜色分类

汽车保险的检测方法有试灯检查、目测检查和万用表检查等，如图 1-8 所示。

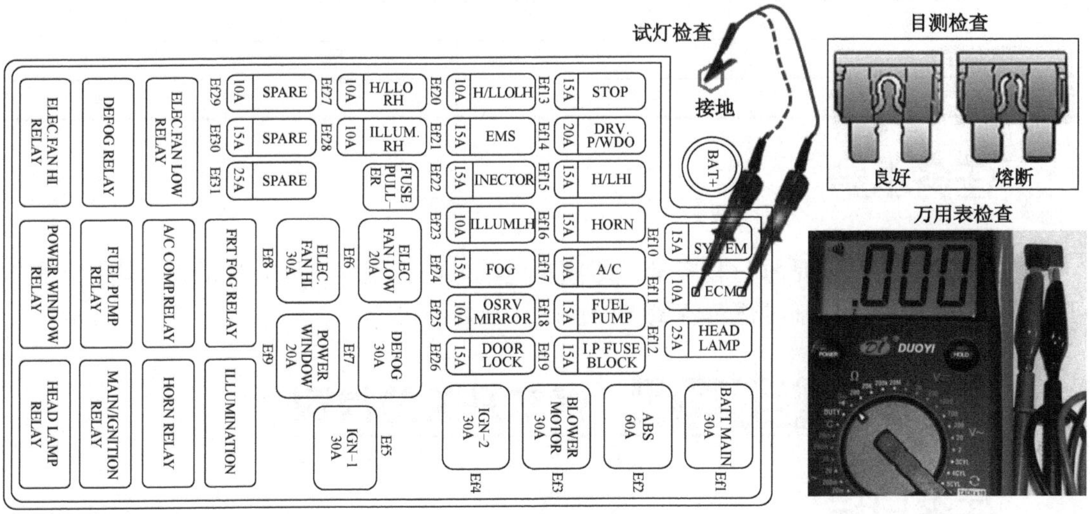

图 1-8　汽车保险的检测

任务实施

一、实训项目

（1）在车上找到所有的保险盒，根据保险盒盖的标注或电路图识别各种保险，并完成学习任务单中的内容。

（2）找到并检测汽车喇叭保险，完成学习任务单中的内容。

二、实训器材

实训车辆4辆，其他器材及工具如下所示。

器材：各类汽车保险。

工具：万用表、试灯、尖嘴钳。

任务评价

任务评价见表1-10。

表1-10 任务评价表

考核项目		评分标准	学生自评	小组互评	教师评价	小计
知识目标	汽车保险识别内容（颜色、额定电流）	能完整叙述				
	汽车保险的检测方法	能完整叙述				
技能目标	辨识保险颜色及额定电流	完整、正确				
	拆装并检测保险	正确拆装				
	找到指定保险（喇叭保险）	正确操作				
素质目标	安全、规范操作	做到、做好				
	操作步骤、流程正确完整	正确、熟练				
	团队合作	是否和谐				
	现场7S	是否做到				
总评						

任务小结

汽车保险识别主要是颜色和容量（即额定电流）的识别，不同容量的保险用途不同。可以采用容量小的保险临时代替容量大的保险，反之不可。

任务1.4 汽车开关的检测

任务目标

技能目标	会拆装并检测点火开关
知识目标	能说出汽车点火开关的作用，能识别挡位和接线柱
学习活动	完成工作页→拆装和检测汽车点火开关

任务引入

王先生的车子打不着火，刘师傅检查并找到了故障点——点火开关故障，排除后发动机顺利起动。如果你是刘师傅，你该怎么检查和判断点火开关的好坏？

任务资讯

开关是用来控制汽车电路中各种用电设备的电气装置，一般安装在驾驶员容易操作的地方。按照操作方式不同可分为手操作和脚踏式两种，按照结构原理可分为机械开关和电磁开关两种，按用途可分为电源开关、点火开关、灯光开关等。

一、点火开关

点火开关是汽车电路中最重要的开关，是各条电路分支的控制枢纽，是多挡多接线柱开关。其主要功能是：锁住方向盘转轴（LOCK），接通点火仪表指示等（ON 或 IG），接通起动（ST 或 START）挡、附件挡（ACC，主要是收放机专用），如果用于柴油车则增加预热挡。其中起动、预热挡因为工作电流很大，开关不宜接通过久，所以这两挡在操作时必须用手克服弹簧力，扳住钥匙，一松手就弹回点火挡，不能自行定位，其他挡均可自行定位。

点火开关的挡位标识、内部端子结构及在电路图中的表示方法如图 1-9 所示，其各挡位的导通情况见表 1-11。设有专门挡止挡位的点火开关，只在 LOCK 挡位才能拔出点火钥匙，也在此挡位锁止方向盘，在 OFF 挡全车电路切断，但方向盘可以转动。

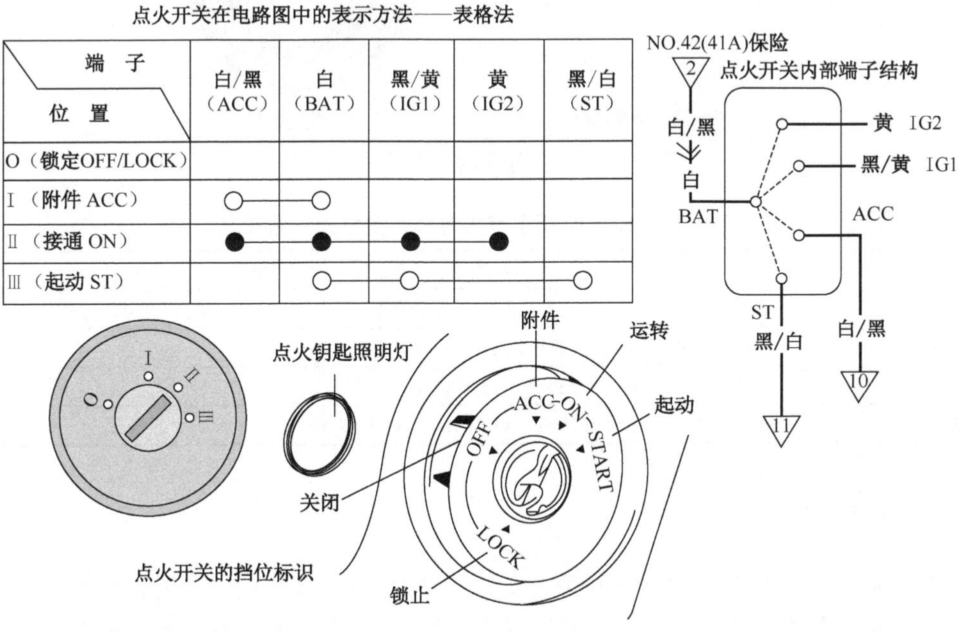

图 1-9　汽车的点火开关

表 1-11　点火开关各挡位的导通情况

挡位	电源端子与其他端子的接通情况
O（OFF）	无。在此挡位拔出点火钥匙后左右转动方向盘可锁止
I（ACC）	电源与 ACC（音响、点烟器等附件）端子接通
II（ON）	电源与 IG1（点火、仪表等）、IG2（空调等大功率用电设备）及 ACC 接通
III（ST）	电源与 ST（起动）、IG1 接通

点火开关在电路图中另外一种常用的表示方法是图形符号表示法，如图 1-10 所示。其各挡位的导通情况见表 1-12。

点火开关的检测方法：检测点火开关的性能时，把点火开关逐一转到各个挡位，用万用表电阻挡检测相应端子的电阻值，应小于 2Ω。

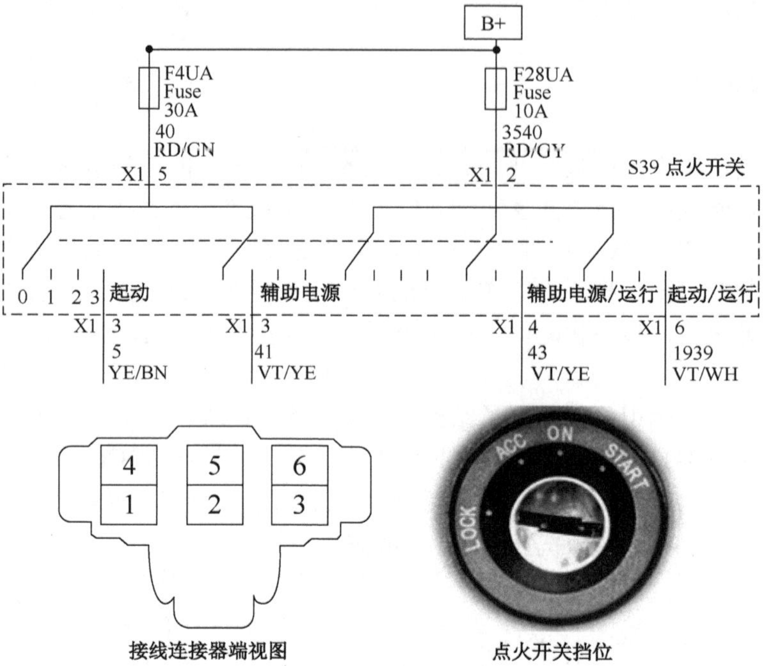

图 1-10 点火开关的图形符号表示法

表 1-12 图 1-10 所示点火开关各挡位的导通情况

挡位	电源端子与其他端子的接通情况
0（LOCK）	无。在此挡位拔出点火钥匙后左右转动方向盘可锁止
1（ACC）	电源与 ACC（音响、点烟器等附件）端子接通（X1/5-X1/3）
2（ON）	电源与点火及 ACC 端子接通（X1/2-X1/4）
3（START）	电源与起动、点火端子接通（X1/5-X1/1，X1/2-X1/6）

二、组合开关

组合开关将照明开关（前照灯开关、变光开关）、信号（转向、位置、超车）开关等组合为一体，安装在便于驾驶员操作的转向柱上。图 1-11 所示为五菱之光汽车组合开关的结构，其动作与接通位置如图 1-12 所示。

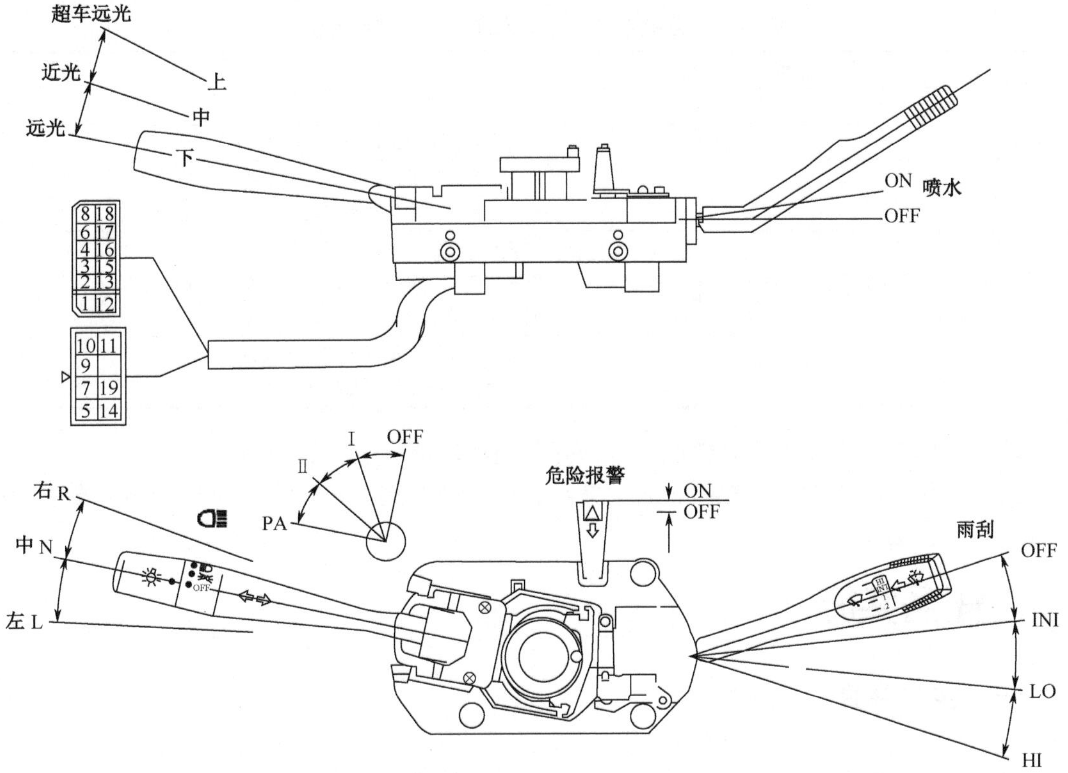

图 1-11　五菱之光汽车组合开关的结构

端子序号 / 手柄位置	1 电源	2 驻车	3 小车	9 电源	10 近光	11 远光	端子序号 / 变光手柄位置	
OFF				○	—	○	超车灯光	上
							近光	中
							远光	下
				○	—	○	超车灯光	上
	○	○	○				近光	中
							远光	下
				○	—	○	超车灯光	上
	○	○	○	○	○		近光	中
				○	—	○	远光	下
				○	—	○	超车灯光	上
	○	○					近光	中
							远光	下

灯光开关

端子序号 / 手柄位置		13	4	15	12	14	5
转向灯开关	R	○	○				
	N						
	L		○	○			
报警灯开关	OFF				○	○	
	ON	○	○	○	○	—	○

转向及报警灯开关

图 1-12　五菱之光汽车组合开关的动作与接通位置

五菱之光汽车灯光开关各挡位导通情况见表 1-13。

表 1-13　五菱之光汽车灯光开关各挡位导通情况

挡位	接通的端子			含义
	上	中	下	
OFF	9-11			把变光开关往上抬，大灯远光接通
	9-11	1-2-3		把变光开关往上抬，大灯远光接通 中间位置：驻车灯和小灯电路接通
	9-11	1-2-3，9-10	9-10	把变光开关往上抬，大灯远光接通 中间位置：驻车灯、小灯和大灯近光电路接通 把变光开关往下压，大灯远光接通
	9-11	1-2		把变光开关往上抬，大灯远光接通 中间位置：驻车灯电路接通

转向及报警灯开关的导通情况与灯光开关类似，请学生自己分析。

组合开关的检测方法：把组合开关转到指定挡位，用万用表电阻挡检测相应端子的电阻值，应小于 2Ω。

任务实施

一、实训项目

（1）拆装并检测车上的点火开关，完成学习任务单中的内容。

（2）拆装并检测车灯开关，完成学习任务单中的内容。

二、实训器材

实训车辆 4 辆，其他器材及工具如下所示。

器材：点火开关、车灯开关。

工具：万用表、试灯、塑料撬板。

任务评价

任务评价见表 1-14。

表 1-14　任务评价表

考核项目		评分标准	学生自评	小组互评	教师评价	小计
知识目标	点火开关的挡位和接线柱功能	能完整叙述				
技能目标	拆装并检测点火开关	正确				
	检测车灯开关	正确检测				
素质目标	安全、规范操作	做到、做好				
	操作步骤、流程正确完整	正确、熟练				
	团队合作	是否和谐				
	现场 7S	是否做到				
总评						

任务小结

汽车开关多种多样，拆装时要注意塑料板件的定位关系，正确拆卸，避免损坏。判断开关好坏主要依据功能检测——电源接线柱和各挡位输出接线柱的导通电阻是否小于 2Ω。

任务 1.5 汽车继电器的检测

任务目标

技能目标	会拆装并检测继电器
知识目标	能说出汽车继电器的作用和组成
学习活动	完成工作页→拆装和检测汽车继电器

任务引入

王先生的车子喇叭不响，刘师傅通过检查找到了故障点——喇叭继电器故障，排除后喇叭正常。如果你是刘师傅，你该怎么检查和判断喇叭继电器的好坏？

任务资讯

一、继电器

继电器可以实现自动接通或切断一对或多对触点，用小电流控制大电流，可以减小控制开关的电流负荷，保护电路中的控制开关，如起动继电器、空调继电器、喇叭继电器、雾灯继电器、中间继电器、风窗刮水器/清洗器继电器、危险报警与转向闪光继电器等。

继电器主要分为常开继电器，常闭继电器和常开、常闭混合型继电器，如图 1-13 所示。继电器的每个插脚都有标号，与中央接线盒正面板的继电器插座的插孔标号相对应。

继电器线圈与用电设备的控制电路接通，流过小电流；触点与用电设备的主电路接通，流过大电流。常开继电器在线圈通电时触点闭合，常闭继电器在线圈通电时触点打开。

继电器检测方法如下。

开路检测：采用万用表测阻法，以图 1-14 所示的继电器为例，用万用表电阻挡检查，如果①脚—②脚通，③脚—④脚通，③脚—⑤脚电阻为∞，则正常，否则有问题。

加电检测：在①脚和②脚之间加 12V 电压，③脚—④脚不通，③脚—⑤脚通，为正常。也可以给继电器线圈加电，用试灯检查触点开关的导通情况，如图 1-15 所示。

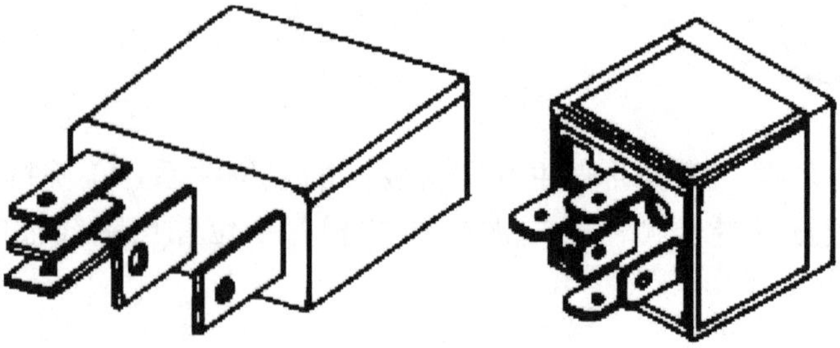

（a）外形

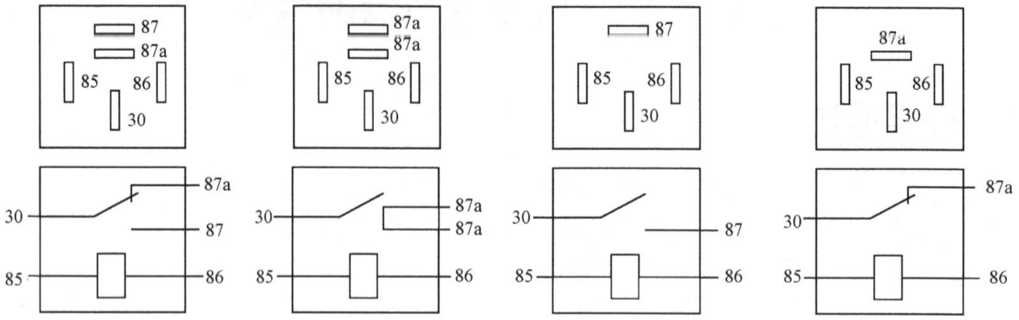

（b）插脚和内部原理

图 1-13　常用继电器的外形及原理

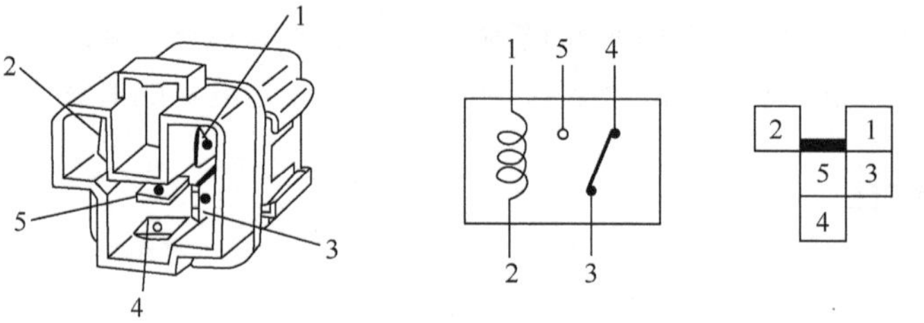

（a）外观　　（b）图形符号　　（c）接线端子

图 1-14　继电器示例

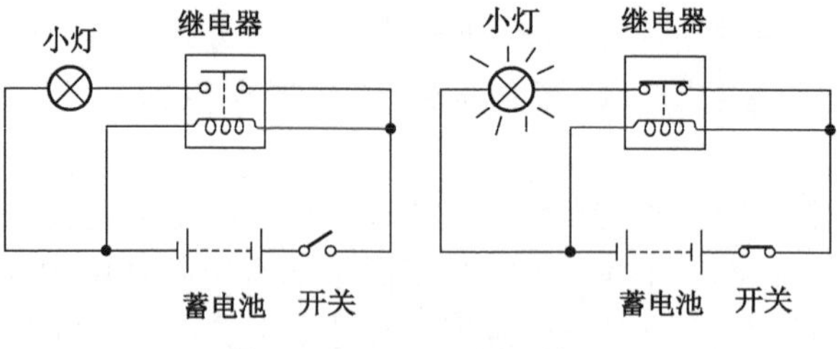

图 1-15　继电器加电检测

二、中央接线盒

中央接线盒是汽车整车电源分配和信号传输的中枢单元，通过集成继电器、熔断器、二极管及一些电子模块，实现整车用电设备电源和控制信号的分配，并对各用电设备和电线束进行过载或短路保护。

汽车的大部分继电器和熔丝都安装在中央接线盒的正面，主线束从中央接线盒反面接插后通往各用电器。中央接线盒上标有线束和导线接插位置的代号及接点的数字号，如图 1-16 和图 1-17 所示。

继电器和熔丝的识别：借助保险盒盖里面的标识或维修手册部件定位图中继电器和熔丝代号的说明来识别。

导线的识别：根据电路图中导线所在接线连接器代码（如 X1）和导线的编号（如 X1/2），就能找到导线在中央接线盒某个插头的第几个针脚上（X1 插头的第 2 根线），再结合导线的颜色就很容易识别。

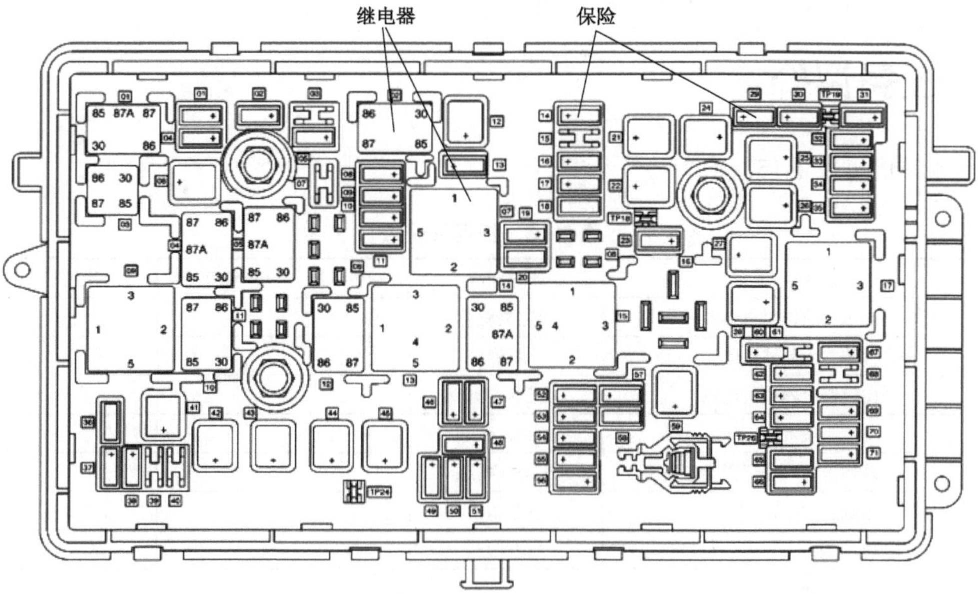

图 1-16 科鲁兹轿车 X50A 中央接线俯视图（正面）

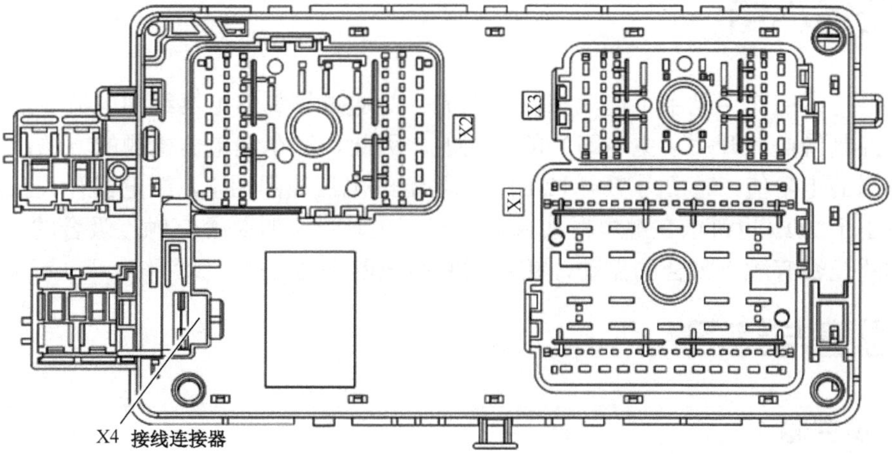

图 1-17 科鲁兹轿车 X50A 中央接线盒仰视图（反面）

任务实施

一、实训项目

（1）拆装并检测车上的喇叭继电器，完成学习任务单中的内容。

（2）比较几个继电器线圈的电阻值，看看有何不同。

二、实训器材

实训车辆 4 辆，其他器材及工具如下所示。

器材：各种继电器。

工具：万用表、试灯、继电器拔出钳。

任务评价

任务评价见表 1-15。

表 1-15　任务评价表

考核项目		评分标准	学生自评	小组互评	教师评价	小计
知识目标	继电器的作用与检测方法	能完整叙述				
技能目标	拆装并检测继电器	正确				
	比较继电器线圈电阻	正确检测				
素质目标	安全、规范操作	做到、做好				
	操作步骤、流程正确、完整	正确、熟练				
	团队合作	是否和谐				
	现场 7S	是否做到				
总评						

任务小结

汽车继电器的作用是用小电流控制大电流，是通过控制继电器线圈电流（控制电路）的通断来控制继电器开关（主电路）的开闭的。因此，汽车继电器检测的方法：一是检测继电器线圈的电阻值，通常为 70～120Ω；二是给继电器线圈通电，继电器开关触点闭合的电阻值应小于 2Ω。也可以在继电器线圈通电瞬间用耳朵听听是否有触点吸合的声音，或通过手摸判断是否有触点吸合的振动，初步判断继电器是否工作。

思考与练习

一、填空题

1. 汽车电路由______________、______________、______________、______________、导体和地线组成。

2. 汽车上有两个电源，分别是____________和____________。主要用于起动的是____________。

3. 汽车铜芯线之间的区别主要是____________和____________两方面。

4. 汽车保险的作用是____。

5．点火开关在“ON”挡，通常把电源与__________、__________和__________等端子接通。

6．继电器线圈与用电设备的__________接通，流过小电流；触点与用电设备的__________接通，流过大电流。

二、选择题

1．以下（　　）的叙述是正确的。

A．电路断路器不能重复使用

B．熔断器使用的是双金属器件，当流过熔断器的电流过大时，它能发热且膨胀，电流随之被切断

C．如果有 20A 的电流流过，那么容量为 10A 的熔丝不会被熔断

D．叶片式熔丝以不同的颜色区分容量

2．以下是关于如何拆卸连接器的示例，其中正确的示例是（　　）。

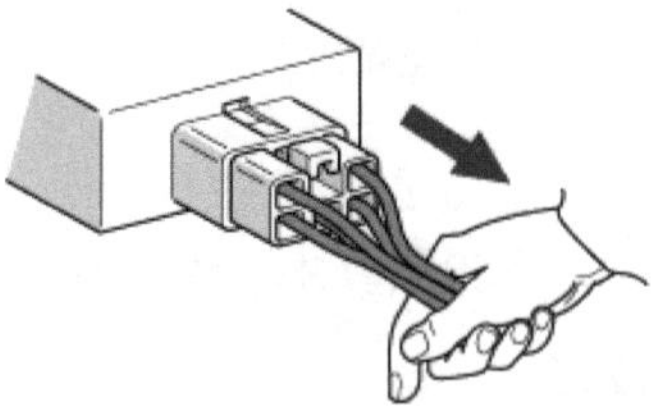

A．

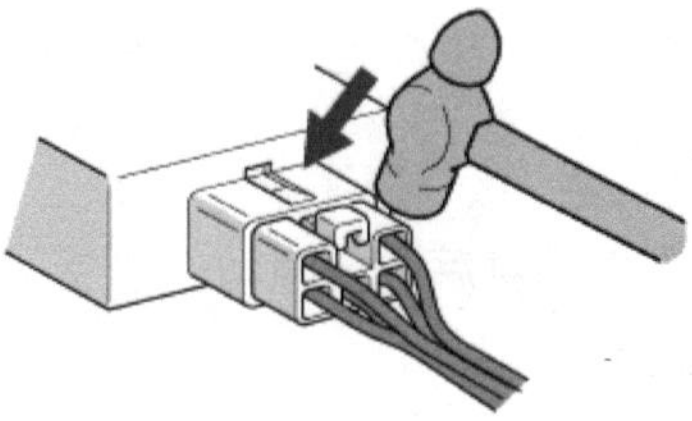

B．

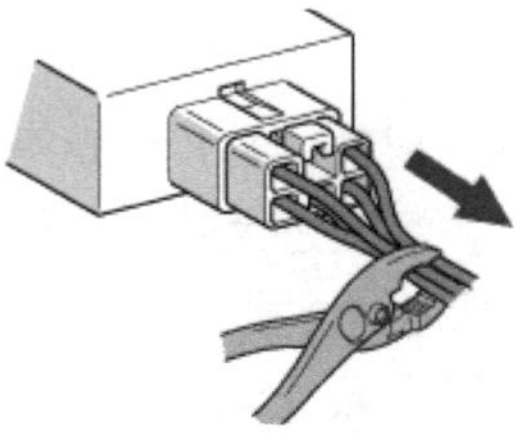

C．

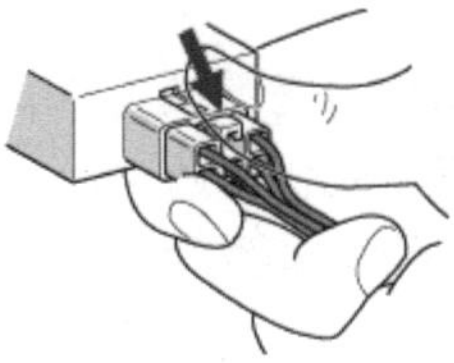

D．

3．以下关于连接器的说法中最恰当的是（　　）。

A．连接器有多种，而将其断开的方法是相同的

B．在断开连接器之前给它挂个标签，这样在安装时很容易找到连接部位

C．如果连接器难以断开，则须一边按压锁止松脱部位一边扯开线束

D．由于电气设备只要有电流就会正常地工作，故只要把电气设备连接器插接在一起即可，无须锁住

三、判断题

（　　）1．负极搭铁是指将蓄电池的负极连接到金属车体上。

（　　）2．用电设备并联是指汽车上的各种用电设备都与电源并联。

（　　）3．汽车电源通常安装在发动机舱内，也有些车型的蓄电池安装在行李舱。

（　　）4．导线标注 RD/YE 表示双色导线，主色为红色，辅色为黄色。

（　　）5．点火开关在起动挡是不能自行定位的，一松手就弹回点火挡。

（　　）6．常开继电器在线圈通电时触点闭合，常闭继电器在线圈通电时触点打开。

（　　）7．中央接线盒用于对整车用电设备电源和控制信号的分配，并对各用电设备和电线束进行过载或短路保护。

四、简答题

1．汽车电路的特点是什么？
2．什么是回路原则？
3．如何检测和判断点火开关的好坏？
4．如何检测和判断继电器的好坏？
5．如何检测和判断汽车熔丝的好坏？

思政教育

本项目“汽车电气元件的识别与检测”通过识别与检测基本汽车电气元件，学会基本检测工具的使用和基本元件的拆装检测方法，结合相关的案例进行分析，引导学生重视基础知识和基本技能的学习，为今后的汽车电气设备维修学习打下良好的基础。

任务实践

学习完本项目后，请同学们思考一下能列举多少种汽车电路基本元件的检查技巧？

延伸阅读

汽车电路检查技巧

1．比较换件法

这是一种最死板但也有效的方法，即用新的或工作良好的配件，替代怀疑有故障的部件，查看故障现象是否发生变化或解决。比如在汽车大灯不亮时，怀疑是大灯继电器的问题，就可用此方法。若换上新的继电器后，大灯不亮故障消失，说明原继电器损坏。这种方法虽然简单，但需要有新或好的配件替代。（提示：保险丝盒内形状一样插脚个数位置一样的同类继电器都可以互换。）

2．听声音检查法

就是通过某些电器总成件工作时（有时是瞬间）的声响状况，进行故障检查的方法。例如，在检查继电器好坏时，可以听继电器的声音。如果有声音，说明继电器的控制线路没有问题。这时就可以去检查被控制的线路部分，这样可以缩短很多的维修时间。

3．试灯检查法

现在的汽车上电子设备越来越多，应放弃以前的刮火试验的检查方法，采用试灯检查。例如汽车大灯不亮故障，对大灯继电器电路进行检查时，可分别将试灯一端接通继电器的两个电源端子（30、85），另一端搭铁，试灯亮，说明继电器供电电源正常。试灯检查适用于各种电器设备和控制电路的电源及搭铁通路检查。

4．短路检查法

即用导线直接给用电器供电。如起动机不转，可用导线跨接起动机继电器的“电池”接柱与“起动机”接柱，若起动机运转正常，说明起动机继电器损坏。另外，喇叭不响也可用此法检查。

项目 2

汽车电路图的识读

项目概述

在电气系统的故障诊断与排除中，电路图可提供排除电气设备故障的信息，包括电气设备的回路、位置及连接条件。通过电路图，我们可以了解到：线束和连接器的位置、连接器的形状和端子排列、目标部件在系统电路图中与其他部件的连接情况、部件的检测指导、线束的开路和短路检查位置、熔丝和连接在熔丝上的电气装置及熔丝和连接在车体接地上的电气装置之间的关系、接地点的位置、接线盒的内部电路等信息。

思维导图

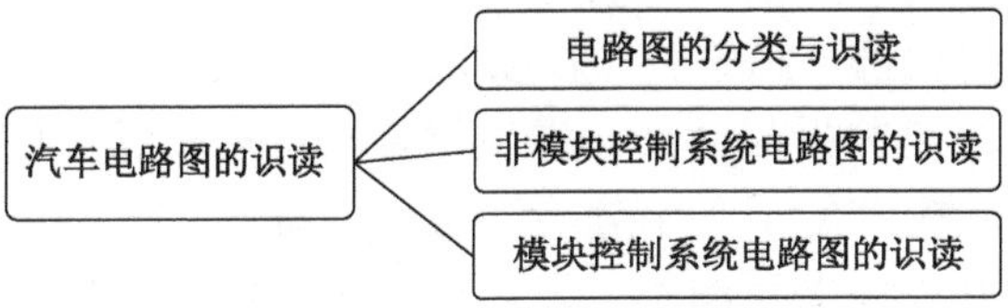

任务 2.1　汽车电路图的分类与识读

任务目标

技能目标	能够识读汽车电路图
知识目标	（1）汽车电路图种类及其识读方法 （2）汽车电路原理图、定位图和布线图的识读要点 （3）汽车电路图中各种电气符号的识别
学习活动	学习汽车电路图的分类与识读方法→汽车电路图识读练习→评价总结

任务引入

某修理厂接到一辆进厂维修电源电路的车辆，但维修工没有修过这种车型，不知道电源电路的控制原理和线路布置方法，修理一时难以进行，必须借助维修手册来熟悉这种车型的电路，以指导维修，这就要求维修人员会识读和分析汽车电路图。

任务资讯

一、汽车电路图的类型

1. 电路原理图

为了详细表示实际设备或成套装置电路的基本组成和连接关系，便于理解电路原理，必须绘制电路原理图（也称电路图或电气线路图）。

汽车电路图是用电气图形符号，按工作顺序或功能布局绘制，详细表示汽车电路的全部组成和连接关系，不考虑实际位置的简图，如图 2-1 所示。

电路图提供了电气系统的电源分配、电气部件名称、线路连接方式，以及搭铁点、连接器等信息。这些信息可以帮助维修技师了解系统的运作方式，辅助寻找和确认各部件的位置，提供判断电流走向的方法，并且有助于对电气故障的排除。

电路图具有以下优点。

（1）系统展示全车电路。既有完整的全车电路图，又有互相联系的局部电路图，重点、难点突出，繁简适当。

（2）在图上建立起电位高低的概念。负极搭铁电位最低，用图中最下面的一条导线表示；正极火线电位最高，用最上面的一条导线表示。电流方向基本上是从上到下，电流流向为电源正极→开关→用电器→搭铁→电源负极。

（3）尽可能减少导线的曲折与交叉。调整位置，合理布局，使图面简洁清晰，图形符号照顾元件外形和内部结构，便于联想分析，易读、易画。

（4）电路系统的相互关联关系清楚。发电机与蓄电池之间、各电路系统之间的连接点尽量保持原位，熔断器、开关、仪表的接法与实际吻合。

其缺点是图形符号不规范，易各行其道，不利于交流。

2. 部件定位图

部件定位图显示用电器、控制器件（包括传感器、电控单元、开关、继电器等）、连接器、接线盒、熔丝盒、继电器盒等在车上的具体位置（图 2-2），可以帮助维修技师迅速准确地找到各电气元件在车上的安装位置。

3. 线束布线图

线束布线图用于展示整车线束的布置，可从布线图中了解线束的走向及线束各部连接器的位置。如图 2-3 所示为宝骏 310 发动机线束布线图。

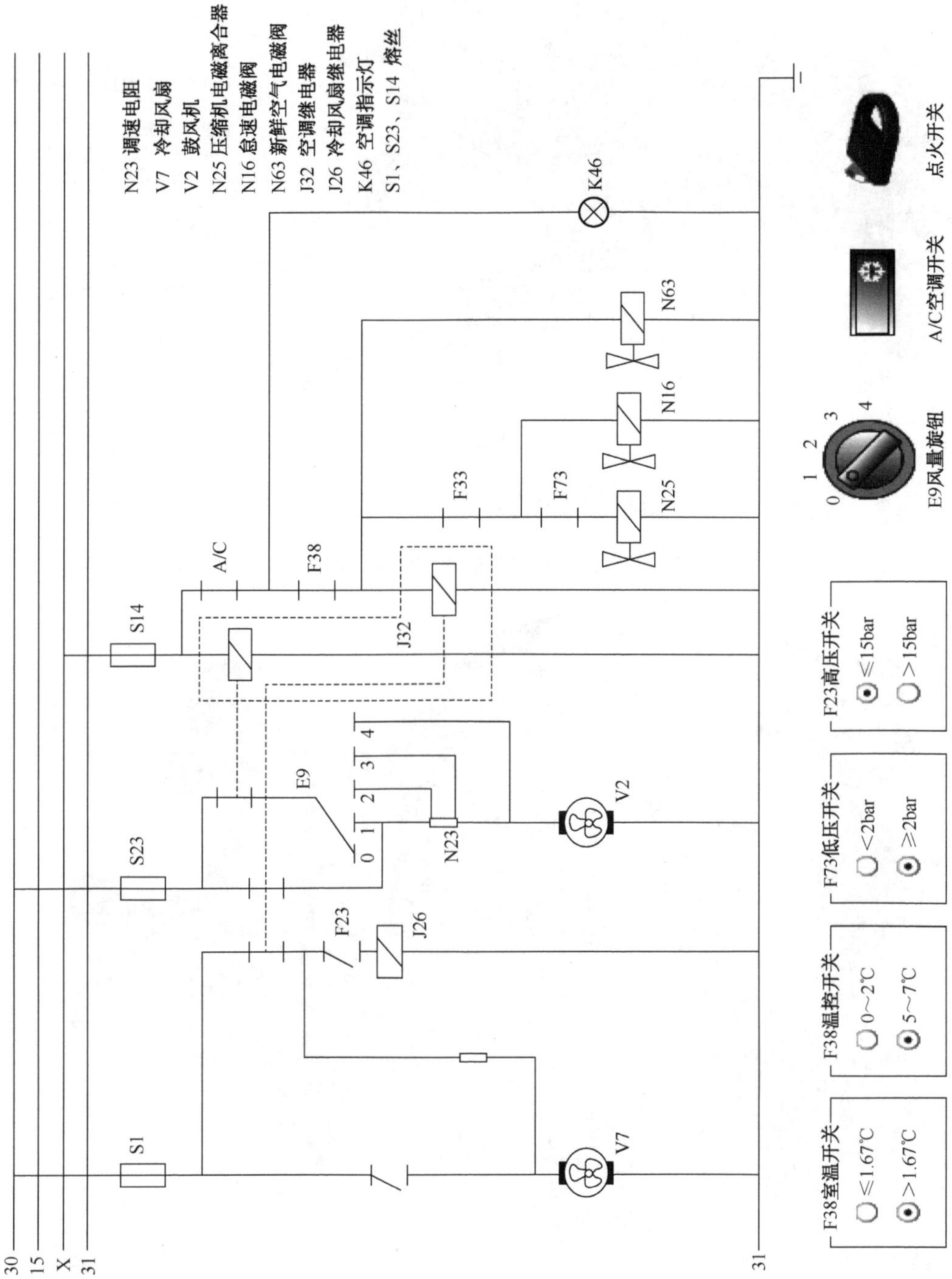

图 2-1 桑塔纳轿车空调电路图

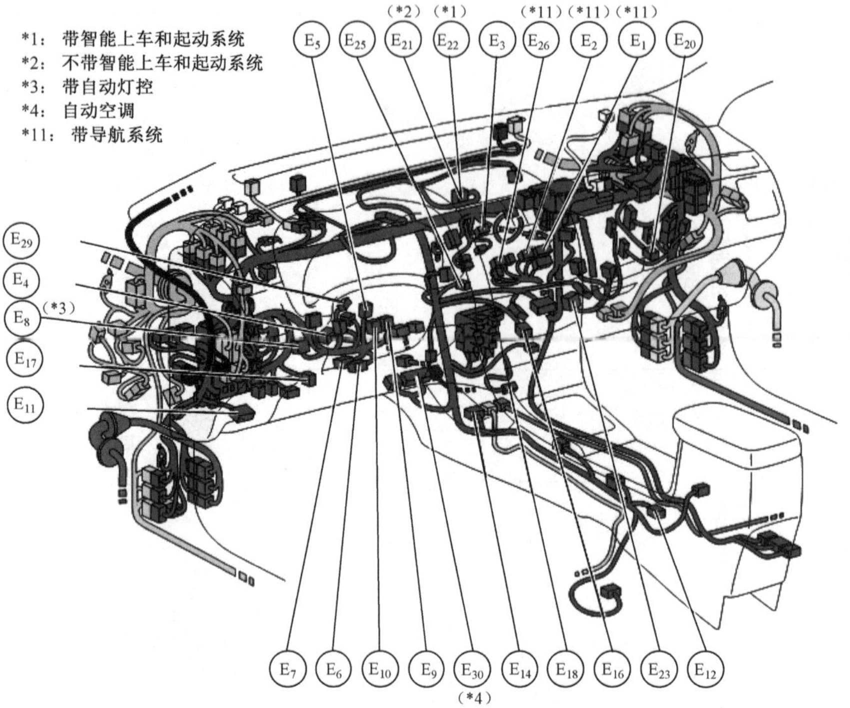

E_1—导航接收器总成；
E_2—导航接收器总成；
E_3—放大器天线总成；
E_4—点火或起动机开关总成；
E_5—示锁止警告开关总成；
E_6—螺旋电缆分总成；
E_7—螺旋电缆分总成；
E_8—前大灯变光开关总成；
E_9—挡风玻璃刮水器开关总成；
E_{10}—挡风玻璃刮水器开关总成；
E_{11}—DLC3；
E_{12}—驻车制动开关总成；
E14—中间气囊传感器总成；
E_{16}—加热器或辅助通风装置控制总成；
E_{17}—2 号车外后视镜开关总成；
E_{18}—点烟器总成；
E_{20}—手套箱灯总成；
E_{21}—收发器钥匙 ECU 总成；
E_{22}—识别码盒；
E_{23}—带风扇的鼓风机电动机分总成；
E_{25}—车内温度传感器；
E_{26}—导航接收器总成；
E_{29}—收发器钥匙放大器；
E_{30}—空调放大器总成

图 2-2　卡罗拉轿车仪表板内部件定位图

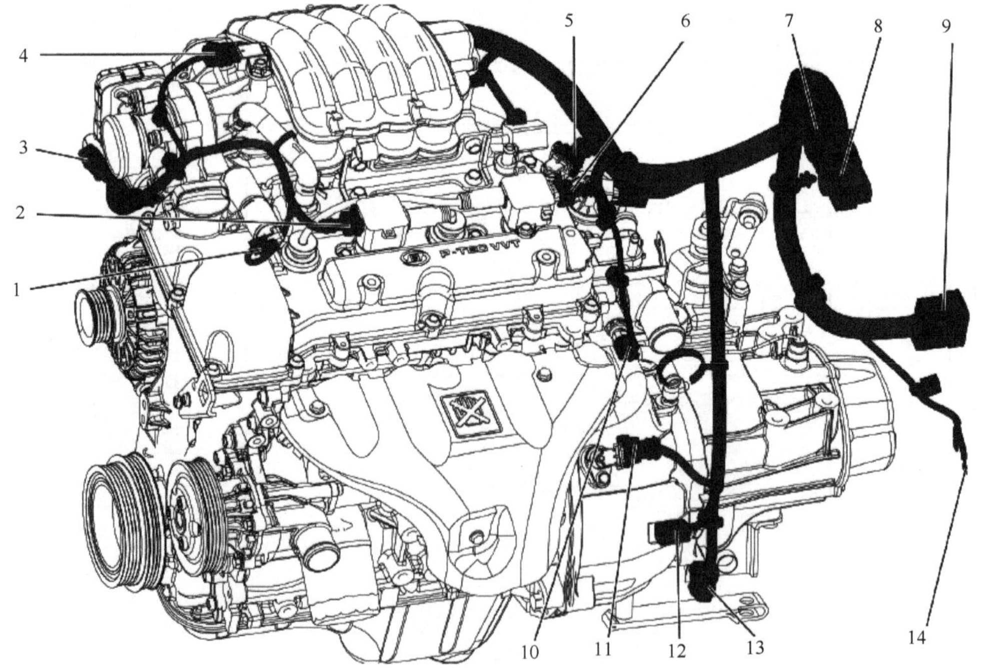

1—进气侧 VVT 执行器；2—点火线圈 2/3；3—电子节气门控制；4—进气温度压力传感器；5—凸轮轴位置传感器；6—点火线圈 1/4；7—接发动机控制模块×1；8—接发动机控制模块×2；9—接前部线束×101；10—水温传感器；11—曲轴位置传感器；12—前氧传感器；13—后氧传感器；14—搭铁 G109

图 2-3　宝骏 310 发动机线束布线图

4. 电路图的分区说明

车辆上所有搭铁、线束连接器都有相应的识别号，与其在车辆上的位置相对应，如图 2-4 所示。

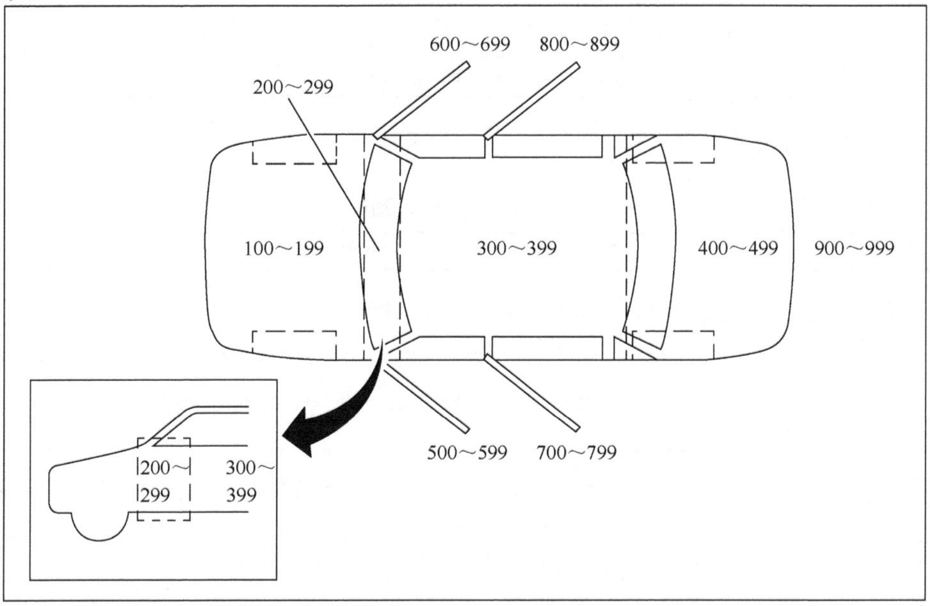

编号	区位说明	编号	区位说明
100～199	发动机舱——仪表板前方的所有区域	600～699	右前门内
200～299	仪表台区域内	700～799	左后门内
300～399	乘客舱——从仪表板到后轮罩	800～899	右后门内
400～499	行李箱——从后轮罩到车辆后部	900～999	行李箱盖或后掀门内
500～599	左前门内		
备注：001～099 是发动机舱的备用编号，仅在 100～199 的所有编号已用完时才使用			

图 2-4 编号系统及说明

二、电气符号示意图的识别

在汽车维修手册电路图中，使用一些图形、符号等来表达汽车电气系统中的特定内容，这些图形和符号称为电气符号示意图，这些符号在不同的维修手册中代表的含义都是相同的。

电气符号示意图分为以下几类：电压（电源）符号、一般图标、开关位置图标、模块电路功能图标、线束部件图标、部件图标、开关和继电器图标、装置和传感器图标。熟悉和掌握这些符号及符号代表的含义是了解电路图的基础。

1. 电源符号（表 2-1）

表 2-1 电源符号

符号	含义
B+	常电
IGN I	点火钥匙仅在 ACC 挡时通电

续表

符号	含义
IGN II	点火钥匙仅在 ON 挡时通电
IGN I/II	点火钥匙在 ACC 和 ON 挡时都通电
IGN III	点火钥匙仅在 START（起动）挡时通电
IGN II/III	点火钥匙在 ON 和 START 挡时都通电

2. 一般图标（表 2-2）

表 2-2　一般图标

符号	说明
	主要部件列表图标——示意图上的图标用于链接“主要电气部件列表”
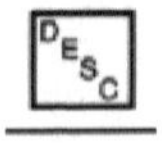	说明与操作图标——示意图上的图标用于链接“特定系统的说明与操作”
	计算机编程图标——示意图上的图标用于链接“控制模块参数”，确定更换时需要编程的部件
	下页示意图图标——示意图上的图标用于进入子系统的下一页示意图
	前一页示意图图标——示意图上的图标用于进入子系统的前一页示意图
	安全气囊系统（SIR）或附加保护系统（SRS）图标——该图标用于提醒技术人员，系统内含有安全气囊系统/附加保护系统部件，在维修前须特别注意
	信息图标——该图标用于提醒技术人员查阅相关的附加信息，以帮助维修某个系统
	危险—高压图标——该图标用于提醒技术人员该部件/系统包含 300V 电压电路
	高压图标——该图标用于提醒技术人员该部件/系统包含高于 42V 但低于 300V 的电压电路
	告诫图标——该图标用于提醒技术人员维修该部件时应小心
	串行数据通信功能——该图标用于向技术人员表明该串行数据电路详细信息未完全显示，也能有效链接至可完全显示该电路的“数据通信示意图”

3. 开关位置图标（表 2-3）

表 2-3　开关位置图标

符号	说明	符号	说明
↑　∧　△	常规向上箭头	↓　∨　▽	常规向下箭头
← ＜ ◁	常规向左箭头	→ ＞ ▷	常规向右箭头
↓↓	常规快速向下箭头	⏻	接通/关闭图标

续表

符号	说明	符号	说明
	常规锁止图标		常规解锁图标
	常规车窗开关位置（4 门）		常规车窗开关位置（2 门）

4. 模块电路功能图标（表 2-4）

表 2-4　模块电路功能图标

符号	说明	符号	说明
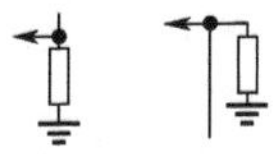	输入/输出下拉电阻器（-）	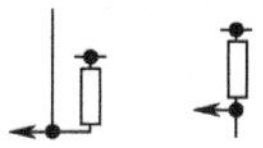	输入/输出上拉电阻器（+）
	输入/输出高压侧驱动开关（+）		输入/输出低压侧驱动开关（+）
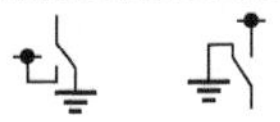	输入/输出双向开关（+/-）		脉宽调制符号
B+	蓄电池电压	IGN	点火电压
5V	参考电压	5V AC	空调电压
	低电平参考电压		搭铁
	串行数据		车内天线信号
	车外天线信号		踩下制动器

5. 线束部件图标（表 2-5）

表 2-5　线束部件图标

符号	说明	符号	说明
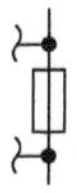	熔丝	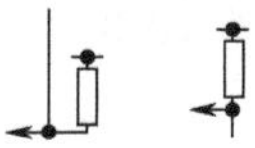	继电器供电的熔丝
	断路器		易熔线
	搭铁		壳体搭铁
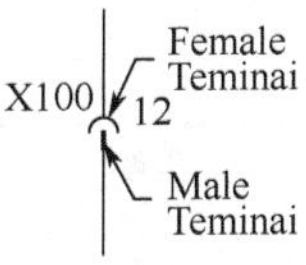	直列式线束连接器	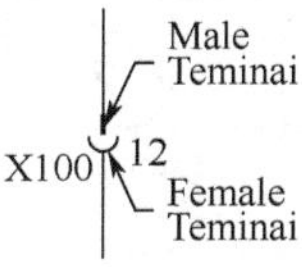	直列式线束连接器
	引线链接	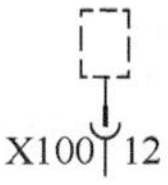	引线连接
	临时或诊断连接器		钝切线

续表

符号	说明	符号	说明
	不完整物理接头		完整物理接头（2 条线路）
	完整物理接头（3 条或更多线路）	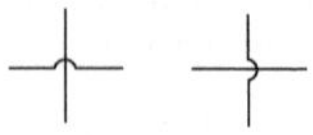	导线交叉
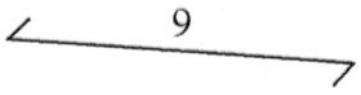	绞合线	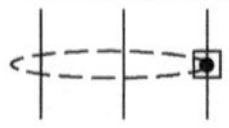	屏蔽
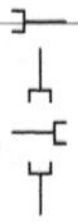	电路参考		电路延长箭头
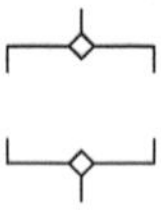	选装件断裂点	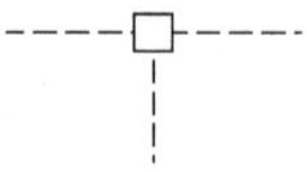	搭铁电路连接
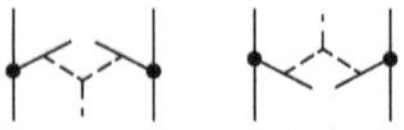	连接器短路夹		

6. 部件图标（表 2-6）

表 2-6 部件图标

符号	说明
	非完整部件——当某个部件采用虚线框表示时，表明该部件或其导线并未完整显示
	完整部件——当某个部件采用实线框表示时，表明该部件或其导线已完整显示
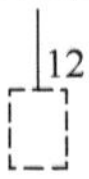	直接固定在部件上的连接器
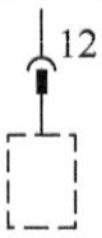	引线连接器

7. 开关和继电器图标（表 2-7）

表 2-7 开关和继电器图标

符号	说明	符号	说明
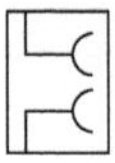	附件电源插座	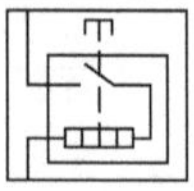	点烟器
	位置 2 常开开关		位置 2 常闭开关

续表

符号	说明	符号	说明
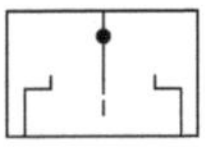	摇压式开关	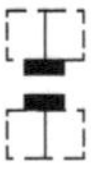	接触片开关（1 根导线）
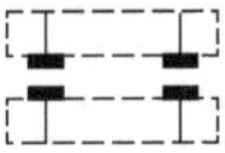	接触片开关（2 根导线）	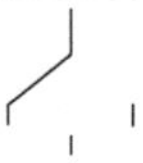	位置 3 开关
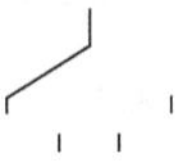	位置 4 开关	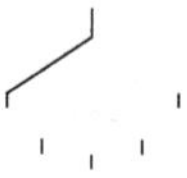	位置 5 开关
	位置 6 开关	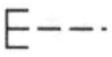	推入式（瞬时）开关执行器
	推入式（锁闩）开关执行器		拉出式（瞬时）开关执行器
	拉出式（锁闩）开关执行器	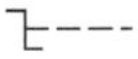	旋转式（瞬时）开关执行器
	旋转式（锁闩）开关执行器		滑动式（瞬时）开关执行器
	滑动式（锁闩）开关执行器	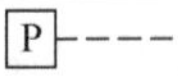	压力（瞬时）开关执行器
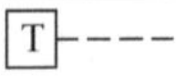	温度（瞬时）开关执行器		音量（锁闩）开关执行器
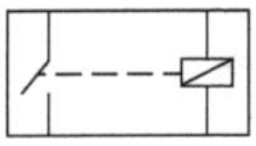	4 针单刀单掷继电器（常开）	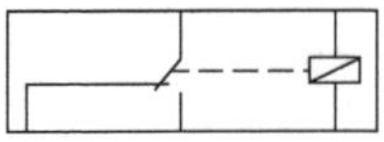	5 针继电器（常闭）

8. 装置和传感器图标（表 2-8）

表 2-8　装置和传感器图标

符号	说明	符号	说明
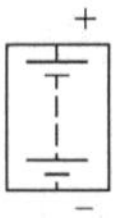	蓄电池	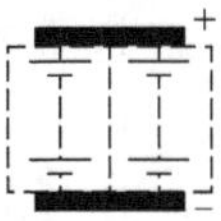	蓄电池总成（Hybrid）
	单丝灯泡	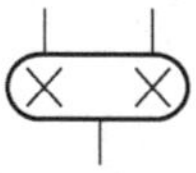	双丝灯泡
	发光二极管（LED）		光电传感器
	计量仪表		二极管
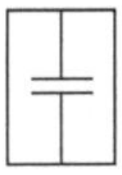	电容器	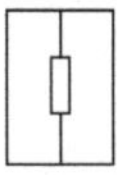	电阻器

续表

符号	说明	符号	说明
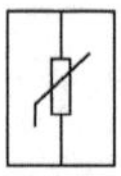	可变电阻器		可变电阻器（NTC）
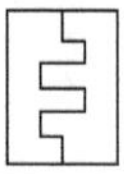	易断裂导线	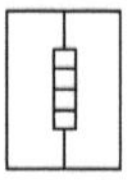	加热元件
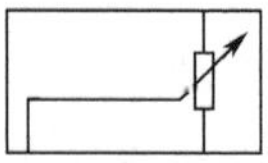	位置传感器	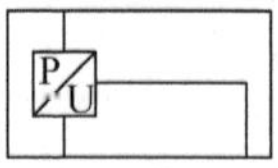	压力传感器
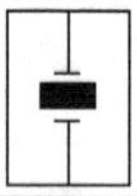	爆震传感器	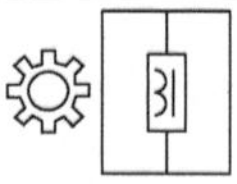	2 线式感应传感器
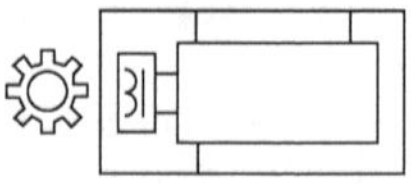	3 线式感应式传感器		2 线式霍尔效应传感器
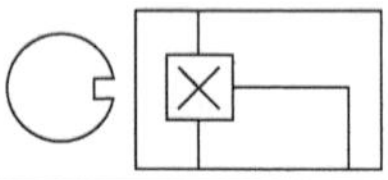	3 线式霍尔效应传感器	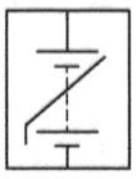	2 线式氧传感器
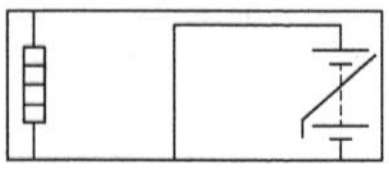	4 线式加热型氧传感器	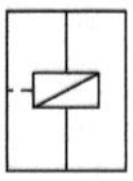	执行器电磁阀
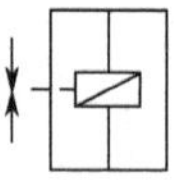	电磁阀	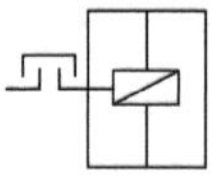	离合器

三、汽车电路图的识读

1. 了解汽车电路图的一般规律

（1）电源部分到各用电器熔断器或开关的导线是电气设备的公共火线，在电路原理图中一般画在电路图的上部。

（2）标准画法的电路图中，开关的触点位于零位或静态，即开关处于断开状态或继电器线圈处于不通电状态，晶体管、晶闸管等具有开关特性的元件的导通与截止视具体情况而定。

（3）汽车电路是单线制，各用电器相互并联，继电器和开关串联在电路中。

（4）大部分用电设备都经过熔断器，受熔断器的保护。

（5）把整车电路按功能及工作原理划分成若干独立的电路系统，这样可解决整车电路庞大复杂、分析困难的问题。现在汽车整车电路一般都按各个电路系统来绘制，如电源系、起动系、点火系、照明系、信号系等。

2. 电路原理图的识读方法

（1）判断电气系统的控制方式。

若属于电子控制系统，则要把该系统的线路分成三部分，即：

① 电控单元与电源的连接电路。

② 信号输入电路。

③ 执行器工作电路。

若该用电器电路中使用了继电器，则要区分主电路及控制电路。注意，无论主电路还是控制电路，往往都不止一条。

（2）识图从用电器入手。

在电路图中，从其他部分入手，不利于掌握各用电器的工作原理，而从用电器入手，很容易把与之相关的控制器件查找出来。找到用电器后，从用电器出发，往电源和搭铁的方向找到控制的开关、继电器和保险等装置，再按回路原则把电路串起来。

（3）运用回路原则。

通过运用回路原则，找出用电器与电源正负极构成的回路。

回路原则：对于直流电路而言，电流总是从电源的正极出发，通过导线，经熔断器、开关到达用电器，再经过导线（或搭铁）回到同一电源的负极。

3. 电路原理图的识读技巧

（1）电路按其作用可分为电源电路、接地电路、信号电路、控制电路。

（2）直接连接在一起的导线（也可经熔丝、绞合点连接）必定具有一个共同的功能，如都为电源线、接地线、信号线、控制线等。凡不经用电器而连接的一组导线若有一根接电源或接地，则该组导线都是电源线或接地线。与电源正极连接的导线在到达用电器之前是电源电路，与接地点连接的导线在到达用电器之前为接地电路。

（3）在分析各条电路（电源电路、信号电路、控制电路、接地电路等）的作用时，经常会用排除法判断电路，即对不易判断功能的电路，通过排除其不可能的功能来确定其实际功能。如分析某一具有三根导线的传感器电路时，已经分析出其电源电路、接地电路，则剩余的电路必然为信号电路。

（4）注意各元器件的串、并联关系，特别要注意几个元器件共用电源线、共用接地线和共用控制线的情况。

（5）传感器经常共用电源线、接地线，但绝不会共用信号线。执行器会共用电源线、接地线、控制线。

4. 读图示例

以桑塔纳2000GSi轿车相关电路图（图2-5）为例进行说明。

（1）整车电气系统正极电源分三路。

标有“30”的为常火线，电压为12V，即与蓄电池直接相连，中间不经过任何开关，不论是停车时或发动机处于熄火状态时均有电，专供发动机熄火时也须用电的电器使用，如停车灯、制动灯、报警灯、顶灯、冷却风扇电动机等。

标有“15”的为小容量电器火线，它是在点火开关接通后方能有电的火线。

标有“X”的为车辆起步时方可接通的大容量电器用火线。

（2）搭铁线在图中有两路：“③”为接地点，在自动天线附近车身上；“31”为中央接线盒内搭铁线。

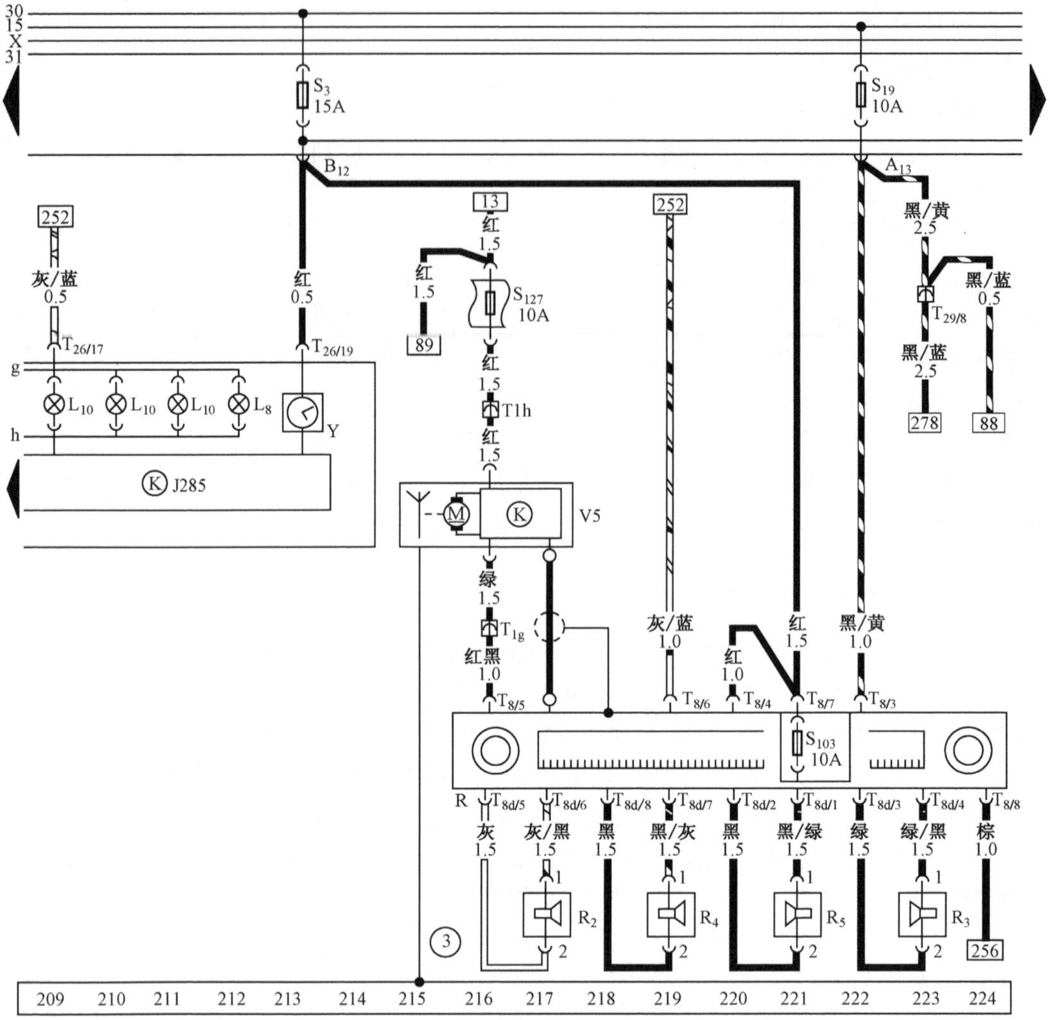

图 2-5　桑塔纳 2000GSi 轿车组合仪表、收音机、自动天线电路图

（3）图 2-5 中，S 代表熔丝，后面的数字代表该熔丝在中央线路板上的位置。如 S19 表示该熔丝处于中央线路板第 19 位，熔丝的容量可从它的颜色来判断：红色为 10A，蓝色为 15A，绿色为 30A，黄色则为 20A。

（4）图 2-5 中，A13 为中央线路板接头说明，该黑/蓝色导线连接于中央线路板 A 线束第 13 位插头上。以此类推，B12 即在 B 线束第 12 位插头上。导线上标有的数字表示线的截面积，如 1.0、1.5、2.5 分别表示该线截面积为 $1.0mm^2$、$1.5mm^2$、$2.5mm^2$。

（5）图 2-5 中，T26/19 表示连接插头，即 26 孔插头的第 19 位上。以此类推，T8/5 表示 8 孔插头的第 5 位。

（6）图 2-5 中，V5（自动天线）、R2（左前扬声器）等表示用电设备。

（7）图 2-5 中，278、88 表示此导线与线路图下端编号 278、88 上方的导线连接。

任务实施

主要任务是拆画电路图（见学习任务单 6）。

（1）阅读宝骏 310 轿车前照灯电路图，把近光灯电路单独拆画出来。
（2）阅读宝骏 310 轿车前照灯电路图，把远光灯电路单独拆画出来。

任务评价

任务评价见表 2-9。

表 2-9 任务评价表

考核项目		评分标准	学生自评	小组互评	教师评价	小计
知识目标	汽车电路图的种类及其识读方法	能完整叙述				
	汽车电路原理图、定位图和布线图的识读要点	能完整叙述				
技能目标	能够识读、拆画汽车电路图	会分析和拆画				
素质目标	安全、规范操作	做到、做好				
	操作步骤、流程正确、完整	正确、熟练				
	团队合作	是否和谐				
	现场 7S	是否做到				
总评						

任务小结

（1）常见的汽车电路图分为原理图、定位图和布线图等。
（2）识读汽车电路图应掌握的重要原则：回路原则。

任务 2.2 汽车非模块控制系统电路图的识读

任务目标

技能目标	能够识读汽车非模块控制系统电路图
知识目标	汽车非模块控制系统电路图的特点与识读方法
学习活动	汽车非模块控制系统电路图识读练习→评价总结

任务引入

某五菱宏光汽车水温偏高（水温表指针已经指向红色区域），但冷却风扇却没有工作。维修工小张没有修理过此类故障，师傅建议他查阅冷却风扇的电路图，根据电路图的指导进行故障查找。如果你是维修工小张，你会怎么办？

任务资讯

一、非模块控制系统电路图的特点

非模块控制系统电路中的电气元件都是单一元件，控制元件中没有电控单元（模块），即电路纯粹由开关和继电器控制。

二、非模块控制系统电路图的识读

非模块控制系统电路图的识读方法与任务 2.1 中介绍的电路图识读方法相同，即在电路中先找到用电设备、电源，然后在电源和用电设备间找到保险装置和开关，再应用回路原则分析和识读电路。

三、非模块控制系统电路图的识读示例

下面以五菱宏光汽车冷却风扇电路（图 2-6）为例，说明非模块控制系统电路图的识读方法。

（1）读取电路示意图。图中字母 A～H 所代表的含义见表 2-10。

（2）识别与确认电路符号。电路原理图中，通常字母 C 表示“连接”，F 表示“保险”，G 表示“接地”。

表 2-10　图 2-6 中字母 A～H 的含义

字符	含义
A	顶部水平线：电源线 电源线种类：BAT+，IGN1，IGN2，ACC 具体参考供电方式
B	线束颜色 参考线束颜色表
C	线束接插件（C101～C402） C101 接插件的 1 号和 2 号针脚 参考整车布局图
D	F104：熔丝代码 F1～F16：仪表熔丝盒 F101～F216：发动机舱熔丝盒
E	前保险仓继电器及名称
F	各用电器（用电器名称、针脚号）
G	底部水平线：基地线 接地位置（G101～G403） 参考整车布局图
H	线束接插件（C101#～C402#）——实用性和基本型 C101#接插件的 1 号和 2 号针脚

（3）确定电源的种类与功能。

电路中电源的供电类型和供电条件见表 2-11。

表 2-11 电路中电源的供电类型和供电条件

供电类型	供电条件
BAT+	蓄电池供电
IGN1	点火开关在“ON”或“START”位置
IGN2	点火开关在“ON”位置
ACC	点火开关在“ACC”或“ON”位置

（4）利用颜色识别电路配线。

五菱宏光汽车电路图中直接用中文标识线路颜色，比较直观，而大部分电路图都采用英文缩写标识。

（5）识别接插件（接线连接器）。

针脚号的编写基于插座，例如接插件 C901 的 4 号针脚如图 2-7 所示。

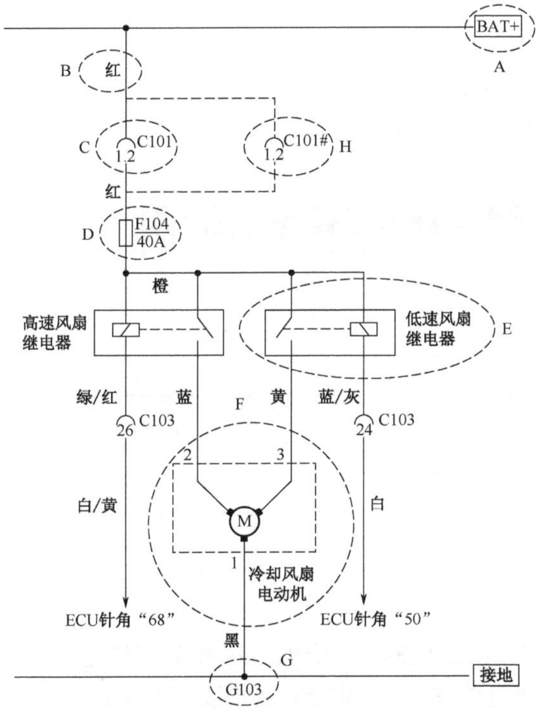

图 2-6 五菱宏光汽车冷却风扇电路图

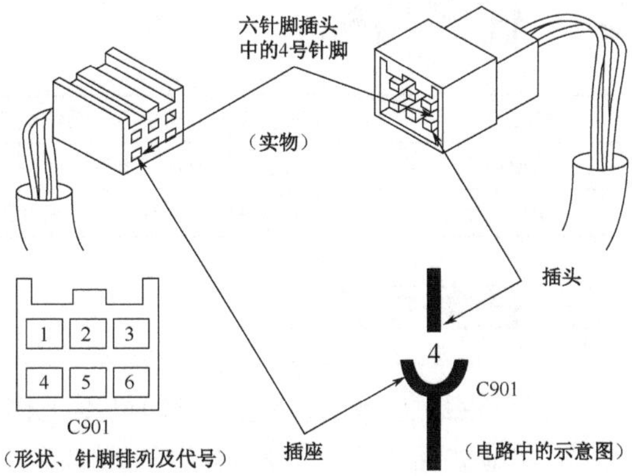

图 2-7 接插件示例

任务实施

主要任务是识读五菱宏光汽车起动与充电系统电路图（见学习任务单 7）。

（1）识别充电指示灯、起动机电磁开关线圈的电源。

（2）在电路图中描出电磁开关线圈和直流电动机的电流流向。

任务评价

任务评价见表 2-12。

表 2-12　任务评价表

考核项目		评分标准	学生自评	小组互评	教师评价	小计
知识目标	非模块控制系统电路图的特点	能完整叙述				
	非模块控制系统电路图的识读要点	能完整叙述				
技能目标	能够识读、描画非模块控制系统电路图	会分析和描画				
素质目标	安全、规范操作	做到、做好				
	操作步骤、流程正确、完整	正确、熟练				
	团队合作	是否和谐				
	现场 7S	是否做到				
总评						

任务小结

（1）非模块控制系统电路的控制元件通常是开关和继电器。

（2）识读非模块控制系统电路图的重要原则：回路原则。

任务 2.3　汽车模块控制系统电路图的识读

任务目标

技能目标	能够识读汽车模块控制系统电路图
知识目标	汽车模块控制系统电路图的特点与识读方法
学习活动	汽车模块控制系统电路图识读练习→评价总结

任务引入

某科鲁兹轿车无法启动（起动机不工作），维修工小王没有修理过这种车型的起动机故障，不知道如何入手，师傅建议他查阅起动系统电路图，根据电路图的提示进行故障查找。如果你是维修工小王，你会怎么办？

任务资讯

一、模块控制系统电路图的特点

模块控制系统电路中的用电设备（受控元件）不直接由开关和继电器控制，而是受到控制模块（电控单元）的控制。其特点如下。

（1）电路同样由用电设备（受控元件）、电源、保险装置、控制装置等组成，只是控制装置除开关和继电器外，增加了控制模块。

（2）用电设备（受控元件）通常由继电器控制，但继电器线圈电路受控制模块控制。

（3）控制模块要接收到足够的信号才接通继电器线圈电路（满足模块的所有输入条件，模块才会输出控制）。

二、模块控制系统电路图的识读示例

图 2-8 所示科鲁兹轿车起动系统电路即为模块控制系统电路，由用电设备（受控元件即起动机）、电源（蓄电池）、保险装置（F6UD，250A）、控制装置（点火开关、起动继电器和发动机控制模块 K20、车身控制模块 K9）等组成。带无钥匙进入系统的车辆还有无钥匙进入控制模块 K84。

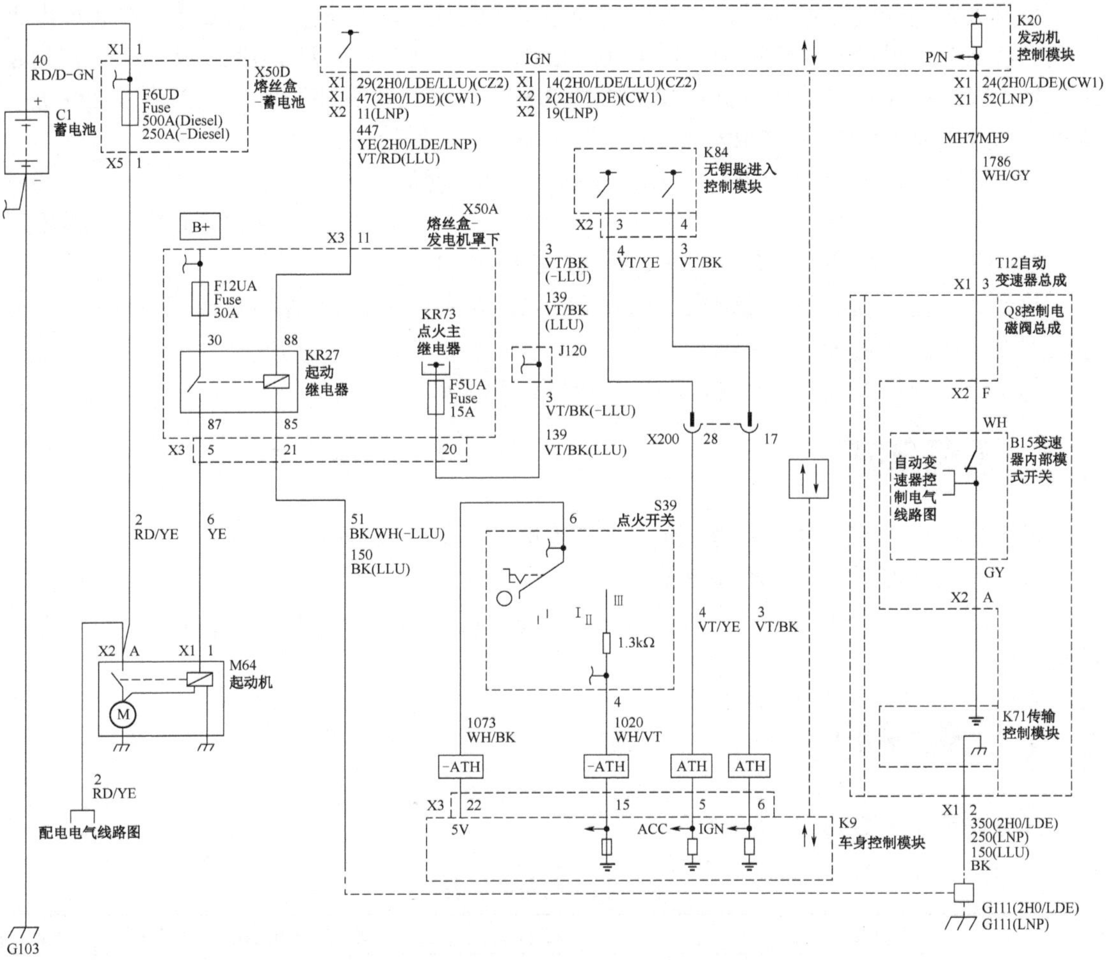

图 2-8　2013 款科鲁兹轿车起动系统电路

1. 模块控制起动系统电路的基本工作原理

当前大部分车型的起动系统均由模块控制，采用 ECM 控制起动机的自动挡车辆，ECM 须采集 P/N 挡信号、点火开关信号、发动机转速等信号。当 ECM 从变速器模块中采集到 P/N 挡信号，同时接收到点火开关的起动信号后，才会接通起动继电器，使起动机工作。

2. 科鲁兹轿车起动系统电路分析

（1）找到目标设备（起动机）和电源（蓄电池）。

（2）起动机主电路分析。

当起动机电磁开关接通时，起动机工作电流由蓄电池经保险 F6UD 提供。起动机主电路中电流的流向是：蓄电池正极→保险 F6UD→起动机电源接线柱 X2→搭铁→蓄电池负极。

（3）起动机控制电路分析。

观察 2013 款科鲁兹轿车起动系统电路，起动机 M64 的电磁开关线圈由起动继电器 KR27 经保险 F12UA 供电，但起动继电器 KR27 的线圈由发动机控制模块 K20 供电。

按模块控制起动系统电路的基本工作原理，分别找到自动变速器总成 T12、车身控制模块 K9、点火开关 S39。

当点火开关转到起动挡时，点火开关向车身控制模块 K9 提供起动信号，并通过点火主继电器 KR73 提供发动机控制模块 K20 的工作电源。K20 通过网络通信从 K9 接收到起动信号，同时接收到自动变速器总成 T12 的 P/N 信号（自动变速器挂入 P 挡或 N 挡）后，接通起动继电器 KR27，使 KR27 工作。其控制电路电流流向如下。

起动信号：车身模块 K9（5V）→S39→K9→（网络通信）→K20
P/N 信号：T12（X1-3 接柱）→K20（X1-24 接柱）
} K20 接通内部开关

起动继电器控制电路电流流向：K20（X1-29 接柱）→X50A 保险盒（X3-11 接柱）→起动继电器线圈（86-85）→搭铁。

起动继电器得电吸合，接通起动机主电路，起动机工作。

任务实施

识读五菱宝骏 630 汽车起动与充电系统电路图（见学习任务单 8）。

（1）完成学习任务单中的填空题。

（2）用红蓝铅笔在电路中描出起动机工作时控制电路（蓝色）和工作电路（红色）的电流流向。

任务评价

任务评价见表 2-13。

表 2-13　任务评价表

考核项目		评分标准	学生自评	小组互评	教师评价	小计
知识目标	模块控制系统电路图的特点	能完整叙述				
	模块控制系统电路图的识读要点	能完整叙述				
技能目标	能够识读、描画模块控制系统电路图	会分析和描画				
素质目标	安全、规范操作	做到、做好				
	操作步骤、流程正确、完整	正确、熟练				
	团队合作	是否和谐				
	现场 7S	是否做到				
总评						

任务小结

（1）模块控制系统电路中的控制元件除了开关和继电器外，还有控制模块。

（2）模块控制系统电路图识读原则：满足条件法——满足模块的所有输入条件，模块才会输出控制。

思考与练习

一、判断题（对的画“√”，错的画“×”）

（　　）1. 电路一般由电源、负载、连接导线和开关等组成。

（　　）2. 汽车整车电路通常由电源电路、起动电路、点火电路、照明与灯光信号装置电路、仪表信息系统电路、辅助装置电路和电子控制系统电路组成。

（　　）3. 仪表板上的指示灯点亮时，表示汽车前照灯近光灯点亮。

（　　）4. 是前雾灯的标志。

（　　）5. 是保险的符号。

（　　）6. 电线颜色 GRY/ GR 表示黄绿色。

（　　）7. 继电器是电路的保护装置。

（　　）8. 车身、车架通常是汽车电路的地线。

二、选择题

1. 汽车电路的主电源是（　　）。
   A. 蓄电池　　B. 发电机　　C. 起动机
2. 点火系电源线的主色通常是（　　）。
   A. 红色　　B. 白色　　C. 黑色
3. 浅绿色线的英文缩写是（　　）。
   A. LT GRN　　B. DK GRN　　C. D-BU
4. 直接与蓄电池相连的电源线是（　　）。
   A. 30 线　　B. 15 线　　C. 50 线
5. 通常点火开关在“ON”挡时，与电源接柱接通的端子有（　　）。
   A. IG1　　B. IG2　　C. ACC　　D. ABC 全对
6. 点火开关在起动挡时，与电源接柱接通的端子有（　　）。
   A. IG1 和 ST　　B. IG2 和 ST　　C. ACC 和 ST　　D. ABC 全对
7. 易熔线符号是（　　）。
   A. 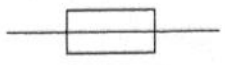　　B. 　　C. 
8. 稳压二极管的符号是（　　）。
   A. 　　B. 　　C. 
9. 大众汽车电路中，31 线是（　　）。

A．尾灯线束搭铁线　　　　B．中央接线盒内搭铁线

C．车身搭铁线

10．12V 电源系统汽车起动机电路常用导线截面积为（　　）。

A．4～25mm^2　　　　B．4～6mm^2

C．16～95mm^2　　　　D．1.5～4mm^2

三、问答题

1．某电线的标注是 RED/BLK 1.0，请说明其含义。

2．说一说什么是电路的回路原则。

3．从电路图的图注中可以了解到哪些信息？

4．屏蔽线和普通导线有什么区别？

5．说一说电路图的分析方法。

思政教育

本项目“汽车电路图的识读”通过汽车电路图的识读练习，学会识读非模块控制系统和模块控制系统汽车电路图的方法，结合相关的案例进行分析，引导学生重视汽车电气设备故障诊断基本信息与基本技能的学习，为今后的汽车电气设备维修学习打下良好的基础。

任务实践

学习完本项目后，请同学们尝试利用所学汽车电路分析知识，帮老师排除汽车灯光、喇叭等电路故障。

延伸阅读

从电路出发分析汽车喇叭不响故障

故障现象：五菱宏光汽车，按下喇叭开关，喇叭不响。故障现象确认：打开前照灯，前照灯亮度正常，但按下喇叭开关，喇叭不响。故障诊断：参照图 2-9，前照灯亮度正常，说明蓄电池无故障，故障在喇叭系统电路。根据电路图的组成特点，故障诊断以喇叭继电器为切入点，拔出喇叭继电器，用试灯一端分别测 2、3 脚，一端搭铁，如果试灯点亮，说明继电器电源电路正常，否则检查 10A、100A 保险及连线；用试灯一端分别测 1、5 脚（测 1 脚时同时按下喇叭开关），一端接 12V 电源，如果试灯点亮，说明继电器到喇叭、喇叭开关及搭铁电路正常，否则检查喇叭及喇叭开关及其连线。如果以上检查均正常，则检查喇叭继电器是否损坏。

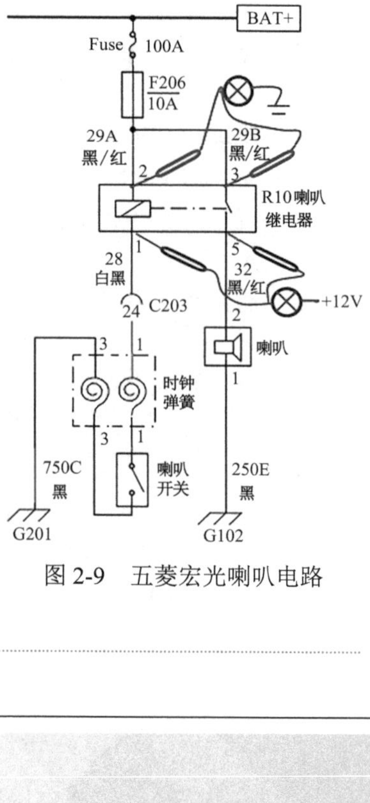

图 2-9　五菱宏光喇叭电路

项目 3

蓄电池的检查与维护

项目概述

为了使驾驶员安全和舒适地驾驶汽车，车辆上装有许多电气设备。汽车不但在行驶时用电，在停车时也用电，因此汽车上配有蓄电池作为电源，并有充电系统。发动机运行时，充电系统发电，向所有的电气设备供电并为蓄电池充电。

本项目介绍蓄电池的基本知识，检查、维护及充电方法。

思维导图

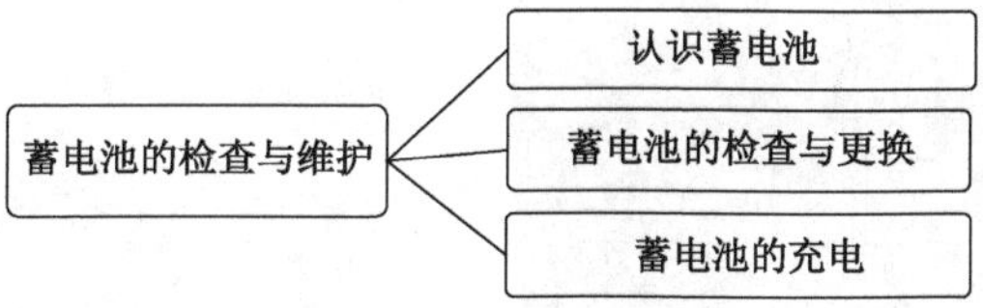

任务 3.1 认识蓄电池

任务目标

技能目标	会选用蓄电池
知识目标	（1）蓄电池的类型、基本组成与基本工作过程 （2）蓄电池的型号与选用方法
学习活动	学习蓄电池的基本知识→蓄电池的选用练习→评价总结

任务引入

一辆宝骏 630 汽车无法起动，维修技师判断为蓄电池故障，必须更换蓄电池，他交代实习生小吴去仓库领新的蓄电池。小吴到仓库后傻眼了，仓库里有多种型号的蓄电池，小吴不知道该领用哪一种。如果你是实习生小吴，你知道该领什么型号的蓄电池吗？

任务资讯

一、蓄电池的用途

（1）起动时，向起动机提供电流（200～600A）并向点火和燃油系统提供电能。
（2）发动机停转时，为车辆电气附件提供电能。
（3）发电机超载时，协助发电机供电。
（4）在电气系统中起稳压器的作用。

二、蓄电池的结构与工作原理

1. 蓄电池的结构

蓄电池类型较多，现以铅酸蓄电池为例说明其结构。如图 3-1 所示，蓄电池主要由极板（正极板、负极板）、隔板、极桩及电解液等组成，有 3 个串联单元格的蓄电池即为 6V 蓄电池，而有 6 个串联单元格的蓄电池则为 12V 蓄电池。

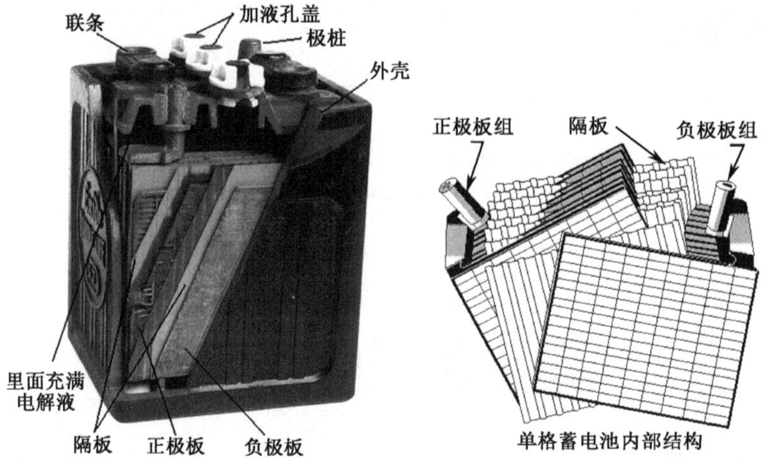

图 3-1　蓄电池的基本结构

1）外壳

作用及特点：外壳是用来贮盛电解液和正、负极板的，外壳的内底部是凸筋，用来支持极板组，也可以防止活性物质剥落，致使正、负极板短路。

材料：有玻璃、塑料、硬橡胶，目前用得最多的是硬橡胶外壳。

2）极板

极板分为正极板和负极板，均由栅架和活性物质组成。

组成：栅架及铅膏涂料，栅架的材料为铅锑合金，铅膏涂料是由铅锑与一定相对密度的稀硫酸混合而成的。

材料：经过处理后的正极板上的活性物质为二氧化铅（PbO_2），呈暗棕色；负极板上的活性物质为海绵状纯铅（Pb），呈深灰色。

特点：单格电池中正极板总比负极板少一片，其目的是减轻正极板的翘曲和活性物质脱落。一般正极板比负极板厚。目前国内极板的厚度为 2～2.4mm，而国外已采用 1.1～1.5mm。

正极板片数与容量的关系：容量=正极板片数×15。

3）隔板

铅酸蓄电池隔板插放在正、负极板之间，为非导体、多微孔材料，可防止正、负极板相互接触而造成短路。

材料：有木隔板、玻璃纤维隔板、微孔橡胶隔板、多孔塑料隔板、纸隔板等。免维护蓄电池中的隔板由聚氯乙烯材料制成，其形状如同一个封套。AGM 蓄电池采用了超细玻璃纤维隔板。

特点：隔板的面积一般比极板稍大一些，带有沟槽的一面对准正极板直立安装。

4）电解液

材料：电解液由纯净的化学硫酸和蒸馏水按一定比例配制而成，其密度一般为 1.24～1.28 g/cm^3。

作用：充、放电过程中形成电离，使极板上的硫酸铅与电解液发生可逆的电化学反应。充电时，电能转化为化学能储存起来；放电时，则将化学能转化成电能释放出来。

安全使用：配制电解液时，先将蒸馏水放在耐腐蚀、耐热的洁净器皿中，然后将硫酸徐徐地注入蒸馏水中，切忌将蒸馏水注入硫酸中，现在市面上一般可买到配好的电解液。

5）联条

每个铅酸蓄电池总成都是由 3 个或 6 个单格电池组合起来的。普通型铅酸蓄电池通过外壳连接，而微型车及轿车的蓄电池现在多是在蓄电池内部连接。

联条的作用是将单格电池串联起来，提高整个铅酸蓄电池的端电压。

6）极桩

极桩分为正极桩和负极桩，正极桩用“＋”表示，其周围一般涂上红色。负极桩用“－”表示，一般不涂颜色。极桩用铅锑合金浇铸而成。

7）加液孔盖

加液孔盖是用来封盖加液孔的，旋出孔盖可加注电解液，旋入孔盖可防止电解液溅出。孔盖上有通气孔，可随时排出电池内的氢气和氧气，以免发生事故。

2. 蓄电池的工作原理

铅酸蓄电池的充、放电过程是一种可逆的电化学反应。在充、放电过程中，蓄电池内电流的形成就是靠正、负离子的反方向运动来实现的。

1）铅酸蓄电池的放电过程

铅酸蓄电池的放电过程是化学能转变成电能的过程，如图 3-2 所示。

放电时，在电流的作用下，电解液内部处于电离状态，正极板上的二氧化铅（PbO_2）和负极板上的铅（Pb），都与电解液中的硫酸（H_2SO_4）反应而生成硫酸铅（$PbSO_4$），并沉附在正、负极板上，硫酸量逐渐减少；硫酸中的氢和正极板上二氧化铅（PbO_2）中的氧发生反应生成水。因此，在放电过程中，电解液的密度逐渐下降，水的含量逐渐上升。

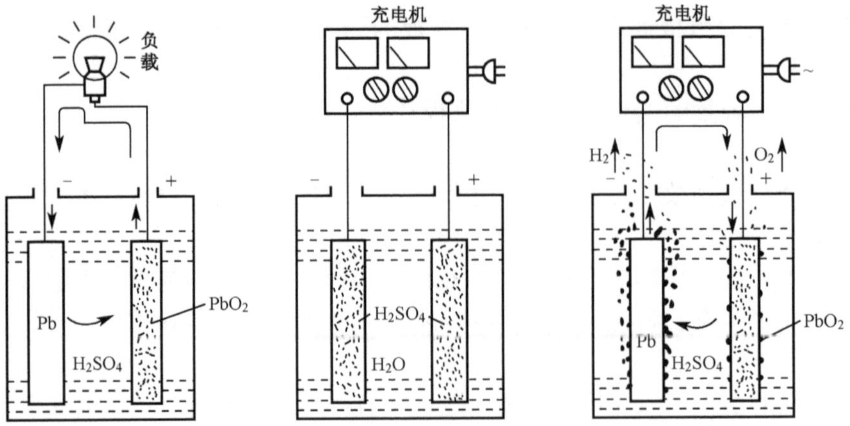

（a）放电　（b）充电　（c）过充电

图 3-2　铅酸蓄电池的充、放电原理

整个放电过程的化学反应式是

$$PbO_2+Pb+2H_2SO_4 \rightarrow 2PbSO_4+2H_2O$$

2）铅酸蓄电池的充电过程

铅酸蓄电池的充电过程是电能转换成化学能的过程。

在充电电流的作用下，正、负极板上的硫酸铅还原成二氧化铅和铅，硫酸返回电解液中。两极活性物质被恢复为原来的状态，而且电解液中的硫酸成分增加，水分减少。因此，在充电过程中，电解液的密度逐渐上升，水的含量逐渐下降。

整个充电过程的化学反应式是

$$2PbSO_4+2H_2O \rightarrow PbO_2+Pb+2H_2SO_4$$

三、蓄电池的常见类型

1. 普通铅酸蓄电池

普通铅酸蓄电池属于干荷电型蓄电池，如图 3-3（a）所示，它是在极板组干燥状态下，可较长时间保持在制造过程中所得电荷的蓄电池。这类蓄电池在注入电解液之后静放 20～30min 即可投入使用，无须初充电，因此方便了用户应急使用。

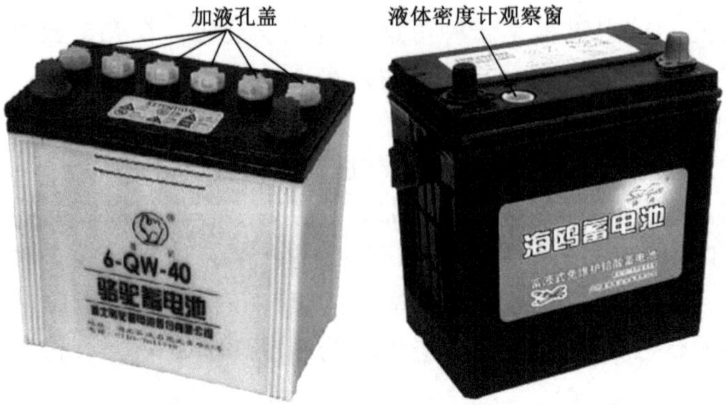

（a）干荷电型蓄电池　（b）免维护蓄电池

图 3-3　常用蓄电池

2. 免维护蓄电池

免维护蓄电池又称 MF 蓄电池，如图 3-3（b）所示。免维护是指在汽车合理使用期间，无须对蓄电池进行加注蒸馏水、检测电解液液面高度、检测电解液密度等维护作业。免维护蓄电池由于电解液的消耗量非常小，目前在车辆中得到了广泛的应用。

免维护蓄电池的特点：

（1）栅架材料采用铅钙合金，既提高了栅架的机械强度，又减少了蓄电池的耗水量和自放电。

（2）采用了袋式微孔聚氯乙烯隔板，将正极板装在隔板袋内，既可避免正极板上的活性物质脱落，又能防止极板短路。

（3）蓄电池内部安装有电解液密度计，可自动显示蓄电池的存电状态和电解液液面的高低，如图 3-4 所示。

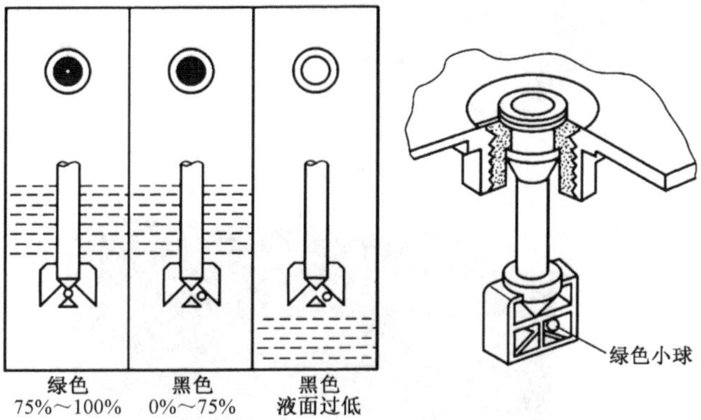

图 3-4　免维护蓄电池的内装式密度计

（4）采用了新型安全通气装置和气体收集器，在孔盖内部设置了一个氧化铝过滤器，可阻止水蒸气和硫酸气体通过，同时又可以使氢气和氧气顺利逸出。通气塞中装有催化剂钯，可促使氢、氧离子重新结合成水回到蓄电池中。如图 3-5 所示为 VARTA 牌免维护蓄电池顶盖设置的液气分离、回收水蒸气、降低失水率的特殊结构。

图 3-5　VARTA 牌免维护蓄电池顶盖结构

3. AGM/EFB 蓄电池

AGM/EFB 蓄电池都是加强型蓄电池（图 3-6 和图 3-7），目前已在很多自动起停系统车型中得到应用，因此也称起停蓄电池。AGM 蓄电池在欧系车辆上装配较多，而 EFB 蓄电池在日系车辆上装配较多。

AGM，即 Absorptive Glass Mat，指超细玻璃纤维隔板，这种隔板能吸附并储存电解液。

EFB，即 Electrode Film Barrier，指电极薄膜阻挡层（电极板隔膜）。

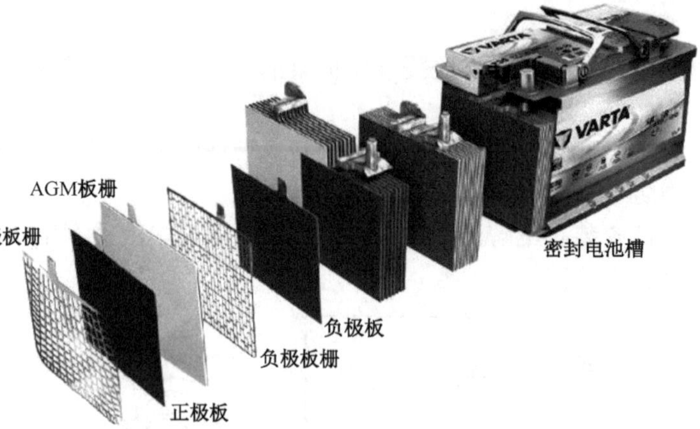

图 3-6　AGM 蓄电池的结构

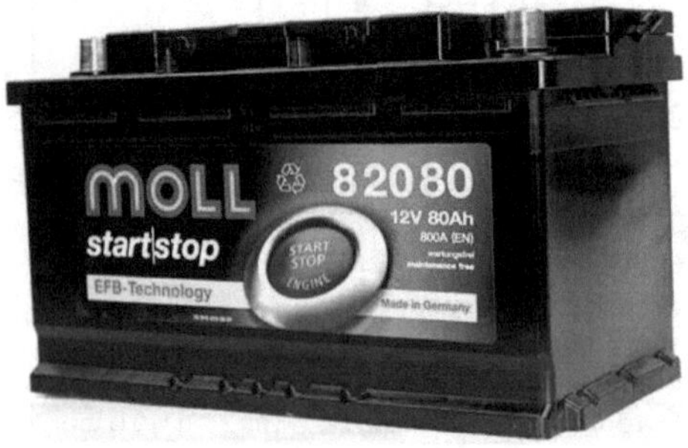

图 3-7　EFB 蓄电池

AGM 蓄电池采用了超细吸附式玻璃纤维棉隔板，将大部分电解液吸附在隔板上，并通过紧装配技术与电极板接触。电解液并未填满整个蓄电池内槽（贫液式设计），电池内阻更小，能够让大量的电离子快速通过，使蓄电池的快速充放电能力和连续放电性能明显提升。AGM 蓄电池具有以下特点。

（1）循环充电能力比铅钙蓄电池高 3 倍，深度放电性能好，具有更长的使用寿命。

（2）具有更高的电容量稳定性，工作可靠性高，冷起动性能好。

（3）与传统铅酸蓄电池相比，即使壳体开裂也不会出现泄漏。

EFB 蓄电池是一种增强型富液式蓄电池。蓄电池内部除了极板、隔膜及其他结构部件外，剩余的空间全部被电解液填满，也就是说电解液处于过量状态。

四、蓄电池的规格参数

1. 容量

容量是蓄电池对外供电能力的标志。完全充足电的蓄电池在允许放电范围内输出的电量称为蓄电池的容量（Q_e），单位为安培小时（A·h）。恒流放电时，蓄电池的容量等于放电电流与放电时间之积。蓄电池的容量分为理论容量、实际容量、额定容量和储备容量四种。其中具有实用意义的是额定容量和储备容量。

1）额定容量

蓄电池的额定容量用 20h 率容量表示。根据国标 GB/T 5008.1—2013 的规定，将完全充足电的 12V 蓄电池在电解液温度为 25±5℃条件下，以 20h 率的放电电流（即 0.05 Q_{20} 安培）连续放电至蓄电池端电压降到 10.50±0.05V 时输出的电量，称为蓄电池的额定容量。

额定容量是检验蓄电池质量好坏的重要指标，新蓄电池必须达到该指标，否则就为不合格产品。例如，对新产 6-QA-105 型蓄电池以 5.25A 电流连续放电至蓄电池端电压降到 10.5V 时，若放电时间大于或等于 20h ，则容量为 $Q_e \geq 5.25 \times 20 = 105$A·h，即达到或超过了额定容量 105A·h，该蓄电池为合格产品。

2）储备容量（储备功率）

储备容量是国际蓄电池协会和美国汽车工程师协会（SAE）首先制定的。根据国标 GB/T 5008.1—2013 的规定，蓄电池的额定储备容量是指完全充足电的 12V 蓄电池在 25±2℃条件下，以 25A 恒流放电至蓄电池端电压降到 10.50±0.05V 时的放电时间，单位为分钟（min）。

2. 冷起动电流值（CCA）

指在-18℃时以最低馈电电压 7.2V 起动发动机 30s 的能力。

CCA 是美国汽车工程师协会（SAE）标准，其他还有 EN（欧洲工业标准）、DIN（德国工业标准）、IEC（国际电工委员会标准）、JIS（日本工业标准）等。各种标准举例如表 3-1 所示。

表 3-1 蓄电池的标准举例

电池标识	标准选择	电池参数	备注
12V/60Ah/CCA 500A	CCA	500	12V 电池，容量 60Ah，冷启动电流 500A
300A EN	EN	300	EN 标准值为 300A
12V 250A 60Ah DIN	DIN	250	12V 电池，容量 60Ah，DIN 标准值为 250A
26A19R 12V 60Ah	JIS#	200	12V 电池，容量 60Ah，查 JIS 码转换表 26A19R 对应的 CCA 为 200
26A19RMF 12V 60Ah	JIS#	220	12V 电池，容量 60Ah，查 JIS 码转换表 26A19R 对应 MF 的 CCA 为 220
12V 60Ah	容量	60Ah	根据电池容量估计 CCA 值，此方法在找不到标准时使用

五、蓄电池的型号

1. 国家标准蓄电池的型号

以型号为 6-QAW-54a 的蓄电池为例，说明如下。

6 表示由 6 个单格电池组成，每个单格电池电压为 2V，即额定电压为 12V。

Q 表示蓄电池的用途，Q 为汽车起动用蓄电池，M 为摩托车用蓄电池，JC 为船舶用蓄电池，HK 为航空用蓄电池，D 表示电动车用蓄电池，F 表示阀控型蓄电池。

A 和 W 表示蓄电池的类型，A 表示干荷电型蓄电池，W 表示免维护蓄电池，若不标则表示普通型蓄电池。

54 表示蓄电池的额定容量为 54A・h。

a 表示对原产品的第一次改进，加 b 表示第二次改进，依次类推。注意：①型号后加 D 表示低温起动性能好，如 6-QA-110D；②型号后加 HD 表示高抗振型；③型号后加 DF 表示低温反装，如 6-QA-165DF。

2. 日本 JIS 标准蓄电池的型号

下面以型号 38B20L 的蓄电池为例进行说明。

38 表示蓄电池的性能参数。数字越大，蓄电池可以存储的电量就越多，见表 3-2。

表 3-2　JIS 蓄电池性能参数

蓄电池型号	20h 率容量（A・h）	5h 率容量（A・h）
38B20L	36	28
55B24L	48	36
55D26R	60	48
65D31R	70	56
80D26L	70	55

B 是蓄电池的宽度和高度代号。蓄电池的宽度和高度组合由 8 个字母（A～H）中的一个表示，字符越接近 H，表示蓄电池的宽度值和高度值越大，见表 3-3。

表 3-3　JIS 蓄电池宽度和高度代号

代号	宽度（mm）	高度（mm）
A	127	162
B	127 或 129	203
C	135	207
D	173	204
E	176	213
F	182	213
G	222	213
H	278	220

20 表示蓄电池的长度约为 20cm。

L 表示正极端子的位置。从远离蓄电池极柱的一面看过去，正极端子在右端的标 R，正极端子在左端的标 L，如图 3-8 所示。

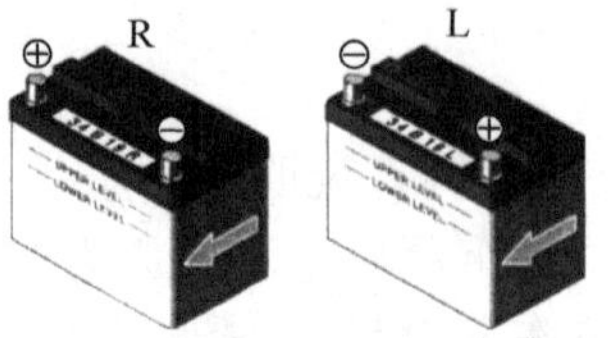

图 3-8　蓄电池正极端子的位置标识方法

3. 德国 DIN 标准蓄电池的型号

以型号为 544 34 的蓄电池为例，说明如下。

以 5 开头表示蓄电池额定容量在 100A • h 以下，以 6 开头表示蓄电池额定容量在 100A • h 与 200A • h 之间，以 7 开头表示蓄电池额定容量在 200A • h 以上。例如，544 34 蓄电池额定容量为 44A • h，610 17MF 蓄电池额定容量为 110A • h，700 27 蓄电池额定容量为 200A • h。

容量后两位数字表示蓄电池尺寸组号，见表 3-4。

MF 表示免维护型。

表 3-4 DIN 蓄电池尺寸组号

蓄电池型号	最大外形尺寸（mm）		
	长	宽	高
544 34	210	175	190
554 14	293	175	175
610 17	513	189	223
700 27	518	291	242

4. 美国 BCI 标准蓄电池的型号

以型号为 58 430（12V 430A 80min）的蓄电池为例，说明如下。

58 表示蓄电池尺寸组号。

430 表示冷起动电流为 430A。

80min 表示蓄电池储备容量为 80min。

美国标准的蓄电池也可以这样表示：78—600，78 表示蓄电池尺寸组号（表 3-5），600 表示冷起动电流为 600A。

表 3-5 BCI 蓄电池尺寸组号

组号	长度（英寸）	宽度（英寸）	高度（英寸）
24	$10\frac{1}{4}$	$6\frac{7}{8}$	$8\frac{5}{8}$
27	12	$6\frac{7}{8}$	$8\frac{5}{8}$
42	$9\frac{5}{8}$	$6\frac{7}{8}$	$6\frac{3}{4}$
48	12	$6\frac{7}{8}$	$7\frac{1}{2}$
58	$9\frac{1}{4}$	$7\frac{1}{4}$	$6\frac{7}{8}$
72	9	$7\frac{1}{4}$	$8\frac{1}{8}$

5. 欧洲 EN 标准蓄电池的型号

以型号为 L2-400 的蓄电池为例，说明如下。

L：正极端子在左端。

2：蓄电池尺寸组号。

400：-18℃冷起动电流（欧标）为400A。

六、蓄电池的选用

更换新蓄电池时，新蓄电池的品牌、型号与原车蓄电池品牌、型号可以不一致，但容量和冷起动电流等主要参数一定不能比原来使用的蓄电池低，而且新蓄电池的尺寸、正极桩头的形状和位置等也必须合适，否则装不进电池盒或者电缆接不上。

任务实施

（1）观察一辆车上的普通蓄电池，记录它的型号、容量、冷起动电流、尺寸、正负极端子大小和位置。

（2）观察一辆车上的免维护蓄电池，记录它的型号、容量、冷起动电流、尺寸、正负极端子大小和位置。

（3）观察EFB蓄电池，思考可否用AGM蓄电池代替并说明理由。

任务评价

任务评价见表3-6。

表3-6　任务评价表

考核项目		评分标准	学生自评	小组互评	教师评价	小计
知识目标	蓄电池的结构与原理	能完整叙述				
	蓄电池规格型号的识别方法	能完整叙述				
技能目标	能够识别蓄电池的规格参数	识别正确				
素质目标	安全、规范操作	做到、做好				
	操作步骤、流程正确、完整	正确、熟练				
	团队合作	是否和谐				
	现场7S	是否做到				
总评						

任务小结

（1）目前燃油汽车的蓄电池都是铅酸蓄电池，依据结构和隔板技术的不同可将其分为普通干荷电蓄电池、免维护蓄电池和阀控式蓄电池（EFB和AGM蓄电池）。

（2）EFB和AGM蓄电池都能用于自动起停车辆，但AGM蓄电池整体性能要优于EFB蓄电池且适用于能量回收车辆，EFB蓄电池不能用于能量回收车辆，但具有价格优势。

（3）蓄电池的选用原则：

① 新蓄电池的额定电压、尺寸、正负极端子的大小、正极端子的位置要和原车蓄电池一致。

② 新蓄电池的容量、冷起动电流等主要参数不能低于原车蓄电池的参数。

任务 3.2 蓄电池的检查与更换

任务目标

技能目标	（1）会检查与判断蓄电池的技术状况 （2）会拆装更换蓄电池
知识目标	（1）蓄电池的日常使用与维护项目 （2）蓄电池的检查项目与检查方法
学习活动	学习蓄电池的检测知识→蓄电池的检测更换练习→评价总结

任务引入

一辆宝骏 630 汽车无法启动，维修技师王师傅初步判断为蓄电池故障，须进一步检查后对蓄电池进行维修或更换。王师傅交代实习生小吴怎么做以后就忙别的去了。小吴之前没有自己动手检查、更换过蓄电池。如果你是实习生小吴，你知道该怎么检查和更换蓄电池吗？

任务资讯

一、蓄电池的使用

1. 蓄电池正、负极桩的识别

蓄电池正、负极桩的简要识别方法见表 3-7。也可以用数字式万用表的直流电压挡检测判断：当测得的电压值为正值时，红表笔所接的极桩为正极，黑表笔所接的极桩为负极，否则相反。

表 3-7 蓄电池正、负极桩的简要识别方法

项目 特点 极桩	标记	形状	颜色	表面硬度
正极桩	＋	锥形，略粗	深褐色	较坚硬
负极桩	—	略细	浅灰色	较软

2. 及时充电

放电后的蓄电池，应在 24h 内充好电。

3. 与起动机配合正确使用

在正常使用中每次起动时间不应超过 5s，如再次起动，最好间歇 15s。

4. 拆装蓄电池应注意的事项

（1）往车上装蓄电池时，应认清正、负极，保持负极搭铁。应先接火线，再接搭铁线，以防扳手搭铁引起强烈火花。

（2）从汽车上拆卸蓄电池时，应先拆搭铁线，后拆火线。拆卸时，若发现蓄电池夹头螺栓锈蚀难以取出，切莫用锤或钳击打，以避免极桩脱焊，极板活性物质脱落。可用热水冲洗或用除锈松动剂喷洗后，拧开夹头螺栓，用夹头拉器或撬开夹头取下。

（3）安装桩头时，应用细砂纸或专用钢丝刷清洁极桩及接线头；连接电桩夹头时，螺栓和螺母的螺纹部分应先涂凡士林或黄油，以防氧化生锈，便于以后拆卸。

（4）当电桩小、夹头大，须垫衬垫时，最好用铅皮或铜皮，并且只垫半圈。若整圈垫，易氧化腐蚀而造成接触不良。

（5）对于带故障自我诊断功能的电脑系统，维修时应注意诊断代码在蓄电池引线拆下后会被清除，因此在拆蓄电池电缆前，应查看并记录诊断代码。

（6）点火开关接通时，不可以拆卸蓄电池，以免突然断电使电路中的线圈产生自感电动势而出现很高的瞬时电压，从而使 ECU 及相关传感器等微电子器件严重受损。

（7）对不了解的车型，为避免拆卸蓄电池时同时清除收音机、石英钟等附属设施的内存（包括防盗码），可先在待拆卸蓄电池的正极引线与发动机搭铁处并联一个蓄电池后再拆卸，即保证拆装过程中车辆不断电。

（8）跨接起动与并联拆卸。紧急情况下可以按图 3-9 所示的连接方式跨接起动或并联拆卸蓄电池，但必须注意的是：援助蓄电池的负极必须距离缺电蓄电池的负极 50cm 以上，以避免产生的火花点燃蓄电池溢出的氢气而导致燃烧或爆炸。

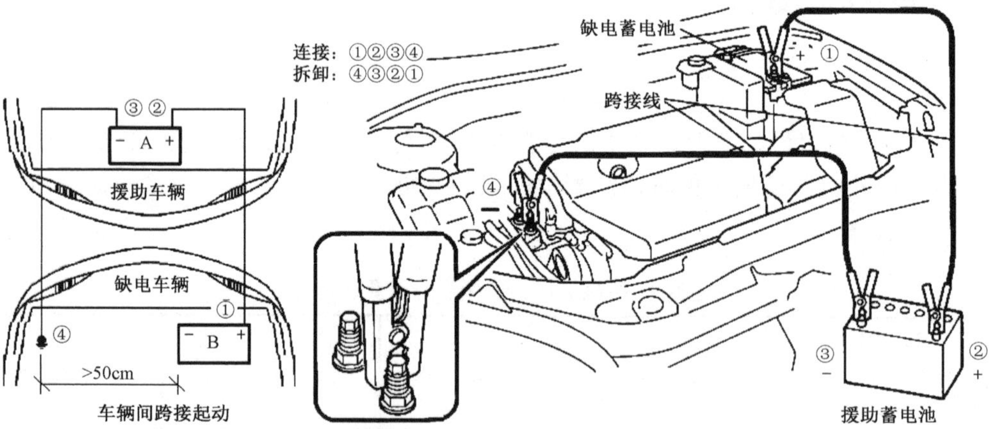

图 3-9　蓄电池的跨接起动与并联拆卸

二、蓄电池的维护

（1）保持蓄电池外表面清洁干燥，及时清除极桩和电缆卡子上的氧化物，并确定蓄电池极桩上的电缆连接牢固。

对于极桩或电缆卡子的氧化腐蚀，先用苏打水溶液清洗，再用专用清洁工具进行清洁，如图 3-10 所示。清洗后，在电缆卡子上涂上凡士林或润滑脂防止腐蚀。

注意：清洗蓄电池之前，要拧紧加液孔盖，防止苏打水进入蓄电池内部。

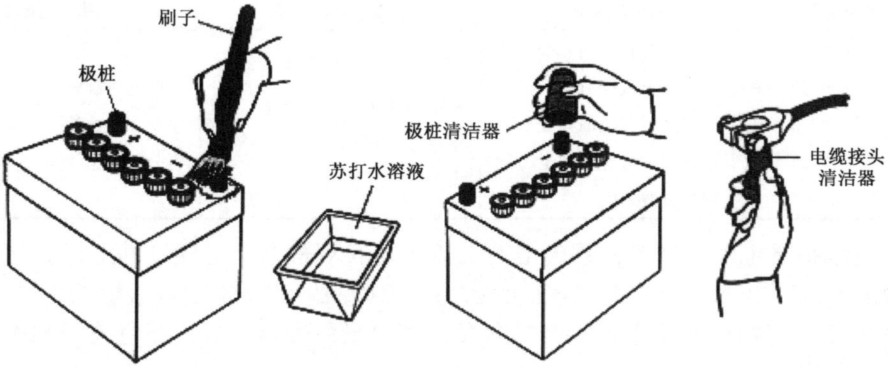

图 3-10　极桩或电缆卡子氧化腐蚀的清洁

（2）保持普通蓄电池加液孔盖上通气孔的畅通，定期疏通。

（3）定期检查并调整普通蓄电池电解液液面高度，电解液不足时，应补加蒸馏水。

（4）汽车每行驶 1000km 或夏季行驶 5～6 天，冬季行驶 10～15 天，应用密度计或高率放电计检查一次蓄电池的放电程度，当冬季放电超过 25%，夏季放电超过 50%时，应及时将蓄电池从车上拆下进行补充充电。

（5）根据季节和地区的变化及时调整电解液的密度。冬季可加入适量的密度为 1.40g/cm^3 的电解液，以调高电解液的密度（一般以比夏季高 0.02～0.04g/cm^3 为宜）。

（6）冬季向蓄电池内补加蒸馏水时，必须在蓄电池充电前进行，以免水和电解液混合不均而引起结冰。

（7）冬季蓄电池应经常保持在充足电的状态，以防电解液密度降低而结冰，引起外壳破裂、极板弯曲和活性物质脱落等故障。

三、蓄电池的检测

当汽车出现起动运转无力，大灯灯光暗淡，喇叭响度不足等现象时，首先应对蓄电池进行检测。

1. 液面高度的检测（免维护蓄电池及 AGM/EFB 蓄电池不用做）

普通蓄电池的液面高度检查方法如图 3-11 所示，检查要求见表 3-8。

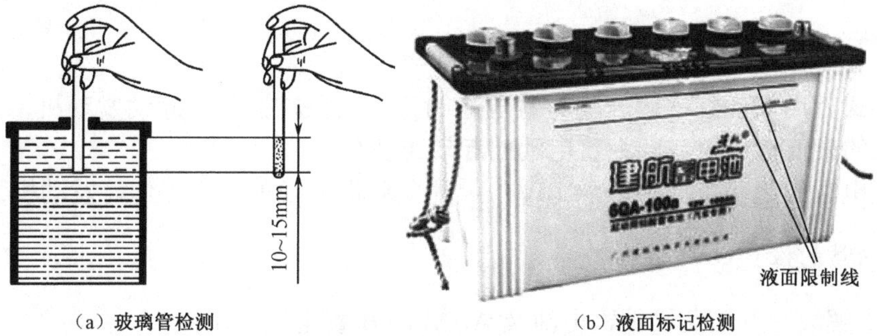

（a）玻璃管检测　　（b）液面标记检测

图 3-11　普通蓄电池的液面高度检查方法

表 3-8　蓄电池的液面检查要求

液面检查周期	液面高度要求	液面过高的危害	液面过低的危害
每行驶 1000km 或冬季行驶 15 天左右，夏季行驶一周左右检查一次	非透明蓄电池外壳：液面应高出极板 10～15mm 半透明蓄电池外壳：液面应在厂方标明的上、下限制刻线之间	电解液容易在汽车行驶过程中由于振动而溅出来，严重腐蚀其他部件并可能造成自放电	容易使极板外露，不能参与化学反应，长时间后就会形成不可再分解的晶状物，即硫化现象

对于免维护蓄电池，一般在蓄电池的上盖设置有观察窗，可通过其上标识的颜色来判断蓄电池的液面及技术状况。图 3-12 所示为丰田威驰轿车蓄电池观察窗的含义，图 3-13 所示为 VARTA 牌蓄电池状态指示器的含义，其中绿色表示良好，黑色表示须充电，白色表示须更换蓄电池。

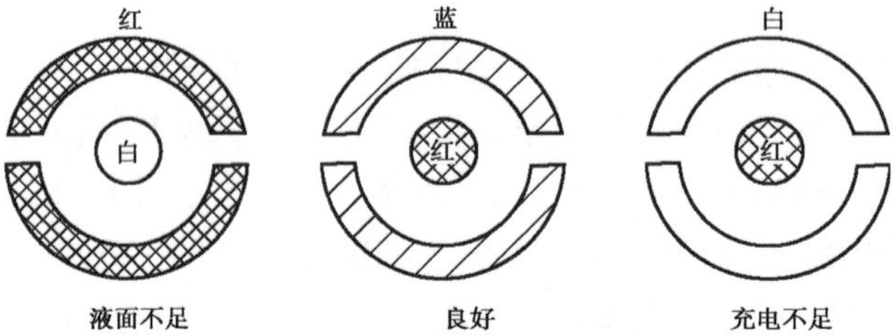

图 3-12　丰田威驰轿车蓄电池观察窗的含义

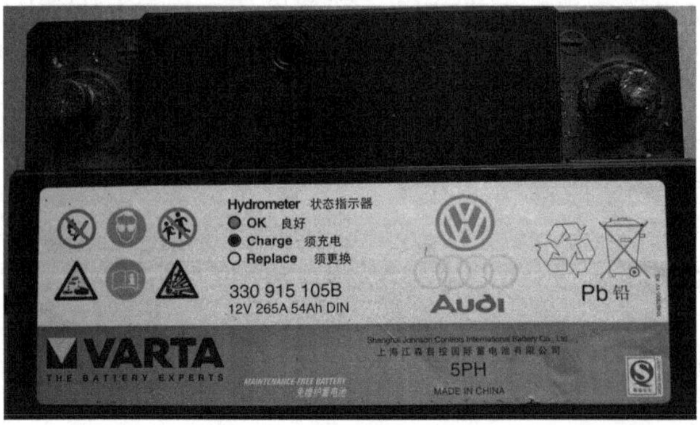

图 3-13　VARTA 牌蓄电池状态指示器的含义

2. 端电压的测量

一般正常蓄电池的端电压为 12.2～12.7V。

3. 起动电压的检测

将数字式万用表的红、黑表笔与蓄电池的正、负极桩接触，起动发动机，记录起动时万用表显示的最低电压值，即为蓄电池的起动电压值。

一般蓄电池的起动电压不低于 10V，否则发动机电控单元不工作，发动机无法起动。

4. 存电量的检查

1）测电解液密度（免维护蓄电池及 AGM/EFB 蓄电池不用做）

如图 3-14 所示，使用密度计测量蓄电池电解液的密度，由此可以判断蓄电池的存电量。

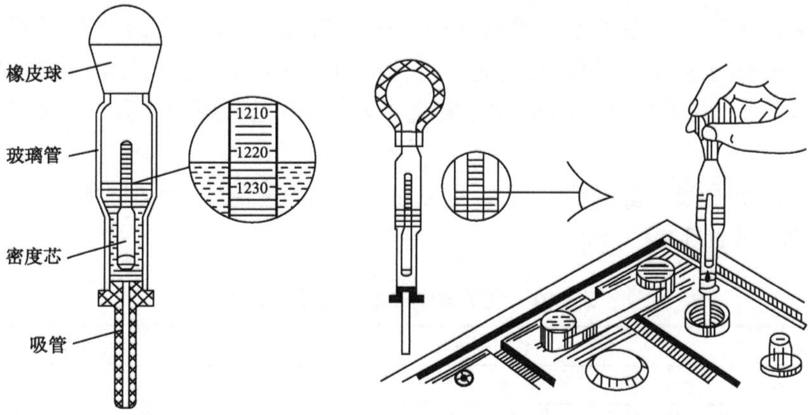

（a）电解液密度计 （b）用密度计测量电解液密度

图 3-14 密度计及其使用

（1）测量前，捏紧密度计的橡皮球，挤出空气。

（2）打开加液孔盖，将橡皮吸管插入电解液，慢慢放松橡皮球，待吸入的电解液高度达到玻璃管高度的 2/3 时（密度计内的密度芯漂浮起来），再慢慢地将密度计提出液面。注意：为避免电解液滴落腐蚀车漆，密度计不得离开蓄电池加液孔上方。

（3）读数。如图 3-14（b）所示，平视玻璃管液面最低处，读取浮子杆上的刻度指示值，即为电解液的密度，也可粗略地根据密度芯的红、绿、黄色区段判断蓄电池的存电量。

电解液密度范围：1.24～1.28g/cm^3。通常密度每下降 0.01g/cm^3 相当于蓄电池放电 6% 的额定容量。蓄电池存电量要求：冬季大于或等于 75%，夏季大于或等于 50%。

在强电流放电或加注蒸馏水后，由于电解液混合不匀，不应立即测量电解液密度。

2）用高率放电计测量单格电池电压或蓄电池电压

（1）对于联条外接式蓄电池，由于其单格电池的极桩外露，因此可以使用单格电池高率放电计进行检验，如图 3-15（a）所示。

检验时，将两叉尖紧压在单格电池正、负极桩上，历时 5s 左右，观察模拟起动大电流放电情况下，蓄电池所能保持的端电压。

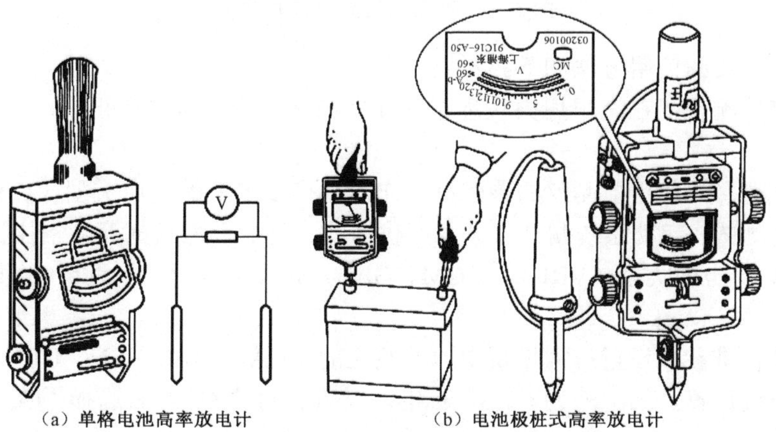

（a）单格电池高率放电计 （b）电池极桩式高率放电计

图 3-15 高率放电计

一般技术状况良好的蓄电池，单格电压应在 1.5V 以上，并在 5s 内保持稳定。若 5s 内从 2V 下降到 1.7～1.8V，说明存电充足；下降到 1.6～1.7V，表明放电 25%的额定容量；下降到 1.5～1.6V，表明放电 50%的额定容量；若 5s 内电压迅速下降，说明单格电池有故障，应进行修理。

（2）对于联条内接式蓄电池，可使用电池极桩式高率放电计进行测试，如图 3-15（b）所示，相关判断见表 3-9。

表 3-9　12V 蓄电池放电程度的判断

容量	≤ 60A · h	＞60 A · h
测试时间	3～5s	3～5s
测试电压	＜9V 故障	＜9.5V 故障
	9～11V 较好	9.5～11.5V 较好
	＞11V 良好	＞11.5V 良好

5. 用蓄电池检测仪检测

蓄电池检测仪能够检测蓄电池的静态电压、起动电压、充电电压、冷起动电流和内阻等参数，据此显示评估蓄电池的存电量（SOC）、使用寿命（SOH）等测试结果，并分级显示蓄电池状态：良好、一般、需注意、建议更换等，如图 3-16 所示。

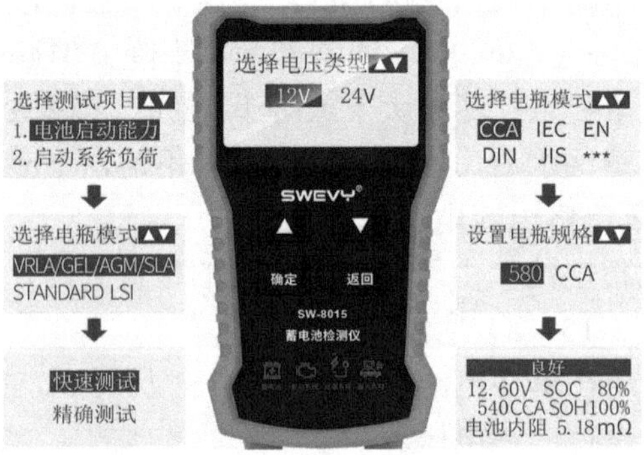

图 3-16　蓄电池检测仪及其使用

蓄电池检测仪的使用方法如下。

（1）连接检测仪：在汽车熄火状态下，红色测试夹连接蓄电池正极，黑色测试夹连接蓄电池负极。

（2）测试选择：使用检测仪的导航键操作，选择蓄电池的电压类型（12V/24V）、测试项目（蓄电池测试、起动系统测试、最大负载测试、充电系统测试等）、测试模式（快速测试、精准测试）、电池类型（VRLA、AGM、GEL、SLA 等）、测试标准（SAE、DIN、EN、JIS 等）。

（3）测试标准参数设置：根据蓄电池标签上的 CCA 或 IEC、EN、DIN 标准的冷起动电流值用导航键设置。如电池为“JIS”标准，需查表对照 CCA 后选择“CCA”（SAE）作为测试标准。

（4）结果显示：根据测试项目显示相关数据，如图 3-17 所示。

图 3-17　充电系统性能测试与显示

6. 寄生电流的检测

1）寄生电流

寄生电流也称静电流，是在关闭车辆所有用电设备及点火开关的情况下，部分用电设备仍在消耗蓄电池电能的一种现象。这属于故障现象，会导致蓄电池经常亏电乃至损坏蓄电池。开关、继电器和控制模块等部件很可能引起车辆蓄电池的寄生电流。

2）测试工具

在进行寄生电流测试之前，须保证蓄电池处于充满电状态。上汽通用售后服务推荐使用的测试工具有 FLUKE87 数字式万用表和寄生电流消耗测试开关（可以自制，如上汽通用售后服务的 J38758、EL38758 寄生电流测试开关），如图 3-18 所示。也可以使用毫安级万用表、电流表或钳表测量。

3）测试方法

（1）测试开关和万用表测量法。

① 关闭车辆所有用电设备及点火开关，等待所有控制模块进入休眠状态（约 20min）。

② 断开蓄电池负极电缆，将寄生电流测试开关（如 EL38758）串接在蓄电池负极端子与负极电缆之间，如图 3-19 所示。

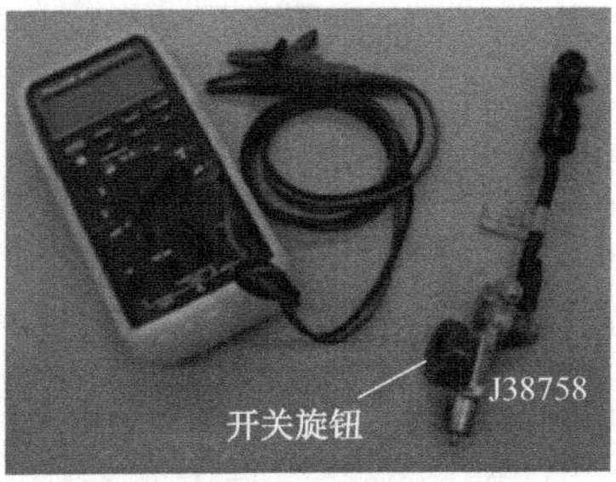

图 3-18　寄生电流测试工具

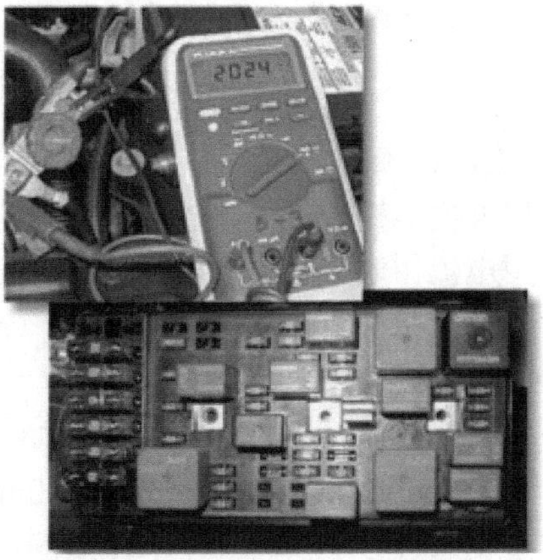

图 3-19　测试寄生电流

③ 将设定为 10A 直流量程的数字式万用表连接在测试开关两端子之间（即与测试开关两端并联）。当将开关旋钮置于“OFF（关）”位置时，电流流经数字式万用表。观察在车辆系统关闭时，寄生放电电流是否低于允许值（如科鲁兹轿车为 30mA）。

有两种方法可确定寄生消耗的标准电流值：一种是蓄电池的储备容量除以 4，另一种是蓄电池的额定容量（安培小时数）除以 2.4。计算结果就是允许的寄生电流大小，单位为 mA。

（2）万用表测量法。

① 将万用表正极表笔插入 mA 端，将万用表挡位调整至 mA 测量挡。

② 在蓄电池负极线与极柱保持连接的状态下，将万用表正、负表笔分别与负极柱和负极线连接，保持并联状态。

③ 保持车辆四门两盖闭锁。由于必须打开发动机舱盖测量，因此使用螺丝刀将发动机舱盖锁锁上，用钥匙锁车，如图 3-20（a）所示。

④ 等待 20min 后将蓄电池负极线从极柱上断开（万用表表笔两端与负极柱及负极线之间应保持连接，不能断开），此时万用表串联在蓄电池负极线和负极柱之间，如图 3-21（b）所示。

⑤ 读取静电流值，如果在 60mA 以下，表明静电流合格，完成测试；如果静电流在 60mA 以上，则继续等待 10min 后再次测量。

⑥ 重复第 5 步，如果等待 2h 后静电流仍然大于 60mA，则认为整车静电流不合格，须进一步确认故障。

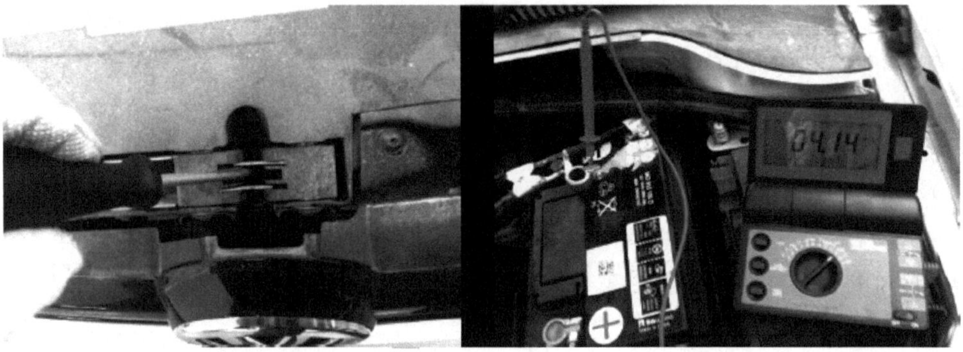

（a）用螺丝刀闭锁发动机舱盖锁　　（b）用万用表测量寄生电流（静电流）

图 3-20　用万用表测量寄生电流的方法

（3）电流钳表测量法。

① 校准电流钳表。

② 用电流钳表夹住蓄电池负极线。

③ 保持四门两盖闭锁，如图 3-20（a）所示，可用螺丝刀将发动机舱盖锁锁上，用钥匙锁车。

④ 等待 20min 后读取静电流值，如果在 60mA 以下，表明静电流合格，完成测试；如果静电流在 60mA 以上，则继续等待 10min 后再次测量。

⑤ 重复第 4 步，如果等待 2h 后静电流仍然大于 60mA，则认为整车静电流不合格，须进一步确认故障。

如果寄生电流（静电流）值高于允许的电流值，则要查找具体的漏电位置。依次拔插每个熔丝。如果寄生电流值在熔丝拔除后下降至允许的电流值范围内，说明是该熔丝供电电路导致了过大的寄生电流。

任务实施

1. 实训任务

就车检查与更换蓄电池。

2. 实训要求

（1）操作安全、规范，避免电解液飞溅腐蚀人身和车辆。
（2）检查项目完全、正确，并填写检测表格。
（3）掌握判断标准。
（4）蓄电池拆装操作正确、规范。
（5）自我检查任务完成情况。

任务评价

任务评价见表3-10。

表3-10 任务评价表

考核项目		评分标准	学生自评	小组互评	教师评价	小计
知识目标	蓄电池的日常维护项目	能完整叙述				
	蓄电池的拆装注意事项	能完整叙述				
	蓄电池的就车检查项目	能完整叙述				
技能目标	能够正确检查和判断蓄电池技术状况	检查和判断正确				
	能够正确拆装和更换蓄电池	正确拆装				
素质目标	安全、规范操作	做到、做好				
	操作步骤、流程正确、完整	正确、熟练				
	团队合作	是否和谐				
	现场7S	是否做到				
总评						

任务小结

（1）当出现发动机起动运转无力或起动机无法运转、大灯灯光暗淡、喇叭声响异常等现象时，应检查蓄电池的技术状况。

（2）蓄电池技术状况的检查项目包括：外观检查、液面高度检查（普通蓄电池）、端电压检查、起动电压检查、电解液密度检查（普通蓄电池）、高率放电计检查、专用检测仪检测、寄生电流（静电流）的检测等。在实际应用中，只要做一两项检测，能够判断出蓄电池的技术状况即可。

（3）根据检查结果判定蓄电池的技术状况，并进行充电或更换操作。

（4）如果发现蓄电池经常亏电，就要做寄生电流（静电流）的检测。

任务 3.3 蓄电池的充电

任务目标

技能目标	会正确使用充电机并选择合适的充电参数给蓄电池充电
知识目标	（1）蓄电池的充电类型、补充充电参数的选择 （2）充电机的连接方法与面板开关的使用方法
学习活动	学习蓄电池的充电方法及充电参数知识→蓄电池的充电练习→评价总结

任务引入

一辆宝骏 630 汽车无法启动，起动机运转无力。维修技师王师傅判断为蓄电池缺电故障，交代实习生小吴给蓄电池充电。如果你是实习生小吴，你知道该怎么给蓄电池充电吗？

任务资讯

一、普通蓄电池的充电

充电时，蓄电池的正、负极分别与直流电源的正、负极相连，当充电电源的端电压高于蓄电池的电动势时，在电场的作用下，电流从蓄电池的正极流入，负极流出，这一过程称为充电。

蓄电池充电过程是电能转换为化学能的过程。

充电时，正、负极板上的 $PbSO_4$ 还原成 PbO_2 和 Pb，电解液中的 H_2SO_4 增多，密度上升。

当充电接近终了时，$PbSO_4$ 已基本还原成 PbO_2 和 Pb。这时，过剩的充电电流将电解水，使正极板附近产生 O_2 并从电解液中逸出，负极板附近产生 H_2 并从电解液中逸出，电解液液面高度降低。因此，普通铅酸蓄电池应定期补充蒸馏水。

蓄电池充足电的标志是：

（1）电解液中有大量气泡冒出，呈沸腾状态。

（2）电解液的密度和蓄电池的端电压上升到规定值，且在 2～3h 内保持不变。

1. 充电方法

充电方法主要有定流充电、定压充电及脉冲充电（快速充电）。

1）定流充电

概念：在充电过程中，保持充电电流一定的充电方法，也称恒流充电（图 3-21）。

特点：采用定流充电可将不同电压等级的蓄电池串在一起充电，连接方法如图 3-21（a）所示。

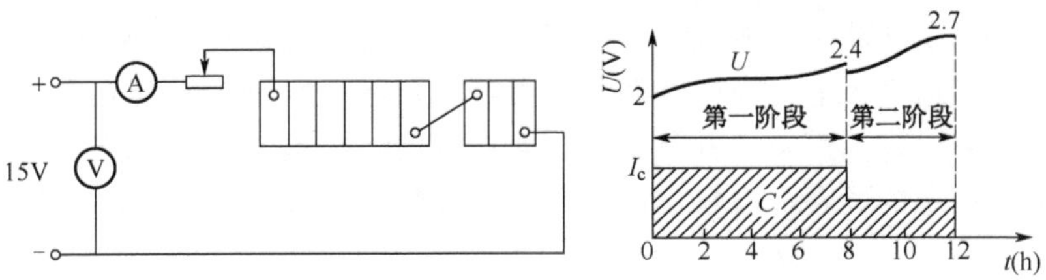

（a）连接简图　　（b）充电特性曲线

图 3-21　定流充电

定流充电电流选择：为缩短充电时间，充电过程通常分为两个阶段。第一阶段采用较大的充电电流（0.1 Q_e），使蓄电池的容量得到迅速恢复，当蓄电池电量基本充足，单格电池电压达到 2.4V，开始电解水产生气泡时，转入第二阶段，将充电电流减小一半（0.05 Q_e），直到电解液密度和蓄电池端电压达到最大值且在 2～3h 内不再上升，蓄电池内部剧烈冒出气泡时为止。

当充电电路中有不同电压等级的蓄电池时，充电电流应按照容量最小的电池来选择，当小容量蓄电池充足后，应及时取掉，然后继续给大容量蓄电池充电。

定流充电具有适应性广的优点，因此广泛用于初充电、补充充电、去硫化充电。缺点是充电时间长，并且要经常调节充电电流。

2）定压充电

概念：在充电过程中，使充电电压始终保持一定的充电方法，也称恒压充电，如图 3-22 所示。

特点：充电效率高，开始 4～5 h 内，即可达到额定容量的 90%～95%，可大大缩短充电时间；定压充电充足时，电流自动趋于零；无须照管和调整充电电流，不会发生过充电。

定压充电电压选择：一般每个单格电池约需 2.5V，即 6V 电池充电需电源电压为 7.5V，12V 电池充电需电源电压为 15V。若充电电压过高，将导致过充电；充电电压过低，将导致充电不足。

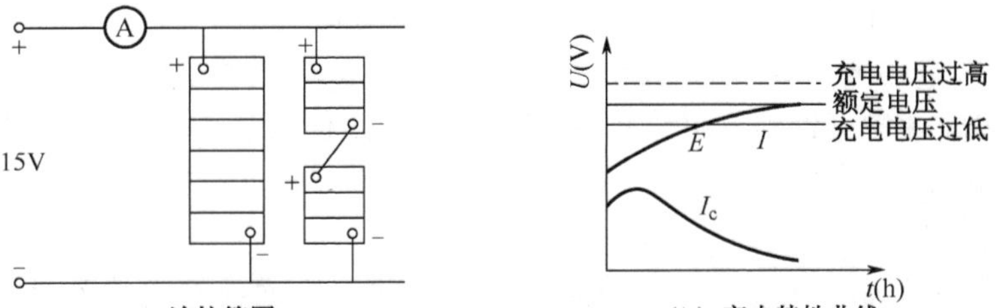

（a）连接简图　　（b）充电特性曲线

图 3-22　定压充电

3）脉冲充电

脉冲充电必须用脉冲快速充电机进行，其充电电流波形如图 3-23 所示。

脉冲充电的过程：先用 0.8～1 倍额定容量的大电流进行定流充电，使蓄电池在短时间内充至额定容量的 50%～60%，当单格电池电压升至 2.4V，开始冒气泡时，由充电机的控制电路自动控制，开始脉冲快速充电，首先停止充电 25ms（称为前停充），然后放电或反向充电，使蓄电池反向通过一个较大的脉冲电流（脉冲深度一般为充电电流的 1.5～2 倍，脉冲宽度为 150～1000μs），然后再停止充电 40ms（称为后停充），以后的过程为正脉冲充电——前停充——负脉冲瞬间放电——后停充——正脉冲充电……循环进行，直至充足电。

特点：优点是可大大缩短充电时间（新蓄电池充电仅需 5h，补充充电需 1h），缺点是对蓄电池的寿命有一定的影响，并且脉冲快速充电机结构复杂，价格昂贵，适用于电池集中、充电频繁、应急的场合，但禁止在蓄电池与汽车线束未松开的情况下就车充电。

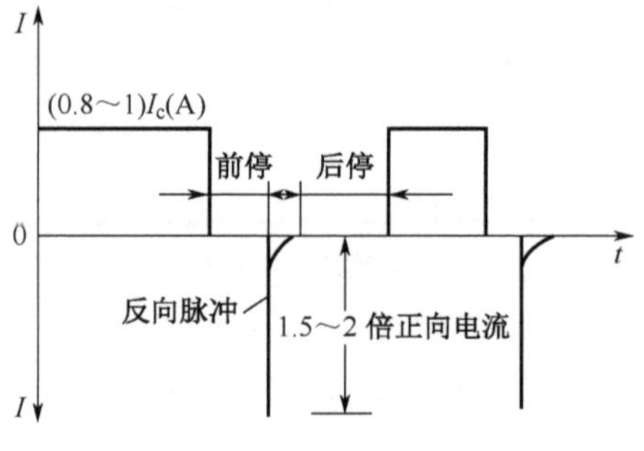

图 3-23　脉冲充电电流波形

2. 充电种类

1）初充电

初充电指对新的或更换极板后的蓄电池进行的第一次充电，其操作步骤如下。

（1）按蓄电池制造厂的规定和本地区的气温条件，加注一定密度的电解液（加注前，电解液温度不得超过 30℃），放置 4～6h，使极板浸透，并调整液面高度至规定值。

（2）将蓄电池的正、负极分别与充电机的正、负极相连。

（3）采用两阶段定流充电法充电时，第一阶段充电电流为额定容量的 1/10，待电解液中有气泡冒出、单格电池电压达 2.4V 时，转入第二阶段，将电流减小一半，直至蓄电池充足电为止。

充电过程中应注意测量电解液的温度，当温度超过 40℃时，应将电流减半；如温度继续上升达 45℃，应停止充电，待冷却至 35℃以下时再充电。

（4）充好电的蓄电池应检查电解液的密度，如不符合规定，应用蒸馏水或密度为 1.4g/cm^3 的稀硫酸进行调整，并调整液面高度至规定值。调整后，再充电 2h，直到电解液密度符合规定为止。

2）补充充电

使用中的蓄电池，由于充电电压偏低或充电机会少而使蓄电池容量下降时，应及时进行补充电。蓄电池存电不足的特征有：

（1）电解液密度下降到 1.2 g/cm^3 以下。

（2）冬季放电超过额定容量的 25%，夏季放电超过 50%。

（3）灯光暗淡、起动无力、喇叭沙哑。

补充充电的过程和方法与初充电相同，充电第一阶段以 0.1 Q_e 的电流充到冒气泡，第二阶段将电流减半，充到“沸腾”，电压、电解液密度上升且在 2～3h 内不变，即充电结束。平时补充充电一般需要 13～17h。

3）预防硫化过充电

蓄电池在使用中常因充电不足而造成硫化，为预防起见，可每隔 3 个月进行一次预防硫化过充电，即比平常充电时间更长、充电更完全。方法是用平时补充充电的电流将电池充足，中断 1h，如此重复几次，直到刚接入充电，蓄电池立即“沸腾”为止。

4）锻炼循环充电

蓄电池在使用中常处于部分放电的状态，参加化学反应的活性物质有限，为了使相当于额定容量的活性物质都能参加工作，以避免活性物质长期不工作而收缩，可每隔 3 个月进行一次锻炼循环充电，即在电池正常充足电后，用 20 h 放电率放完电，再正常充电后即可使用。

5）去硫化充电

当极板硫化较严重时，可进行去硫化充电。方法是先倒出蓄电池内的电解液，反复冲洗数次，然后灌入蒸馏水至高出极板 10～15 mm，用初充电电流进行充电，并随时测量密度。当密度升高到 1.15 g/cm^3 以上时，可用蒸馏水冲淡，继续充至密度不再上升后进行放电。如此反复多次，每充 6h，中间停充 2h，直至密度不变为止。最后参照初充电方法充电，并调整密度至规定值，即可使用。

3. 充电机的使用

常见的充电机有传统的硅整流充电机、快速充电机、脉冲数字充电机、起动充电机等。下面以常用的充电电压和电流均可调的充电机（图 3-24）为例，简要介绍其使用方法。

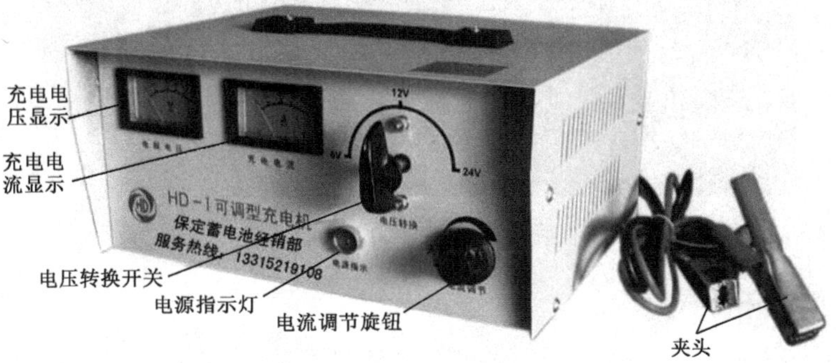

图 3-24　可调式充电机

充电操作方法：

（1）将充电机面板上的电源开关拨到“关/OFF”位置，将电流调节旋钮调到最小。

（2）将充电机的红色线夹牢固地夹在蓄电池的“＋”极上，黑色线夹牢固地夹在“－”极上（不能错），并将普通蓄电池的加液孔盖旋开。

（3）将充电机的交流电源插头插入 220V 交流电源插座内。

（4）将电压转换开关转到合适的电压挡位（12V 或 24V）。

（5）将充电机面板上的电源开关拨到“开/ON”位置。

（6）调整电流调节旋钮，把充电电流调到合适大小。

4. 充电时应注意的事项

（1）严格遵守各种充电方法中的充电规范。

（2）充电时，应先接好蓄电池线，导线连接必须可靠，严防产生火花；停止充电时，应先切断交流电源。

（3）对于普通铅酸蓄电池，在充电时要打开蓄电池加液孔盖，使氢气、氧气顺利逸出，以免发生事故，同时注意充电期间蓄电池的温度情况，温度过高时可先暂停充电或采用外围冷却方式，如温度继续升高，则要及时查明原因。

（4）充电室要安装通风设备，严禁用明火取暖，充电设备和蓄电池应隔室放置。

（5）尽量不采用就车充电，在采用就车充电时要注意充电机对电控系统的影响。对于一些特殊的车型，在充好电后还要做一些自学习或匹配工作。

二、AGM 蓄电池的充电

AGM 蓄电池内部采用超细玻璃纤维隔板，过高的充电电压或快速充电模式容易导致其内部隔板损坏，所以应使用专用充电机为 AGM 蓄电池进行充电（推荐使用美国密特 GRX-1100 诊断式充电机），如图 3-25 所示。

图 3-25 美国密特 GRX-1100 诊断式充电机

任务实施

1. 实训任务

完成蓄电池补充充电操作。

2. 实训要求

（1）采用定流充电法对蓄电池进行补充充电。

（2）正确连接蓄电池和充电机。

（3）根据蓄电池的容量正确选择充电参数。

（4）操作安全、规范。

（5）自我检查任务完成情况。

任务评价

任务评价见表 3-11。

表 3-11　任务评价表

考核项目		评分标准	学生自评	小组互评	教师评价	小计
知识目标	蓄电池的充电方法	能完整叙述				
	补充充电参数的选择	能完整叙述				
	蓄电池充电注意事项	能完整叙述				
技能目标	能够正确连接蓄电池和充电机	操作正确				
	能够正确选择充电参数并调节充电机	操作正确				
素质目标	安全、规范操作	做到、做好				
	操作步骤、流程正确、完整	正确、熟练				
	团队合作	是否和谐				
	现场 7S	是否做到				
总评						

任务小结

（1）蓄电池车下充电通常采用定流充电法。

（2）根据蓄电池的容量选择各阶段的充电电流。

（3）正确连接蓄电池和充电机：充电前，先连接蓄电池和充电机，再接交流电源；充电结束后，先断开交流电源，再断开蓄电池和充电机的连接。

思考与练习

一、填空题

1．蓄电池除了向用电设备供电外，还相当于一个较大的______，能吸收电路中出现的______，以保护______不被击穿。

2．12V 蓄电池由______个单格组成，每个单格电压为______，各单格以______形式连接。

3．蓄电池主要由______、______、______和______等组成。

4．极板分正、负两种：正极板上所附的活性物质为______，负极板上所附的活性物质为______。蓄电池的充电和放电就是靠正、负极板上的活性物质与______的化学反应来实现的。

5．从汽车用蓄电池的型号 6-QA-60G 可知，该蓄电池的额定电压为______V，额定容量为______。其中 Q 表示______，A 表示______，G 表示______。

6．蓄电池在放电过程中，正极板上的二氧化铅逐渐转变为______，负极板上的纯铅逐渐转变为______，使电解液中的硫酸逐渐______，水逐渐______，因此电解液密度逐渐______。

7．蓄电池在充电过程中，正、负极板上的______逐渐恢复为原来的活性物质______和______，使电解液中的硫酸逐渐______，水逐渐______，因此电解液密度逐渐______。

8. 电解液是用__________和__________按一定比例配制而成的。

9. 蓄电池的并联连接是将一蓄电池的正极与另一蓄电池的__________相连，负极与__________相连。蓄电池并联后可获得较大的__________。蓄电池的串联连接是将一蓄电池的正极与另一蓄电池的__________相连，负极与__________相连。蓄电池串联后，可获得较大的__________。

10. 蓄电池电解液的液面应高于极板__________。使用中若发现电解液液面低于标准值，一般应添加__________。

11. 蓄电池加液孔盖上的通气小孔应保持__________，否则蓄电池在充电过程中，内部会因__________而导致__________。

二、单项选择题

1. 蓄电池与发电机在汽车上的连接方法是（　　）。

A. 串联连接　　B. 并联连接　　C. 各自独立　　D. 以上都不对

2. 蓄电池充足电时，正极板上的活性物质是（　　）。

A. 硫酸　　B. 纯铅　　C. 二氧化铅　　D. 硫酸铅

3. 铅蓄电池的电解液密度一般为（　　）。

A. $1.11\sim1.12g/cm^3$　　B. $1.15\sim1.24g/cm^3$

C. $1.24\sim1.28g/cm^3$　　D. $1.28\sim1.34g/cm^3$

4. 有一蓄电池型号为6-QA-75，其中A表示（　　）。

A. 干荷电式　　B. 薄型极板

C. 低温起动性好　　D. 起动型蓄电池。

5. 汽车蓄电池在放电时，是（　　）。

A. 电能转变为化学能　　B. 化学能转变为电能

C. 电能转变为机械能　　D. 机械能转变为电能

6. 某3-Q-90型蓄电池，其20h放电率的放电电流为（　　）。

A. 3A　　B. 4.5A

C. 6A　　D. 90A

7. 用高率放电计测量蓄电池各单格电池时，说明该蓄电池技术状态尚属良好的电压（能在5s内保持稳定）是（　　）。

A. 1.2V以上　　B. 1.3V以上

C. 1.5V以上　　D. 1.6V以上

8. 蓄电池电解液的液面应高出极板（　　）。

A. 5～10mm　　B. 10～15mm

C. 15～20mm　　D. 20～25mm

9. 起动机每次连续起动的时间不能超过（　　）。

A. 2s　　B. 5s

C. 10s　　D. 15s

10. 往车辆上安装蓄电池组时，应（　　）。

A. 先接两个蓄电池间的连接线，再接搭铁线，最后接火线（从车上拆卸蓄电池时，

则按相反步骤进行）

B．先接搭铁线，再接两个蓄电池间的连接线，最后接火线（从车上拆卸蓄电池时，则按相反步骤进行）

C．先接火线，再接两个蓄电池间的连接线，最后接搭铁线（从车上拆卸蓄电池时，则按相反步骤进行）

D．以上接法都不对

11．以下关于蓄电池充电的说法中（　　）是正确的。

A．蓄电池液位过低，添加自来水

B．进行蓄电池充电时，只断开蓄电池负极接线端

C．在蓄电池充电过程中，注意防止蓄电池液温度超过 80℃

D．在下列情况下必须立即停止蓄电池充电：电压或密度没有增加，气体产生不正常，温度急速上升

12．以下关于蓄电池充电的说法中（　　）是正确的。

A．蓄电池液里含有稀释的硫酸。如果电池液沾上皮肤或衣服，立即用大量的水进行冲洗

B．在正常的充电过程中，充电电流必须为蓄电池容量的一半

C．在快速充电过程中，充电电流必须为蓄电池容量的十分之一

D．在快速充电过程中，大电流在短时间内流过和充入，因此有助于延长电池的使用寿命

13．以下关于蓄电池检查的说法中（　　）是正确的。

A．只要电解液的密度正常，那么蓄电池液位低是可以的

B．当蓄电池电解液温度是 20℃（68℉）时，某一单元的电解液密度应是 1.250～1.280g/cm^3

C．检测蓄电池电解液液位，某一单元的液位应在上、下线之间

D．检测蓄电池电解液液位，所有单元的液位都应在上、下线之间

14．以下关于蓄电池的说法中（　　）是正确的。

A．电池的正极和负极端子有相同的直径

B．如下图所示，如果电池标记为“34B19L”，那么正极端子在标记为“A”的位置

C．电池为可再充电型，当发动机停止运行时，可以作为电源使用。当发动机运行时，它贮存电能

D．通风孔塞装在电池上以保持电池的气密性

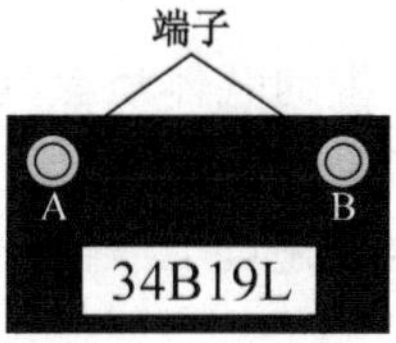

15．下列关于蓄电池充电的说法中（　　）是不正确的。

A．蓄电池外的水分会造成放电，因此必须将水分擦去并再次用干燥的布擦拭以防止湿气

B．在对蓄电池进行充电时，如果液体温度超过 45℃，则必须降低充电电压或暂时

停止充电

C．标准充电时间可以根据下列公式进行计算：充电时间（h）＝放电后的蓄电池容量（A·h）/充电电流（A）×（1.2～1.5）

D．快速充电可以延长蓄电池的使用寿命

16．在蓄电池识别码“34B19R”中，“R”代表的含义是（　　）。

A．蓄电池的长度　　B．蓄电池的宽度和高度

C．负极端子位置　　D．性能

17．下面是关于蓄电池的描述，其中最恰当的说法是（　　）。

A．开始拆卸电气设备时，先断开蓄电池正极接柱

B．断开蓄电池接柱会删除储如选定的电台或故障诊断码等记忆信息，因此有必要在蓄电池断开前记录这些信息

C．蓄电池卸离车辆前完全放电

D．断开蓄电池极柱，电源就被切断，所以只要电动机不发动，点火开关处于“ON”位置就没关系

三、判断题（对的画“√”，错的画“×”）

（　　）1．汽车发动机热起动时，起动机（起动电动机）由发电机供电。

（　　）2．隔板的主要作用是防止正、负极板短路。

（　　）3．在单格电池中正极板比负极板多一片。

（　　）4．对蓄电池进行定电流充电时，蓄电池采用并联连接。

（　　）5．对蓄电池进行充电必须用交流电源。

（　　）6．根据蓄电池电解液密度的变化，可以判断其放电程度。

（　　）7．蓄电池电解液不足，在无蒸馏水时，可暂用自来水代替。

（　　）8．蓄电池自行放电是指蓄电池放置几天后，在无负荷的情况下，储电量自行明显下降，甚至会完全无电的现象。

（　　）9．蓄电池的正、负极端子具有相同的直径。

（　　）10．蓄电池为可再充电型，当发动机停止运行时，可以作为电源使用。它在发动机正常运行时储备电能。

（　　）11．火花塞通过将点火线圈产生的高电压转变为火花而点燃油气混合物。

（　　）12．对于蓄电池液，可以使用稀释了的硫酸。如果蓄电池液沾到衣服或皮肤上，必须立即用水冲洗。

（　　）13．蓄电池充电过程中产生的气体是氢气和氧气，因此如果靠近火花容易产生爆炸。

（　　）14．如果蓄电池在蓄电池液超过上液位的情况下进行充电，充电过程中所产生的气体会增加，蓄电池液也会溢出。

（　　）15．如果蓄电池液的量不足，可以在蓄电池内添加自来水。

（　　）16．对车辆上的蓄电池进行充电时，必须断开蓄电池正、负两极电缆。

四、简述题

1. 试写出充放电过程总的化学反应式。
2. 什么是蓄电池的额定容量？
3. 什么是补充充电？有何特点？
4. 什么是定流充电法？蓄电池应如何连接？
5. 什么是定压充电法？蓄电池应如何连接？
6. 如何快速判断蓄电池是否应进行补充充电？

思政教育

本项目“蓄电池的检查与维护”通过学习蓄电池的检查、拆装更换与充电，学会蓄电池的检查维护与选用方法，结合相关的案例进行分析，引导学生安全、规范地检修蓄电池，避免发生安全事故或损坏车辆。

任务实践

学习完本项目后，请大家谈谈安全规范使用和检修蓄电池的注意事项有哪些？

延伸阅读

❶ 蓄电池充电结束马上检测引发爆炸

某学校汽车电器实习指导老师课后正在组织学生收拾实习场地，安排一位实习组长和一名同学检测刚充电结束的一个蓄电池的技术状态。实习组长手拿蓄电池测试仪，在测试该蓄电池的充电容量和电压的时候突然响起“嘭”的一声，该蓄电池爆炸了，满屋冒烟，电解液四处喷出来。当时这两位同学连忙跑去洗脸、洗手，好在没有同学受伤。在清理该蓄电池时，发现蓄电池的电解液是一片黑色，特别是蓄电池的极板组底下更明显，说明该蓄电池存在严重的活性物质脱落，蓄电池属于过充电，同时积聚了大量的氢气和氧气，充电结束后马上检测，极桩处产生的小火花点燃氢气引发爆炸。

❷ 蓄电池正负极接反造成车身控制模块损坏

某汽车维修店维修一辆大众桑塔纳，车主到店后说道：由于汽车电瓶亏电，自己找来电瓶进行搭电时正负极接反，导致车辆喇叭不响、大灯不亮、后备箱打不开、雨刮器失灵、导航无法开机等一系列故障。车主后悔当时疏忽大意，不幸中的万幸是发动机还能启动，车辆能正常行驶。后经维修师傅检查，发现是车身控制模块损坏导致诸多故障的产生，在更换车身控制模块和维修导航后，故障全部排除。

项目 4

充电系统的故障诊断与检修

项目概述

汽车蓄电池的电能是有限的，不可能满足汽车连续供电的要求，尤其是当前汽车的电气系统越来越复杂，使得用电负荷越来越大。因此，汽车上必须配备充电系统，既要给蓄电池充电，又要给车载电器供电。

打开点火开关，仪表板上的充电指示灯应点亮；当起动发动机后，充电指示灯应熄灭。如果充电指示灯在发动机怠速、低速、中高速下一直不灭，可判断为发电机不发电，蓄电池未充电。充电指示灯常亮是汽车电气故障之一，故障原因可能在外部电路，也可能在发电机内部，若出现故障应进行检测、修理。

本项目介绍汽车充电系统的功用、组成、原理等知识，并根据维修资料对充电指示灯常亮等故障进行诊断与检修。

思维导图

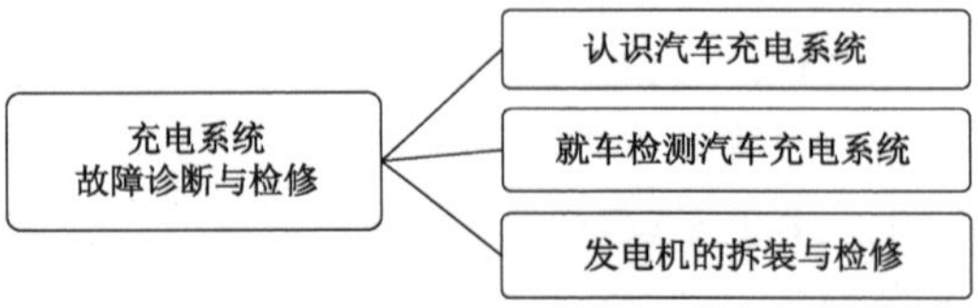

任务 4.1 认识汽车充电系统

任务目标

技能目标	（1）分析具体车型的充电系统电路 （2）在实车上找到充电系统的组成部件
知识目标	能叙述充电系统的基本组成及发电机的发电原理、整流原理、励磁方式
学习活动	学习充电系统的基本知识→充电系统的识别与分析→评价总结

任务引入

一位宝骏 630 汽车车主反映，他的汽车经常亏电，要求检修。王师傅要求实习生小吴去检查一下充电指示灯是否工作正常。如果你是实习生小吴，你知道怎么检查吗？

任务资讯

一、汽车充电系统的作用与组成

汽车充电系统的主要作用是向用电设备提供低压直流电源。当发动机不工作或转速较低时，主要由蓄电池向用电设备供电。发动机工作后，在一定转速下，由发动机驱动发电机，经调节器控制输出稳定的电压向全车用电设备供电，同时也为蓄电池充电。

普通的充电系统一般由点火开关、蓄电池、发电机、调节器、充电指示灯及线束等组成，如图 4-1 所示。这些组件在车上的位置如图 4-2 所示。

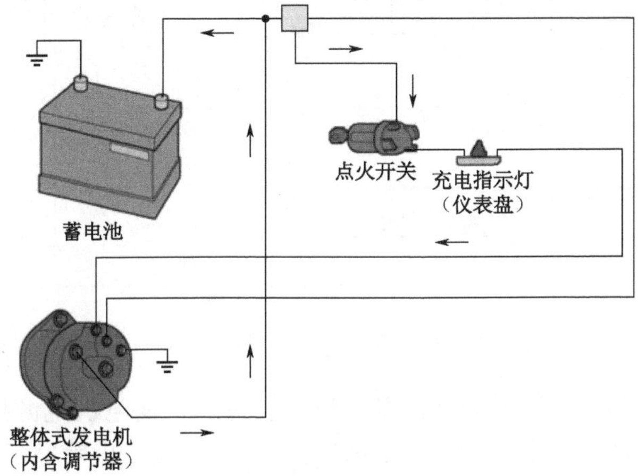

图 4-1　汽车充电系统的组成

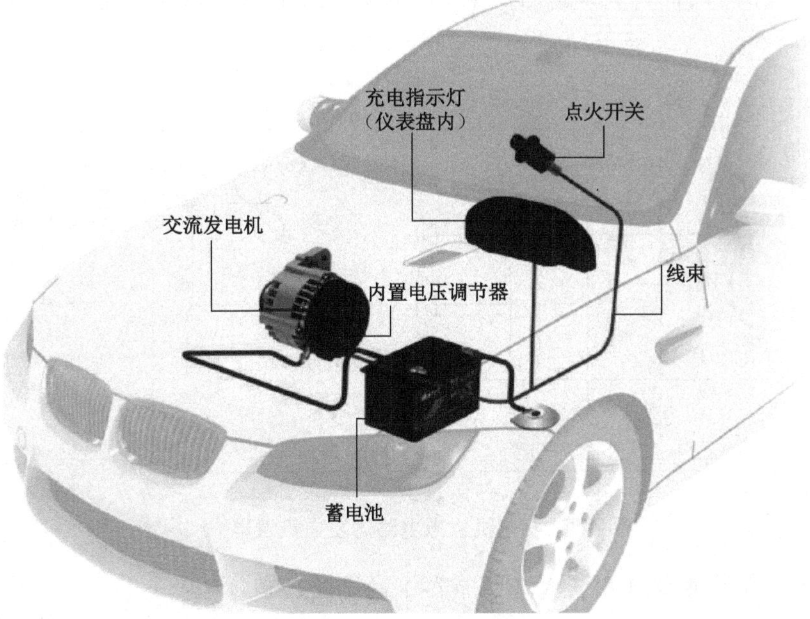

图 4-2　汽车充电系统组件的位置

二、汽车充电系统的工作原理

1. 传统发电机（独立电压调节器）的电路原理

独立电压调节器的充电系统现在已经很少采用，此处为说明系统工作原理做简要介绍。

如图 4-3 所示，点火开关 SW 置于“ON”位置（闭合），发动机皮带轮不运转，发电机不发电，发电机电源接柱 B+上的电压等于蓄电池电压，充电指示灯亮起。充电指示灯电路：蓄电池+→点火开关→充电指示灯→电压调节器 D_+→电压调节器 D_F→磁场绕组→蓄电池−。

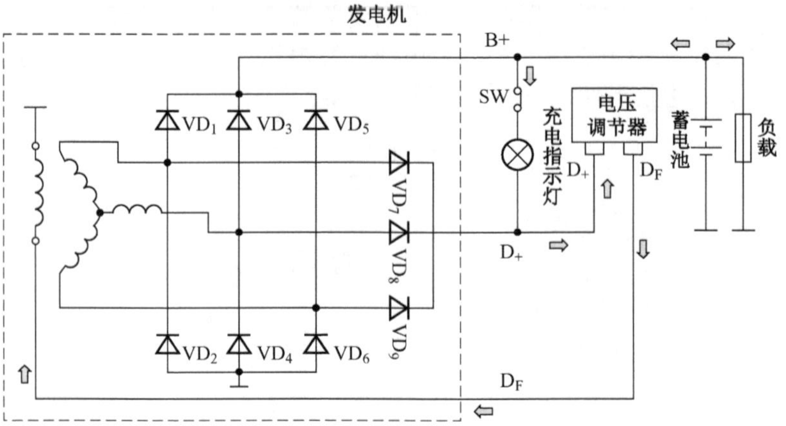

图 4-3　电源放电电路（发电机不发电）

如图 4-4 所示，当发动机起动后，发电机运转发电，发电机电源接柱 B+电压施加于充电指示灯的上端；同时，三相绕组产生的交流电经过励磁二极管整流后施加于充电指示灯的下端。此时，施加到充电指示灯两端的电压相等，充电指示灯熄灭。这时，发电机向蓄电池充电，汽车用电设备（负载）由发电机供电，发电机磁场绕组的电流也由发电机自己提供（自励）。

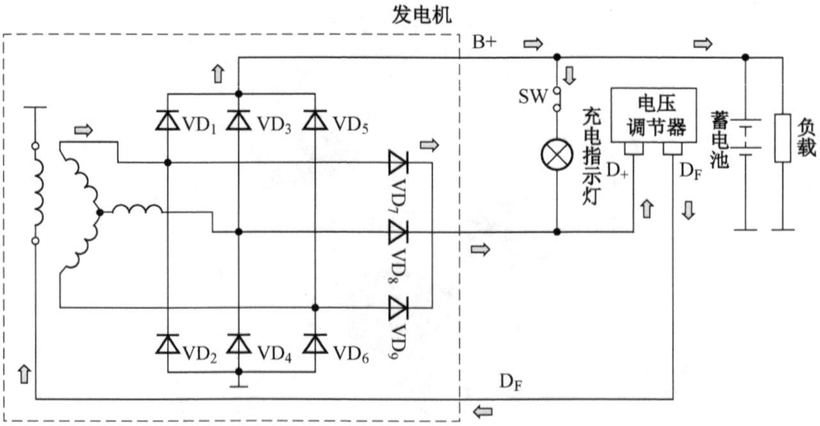

图 4-4　发电机供电电路（发电机发电）

2. 整体式交流发电机（内置电压调节器）的电路原理

如图 4-5 所示为五菱宏光汽车（B12 发动机）整体式交流发电机充电电路。当点火开关闭合时，发电机通过“IG”（点火开关）接柱获得励磁电流，产生磁场；充电指示灯也通过“L”（充电指示灯）接柱与发电机内部电路构成通路而点亮。发动机工作时，发电机由传动皮带驱动发电，通过发电机输出接柱“B”（“B+”“+”“A”或“电枢”）给用电设备供电并向蓄电池充电，这时充电指示灯熄灭。

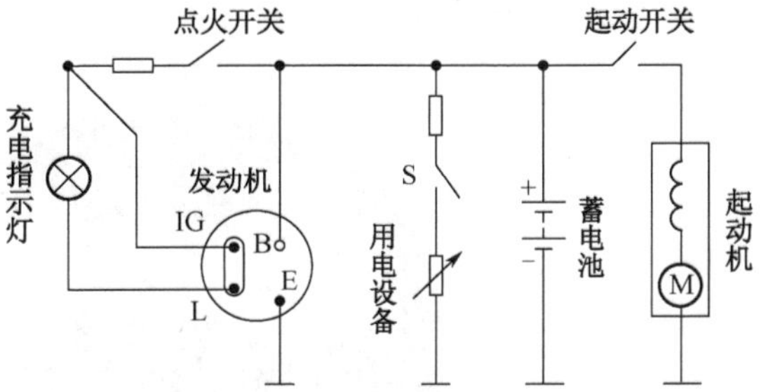

图 4-5　整体式交流发电机充电电路

三、发电机的工作原理

发电机是汽车的主要电源，其功用是在发动机高于怠速转速运转时，向除起动机以外的所有用电设备供电，同时向蓄电池充电。

发电机主要由电刷、整流器、定子、风扇、转子、轴承等组成，如图 4-6 所示。

图 4-6　交流发电机的组成

1. 发电机的发电原理

发电机发电是根据电磁感应原理，当导线中通入直流电时，会产生磁场，而在垂直于磁场方向上的导体做切割磁力线的运动时，导体的两端就会产生电动势。

（1）磁场的建立。

如图 4-7 所示，当发电机转子绕组中通入直流电时，会产生磁场。

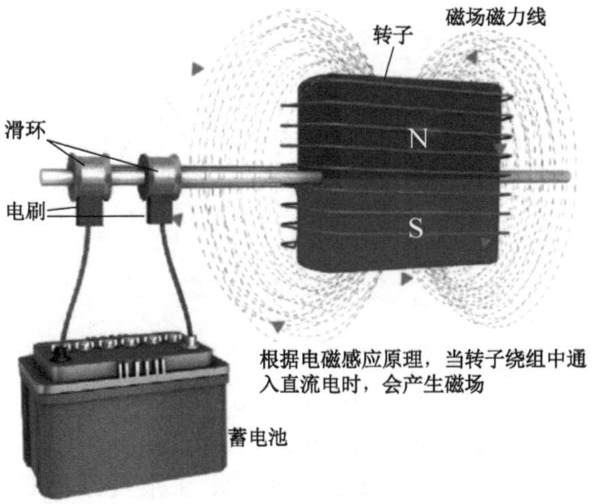

图 4-7　发电机转子磁场的建立

（2）三相交流电的产生。

交流发电机在转子外部采用三相对称绕组（定子绕组），当转子旋转时，旋转的磁场和三相绕组之间产生相对运动，三相绕组切割磁力线，两端就会产生交流电动势，如图 4-8 所示。

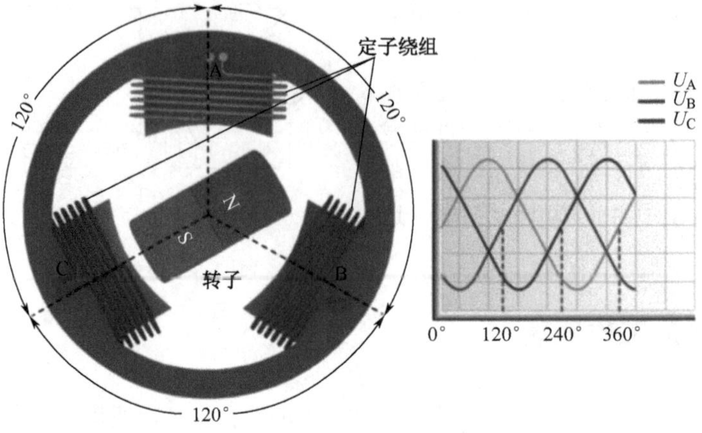

图 4-8　三相交流电的产生

2. 发电机的整流原理

发电机的整流是利用二极管的单向导电性将发电机发出的三相交流电变成直流电输出，整流原理如图 4-9 所示。

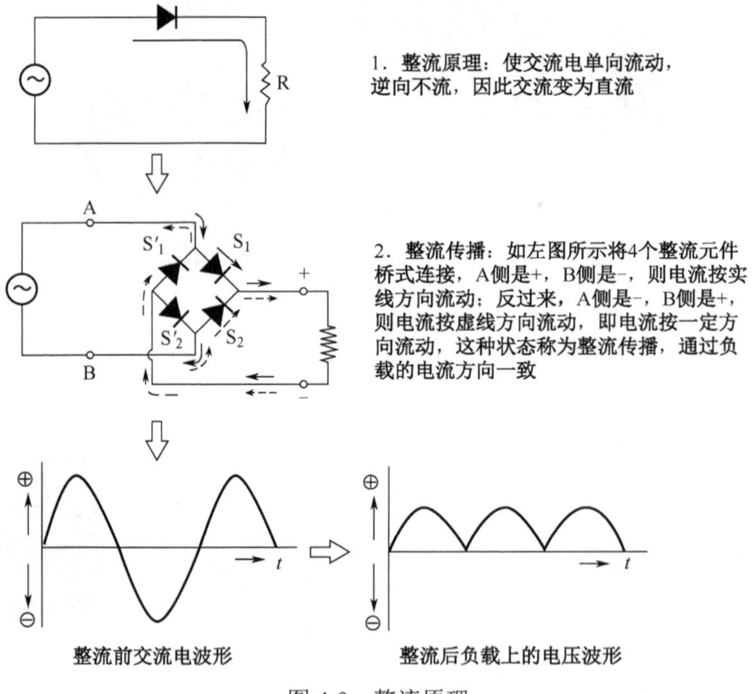

图 4-9　整流原理

在实际电路中，交流发电机用 6 个二极管组成桥式整流电路，这种二极管桥式整流电路也被称为全波整流电路，如图 4-10 所示。

在三相桥式整流电路中，3 个正二极管的正极引出线分别与三相绕组的首端相连。在任一瞬时，6 个二极管中总有两个二极管导通，从而得到持续、平稳的脉动直流电压（图 4-11）。

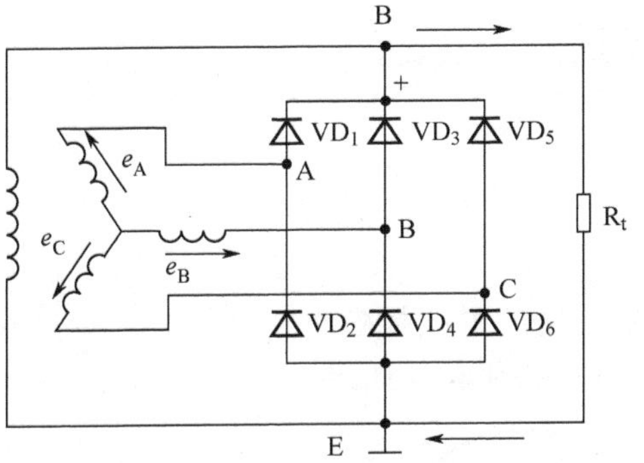

图 4-10　三相桥式整流电路

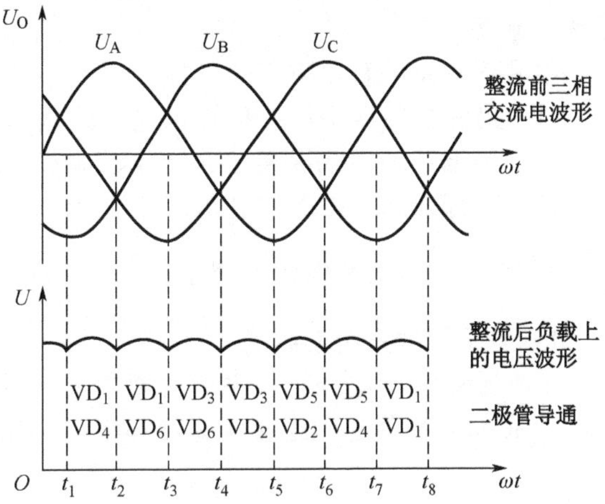

图 4-11　三相桥式整流电路的电压波形

3. 发电机的励磁方式

给交流发电机的转子绕组（磁场绕组）供电，使之产生磁场，称为励磁。励磁方式有他励和自励两种，如图 4-12 所示。

他励方式：当汽车启动和发电机转速很低时，由蓄电池供给发电机磁场绕组电流，以增强磁场，使电压很快上升（参看图 4-3）。

自励方式：当发动机转速达到一定值后，发电机产生的电压达到或超过蓄电池电压，由发电机自身发出的电供给励磁电流（参看图 4-4）。

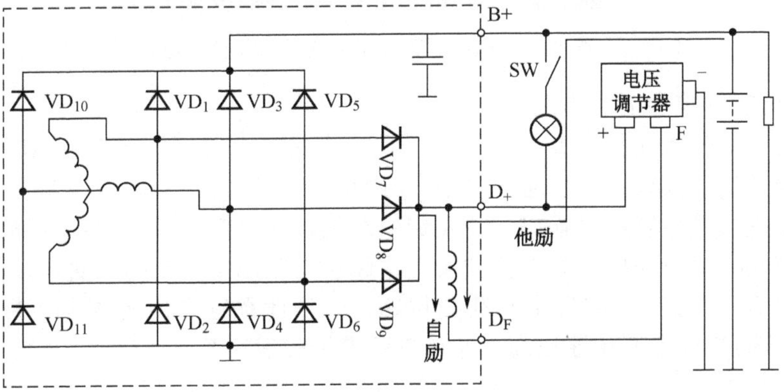

图 4-12　发电机的励磁方式

四、电源管理系统

对于汽车充电系统的电源管理，各汽车公司采用的叫法和控制方法有所不同，下面介绍上汽通用和大众汽车公司的电源管理系统。

1. 电源管理系统的基本功能

电源管理系统用于监测和控制充电系统，并提醒驾驶员充电系统中可能存在故障。电源管理系统可使发电机输出的使用效率最高、改善蓄电池充电状态、延长蓄电池寿命和管理系统电气负荷。

电源管理系统有以下三个功能：

（1）监测蓄电池电压并估计蓄电池的状态。

（2）根据控制模式提高怠速转速、调节电压或关闭用电设备。

（3）进行诊断并提醒驾驶员。

2. 上汽通用汽车电源管理系统

1）电源管理系统的组成

上汽通用汽车电源管理系统由蓄电池、发电机、发动机控制模块（ECM）、车身控制模块（BCM）和蓄电池电流传感器等组成，如图 4-13 和图 4-14 所示。

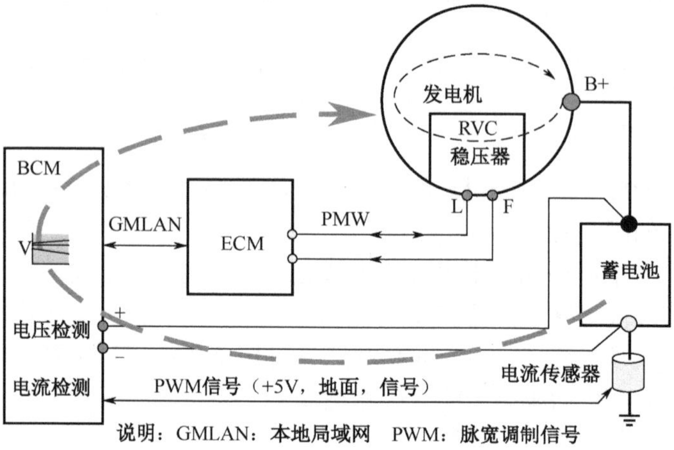

图 4-13 上汽通用汽车电源管理系统的组成与控制原理示意图

2）电源管理系统的工作原理

电源管理系统的控制核心是车身控制模块，它是一个局域网（GMLAN）装置，与发动机控制模块、仪表板组合仪表通信以进行电源管理工作。

车身控制模块确定发电机输出，并发送信息到发动机控制模块，以控制发电机接通信号电路。它监测来自发动机控制模块的发电机磁场占空比信号电路信息，以控制发电机；监测蓄电池电流传感器、蓄电池正极电压电路，并估计蓄电池温度以确定蓄电池的充电状态（SOC），从而执行怠速转速提高（通过发动机控制模块）。

（1）信号检测。

① 蓄电池电压：由车身控制模块通过 X4-20 和 X4-26 直接检测，如图 4-14 所示。BCM 依据蓄电池状态和车辆用电系统控制发电机输出电压。

② 蓄电池电流信号：由车身控制模块通过蓄电池电流传感器直接检测。

蓄电池电流传感器是一个 3 线式霍尔效应电流传感器，与蓄电池负极电缆连接，如图 4-15 所示。车身控制模块向蓄电池电流传感器提供 5V 电压和搭铁。蓄电池电流传感器监测蓄电池电流，并向车身控制模块提供一个 128Hz、占空比为 5%～95%的脉冲宽度调制信号（PWM）。

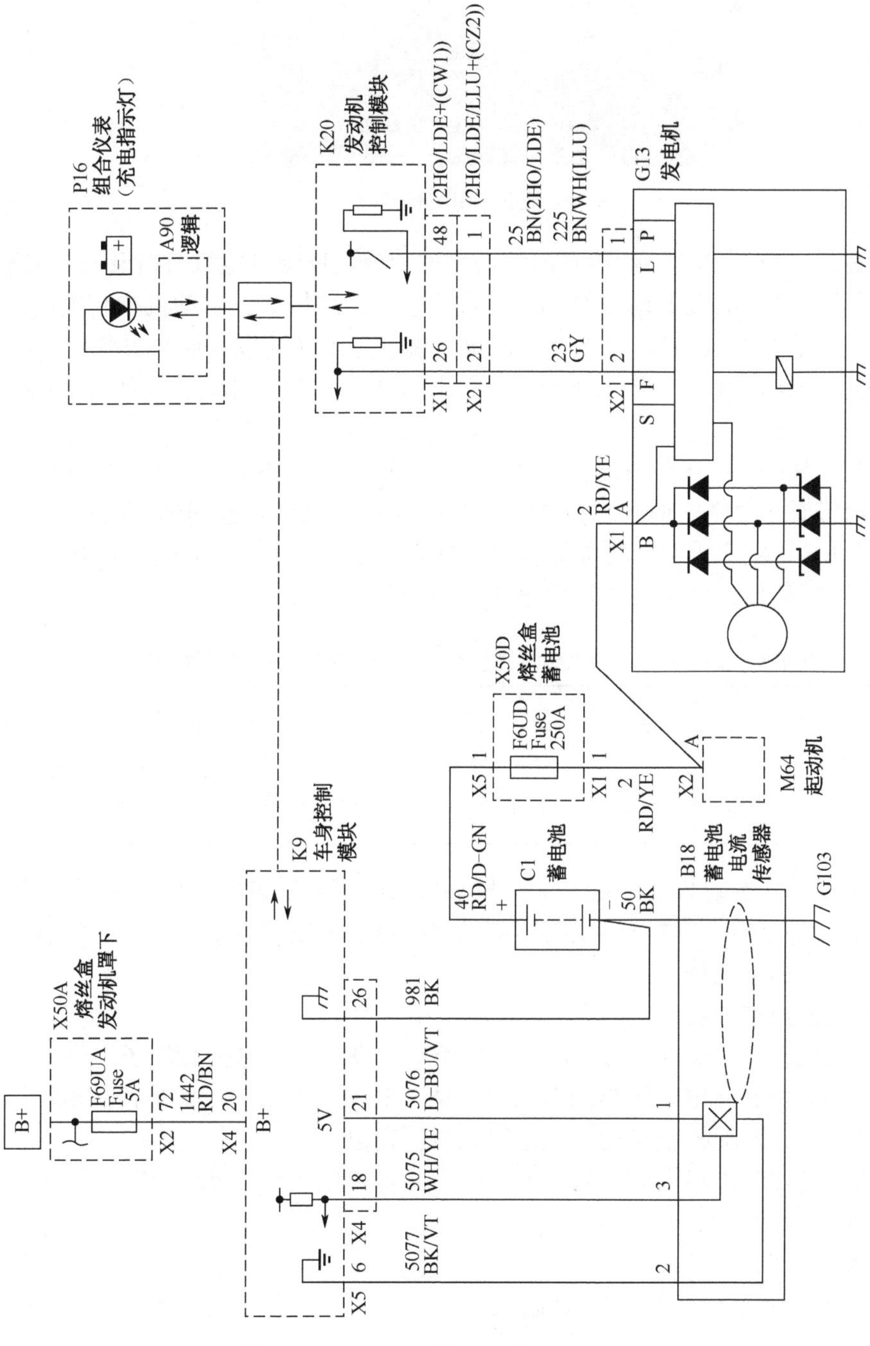

图 4-14　科鲁兹轿车电源管理系统电路图

图 4-15　蓄电池电流传感器

③ 发电机磁场占空比信号：作用是向发动机控制模块反馈发电机负荷及发电机故障，由发动机控制模块通过发电机 F 端子检测，并送给车身控制模块。发动机控制模块使用该信号确定发电机负载。这样，发动机控制模块可以调节怠速转速以补偿高电气负载。

发电机磁场占空比信号是一个 128Hz、占空比为 0～100%的脉宽调制信号（PWM）。正常的占空比为 5%～95%。

点火开关置于“ON”位置且发动机关闭时，发动机控制模块应检测到占空比信号接近 0。发动机正常运行时，占空比信号应在 5%～95%。当电压调节器检测到充电系统故障时，向此电路提供搭铁（占空比为 0）以向发动机控制模块发送信号，提示存在故障。

发电机的负荷（磁场占空比）和输出电压之间的关系见表 4-1。

表 4-1　发电机的负荷（磁场占空比）和输出电压之间的关系

发电机的负荷（磁场占空比）	10%	20%	30%	40%	50%	60%	70%	80%	90%
发电机输出电压（V）	11	11.56	12.12	12.68	13.25	13.81	14.37	14.94	15.5

④ 励磁绕组供电电流：发动机起动后，发动机控制模块通过发电机 L 端子提供 11V 励磁电压给发电机，ECM 同时通过该电路监测励磁绕组供电电流，在车辆用电负荷较大时，提高发动机转速，增加发电量。

（2）充电系统的控制内容。

励磁绕组电流控制：发动机起动后，发动机控制模块通过发电机 L 端子提供 11V 励磁电压。发动机控制模块的高电平侧驱动器向电压调节器提供电压，以此来控制电压调节器接通和断开磁场电路。发动机不起动，此电路无电压输出。

如果发电机磁场控制电路出现故障，发电机默认输出电压为 13.8V。

3）通用汽车电源管理模式

（1）电源管理流程。

如图 4-16 所示为通用汽车电源管理流程。

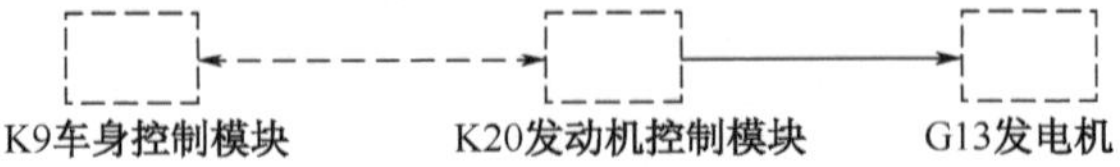

图 4-16　通用汽车电源管理流程

（2）车身控制模块调节电源管理系统的方法。

车身控制模块调节电源管理系统的方法见表 4-2。

表 4-2　车身控制模块调节电源管理系统的方法

功能	蓄电池温度计算值	蓄电池电压计算值	安培小时数计算值	采取的措施
怠速转速提高 1 起动	低于-15°C（5°F）	低于 13V	—	请求第 1 级怠速转速提高
怠速转速提高 1 起动	—	—	蓄电池容量净损失大于 0.6 A · h	请求第 1 级怠速转速提高
怠速转速提高 1 起动	—	低于 10.9V	—	请求第 1 级怠速转速提高
怠速转速提高 1 终止	高于-15°C（5°F）	高于-12V	蓄电池容量净损失小于 0.2 A · h	解除第 1 级怠速转速提高请求
减负荷 1 起动	—	—	蓄电池容量净损失为 4 A · h	后窗除霜器、加热型后视镜、加热型座椅按其周期的 20%循环关闭
减负荷 1 起动	—	低于 10.9V	—	后窗除霜器、加热型后视镜、加热型座椅按其周期的 20%循环关闭
减负荷 1 终止	—	高于 12V	蓄电池容量净损失小于 2 A · h	清除减负荷 1
怠速转速提高 2 起动	—	—	蓄电池容量净损失大于 1.6 A · h	请求第 2 级怠速转速提高
怠速转速提高 2 起动	—	低于 10.9V	—	请求第 2 级怠速转速提高
怠速转速提高 2 终止	—	高于 12V	蓄电池容量净损失小于 0.8 A · h	解除第 2 级怠速转速提高请求
怠速转速提高 3 起动	—	—	蓄电池容量净损失为 10 A · h	请求第 3 级怠速转速提高
怠速转速提高 3 起动	—	低于 10.9V	—	请求第 3 级怠速转速提高
怠速转速提高 3 终止	—	高于 12V	蓄电池容量净损失小于 6.0 A · h	解除第 3 级怠速转速提高请求
减负荷 2 起动	—	低于 10V	蓄电池容量净损失大于 12 A · h	后窗除霜器、加热型后视镜、加热型座椅按其周期的 50%循环关闭。驾驶员信息中心将显示“BATTERY SAVER ACTIVE”（蓄电池节电器启用）信息
减负荷 2 起动	—	低于 10.9V	—	后窗除霜器、加热型后视镜、加热型座椅按其周期的 50%循环关闭。驾驶员信息中心将显示“BATTERY SAVER ACTIVE”（蓄电池节电器启用）信息
减负荷 2 终止	—	高于 12.6V	蓄电池容量净损失小于 10.5 A · h	清除减负荷 2

续表

功能	蓄电池温度计算值	蓄电池电压计算值	安培小时数计算值	采取的措施
减负荷 3 起动	—	低于 11.9V	蓄电池容量净损失大于 20 A · h	后窗除霜器、加热型后视镜、加热型座椅按其周期的 100%循环关闭。驾驶员信息中心将显示“BATTERY SAVER ACTIVE”（蓄电池节电器启用）信息
减负荷 3 终止	—	高于 12.6V	蓄电池容量净损失小于 15 A · h	清除减负荷 3

3. 大众汽车电源管理系统

1）大众汽车带负荷（负载）管理的充电系统组成

大众汽车公司的电源管理系统叫做带负荷（负载）管理的充电系统，其组成如图 4-17 所示。系统监测的信号主要是蓄电池电压和发电机负荷。

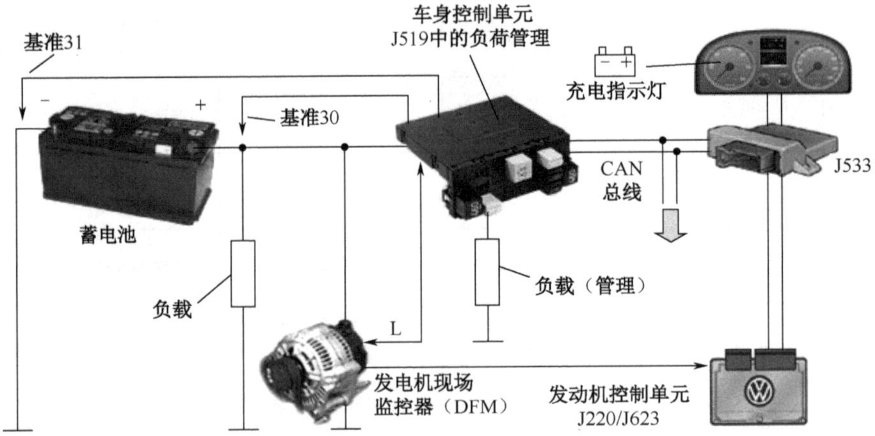

图 4-17 大众汽车带负荷管理的充电系统组成示意图

2）大众汽车充电系统的负载管理模式

负载管理是为了防止蓄电池过度放电造成损坏，或无法启动车辆。负载管理在电压小于 12.7V 的随车电源一段延迟（起动电流和负载的 PTC 响应）后进行干预。J519 记录随车电源的绝对临近电池电压。如果随车电子系统的电压小于或等于 12.7V，就不能保证对电池的充电。

为了防止这一情况，有以下两种选择。

① 提高发动机怠速工况下的转速以获得更高的充电电压。

② 降低负载的输出或将它们切断。

负载管理系统通过 CAN 总线向发动机控制单元传输信息，从而提高发动机在怠速工况下的转速，直到电压值超出且交流发电机通过发电机现场监控器报告容量已达到 100%。

车身控制单元根据点火开关接通状态、发动机转速、蓄电池电压、发电机的 DFM 信号（发电机的工作状态监测信号）等，对一些用电设备（负载）实施管理（关闭或重新激活），共有 3 种管理模式，见表 4-3。

表 4-3　大众汽车充电系统负载管理模式

<table>
<tr><th>管理模式 1</th><th>管理模式 2</th><th>管理模式 3</th></tr>
<tr><td>点火开关 15 号线接通，并且发电机处于工作状态</td><td>点火开关 15 号线接通，并且发电机未工作</td><td>点火开关 15 号线断开，并且发电机未工作</td></tr>
<tr><td rowspan="2">如果蓄电池电压低于 12.7V，则控制单元要求提高发动机的怠速转速。
如果蓄电池的电压低于 12.2V，一些用电器将被关闭，如：
① 座椅加热；
② 后风窗加热；
③ 后视镜加热；
④ 全自动空调耗能降低或空调关闭；
⑤ 信息娱乐系统关闭</td><td>如果蓄电池的电压低于 12.2V，一些用电器将被关闭，如：
① 空调耗能降低或空调关闭；
② 信息娱乐系统关闭</td><td>如果蓄电池的电压低于 11.8V，一些用电器将被关闭，如：
① 车内照明灯；
② 离家功能；
③ 信息娱乐系统关闭</td></tr>
<tr><td colspan="2">说明：
（1）这三种管理模式的不同之处在于，用电器被关闭的次序不同。
（2）在第 3 种模式中，一些用电器将会被立即关闭。
（3）如果关闭的条件取消，用电器将会被重新激活。
（4）如果用电器因为电能管理的原因被关闭，则 BCM 中有故障存储</td></tr>
</table>

任务实施

（1）完成相关信息的收集（见学习任务单 12）。

（2）分析汽车充电系统电路图（充电指示灯控制、励磁电路等）。

（3）观察实训车辆，在车上找到汽车充电系统各组成部件。

任务评价

任务评价见表 4-4。

表 4-4　任务评价表

考核项目		评分标准	学生自评	小组互评	教师评价	小计
知识目标	充电系统的组成	能完整叙述				
	充电系统的工作原理	能完整叙述				
	电源管理系统的组成	能完整叙述				
技能目标	在实车上找到充电系统的组成部件	完整、正确				
	分析具体车型的充电系统电路	完整、正确				
素质目标	安全、规范操作	做到、做好				
	操作步骤、流程正确、完整	正确、熟练				
	团队合作	是否和谐				
	现场 7S	是否做到				
总评						

任务小结

（1）汽车充电系统由点火开关、蓄电池、发电机（含调节器）、充电指示灯及线束等组成。带电源管理系统的充电系统还有发动机控制模块、车身控制模块、蓄电池电流传感器和驾驶员信息显示系统等。

（2）汽车充电系统的工作由仪表板内的充电指示灯指示：当发动机工作时，充电指示灯应熄灭。

（3）充电指示灯电路通常由指示灯两端的电位差控制或由电压调节器控制。

（4）电源管理系统能够监测和控制充电系统（提高发动机怠速转速、调节发电机输出电压、关闭用电设备等），使充电系统的工作得到优化。

任务 4.2 就车检测汽车充电系统

任务目标

技能目标	（1）会识读和分析具体车型的充电系统电路 （2）能在实车上检测充电系统电路，会诊断和分析充电系统故障
知识目标	能叙述充电系统电路的工作过程
学习活动	学习分析充电系统电路→充电系统电路就车检测分析→评价总结

任务引入

一位科鲁兹汽车车主打电话到 4S 店反映，他车子的仪表盘上有一个电瓶形状的黄灯一直点亮（行车过程中也亮），询问是否需要检修。修理厂要求他把车子开过来检修，如果车间派你检查该故障，你知道怎么检查吗？

任务资讯

一、汽车充电系统电路原理

1．充电指示灯电路

1）点火开关供电

充电指示灯电路通常由点火开关直接或间接供电，通过发电机插头上的“L”或“D”“D+”等接线柱由电压调节器控制搭铁构成回路，如图 4-18、图 4-19、图 4-20 所示。当点火开关打开，发动机未起动时，充电指示灯电路接通，充电指示灯点亮；当发动机转速升高，发电机输出电压高于蓄电池电压时，充电指示灯电路由电压调节器截断或充电指示灯电路两端电压相等（图 4-4），充电指示灯熄灭。

大众汽车不带负载管理的充电系统电路如图 4-19 所示，仪表中的充电指示灯即发光二极管，其一端加载蓄电池电压 U_1，另一端加载发电机的电压 U_2。当打开点火开关时，由于没有起动，15 号电源通过附加电阻后经充电指示灯，再经 L 线，到发电机内部接地，二极管一端加载蓄电池电压，另一端加载的发电机电压为 1V 左右，有电压差，仪表中的充电指示灯被加载的蓄电池电压点亮；当车辆启动后，仪表中的二极管两边电压相等，仪表中的充电指示灯就熄灭。

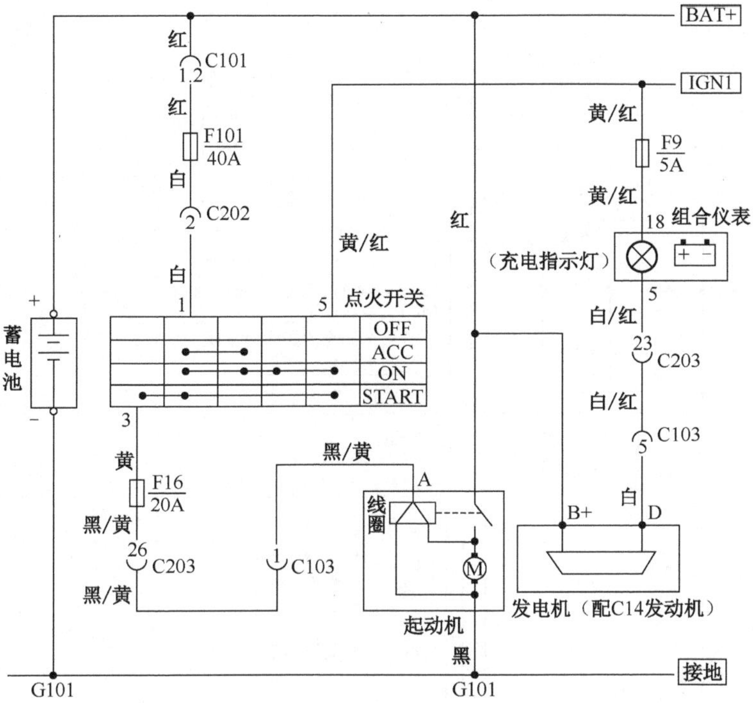

图 4-18　五菱宏光汽车起动及充电系统电路

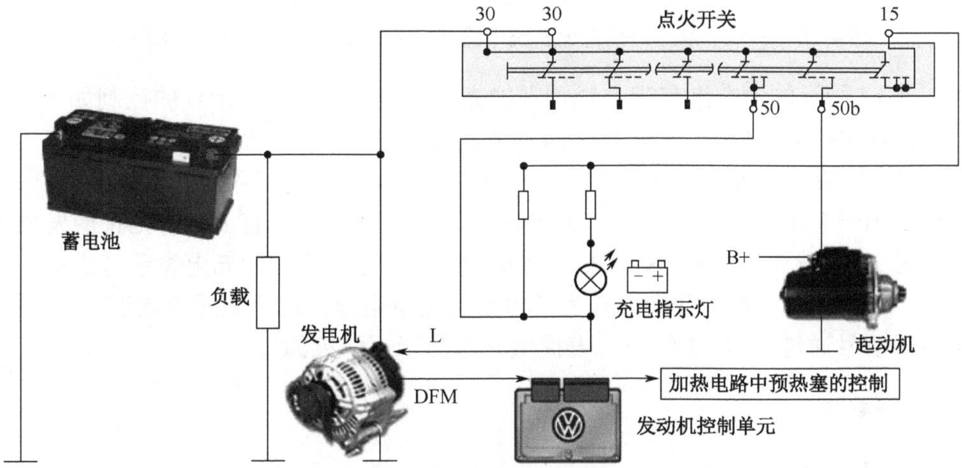

图 4-19　大众汽车充电系统电路（不带负载管理）

2）模块控制

在电源管理系统中，充电指示灯电路通过网络通信由发动机控制模块或车身控制模块控制通断。

在图 4-14 所示的科鲁兹轿车充电系统电路中，发电机 L 端子是充电指示灯和励磁电路控制端子。当点火开关打开、发动机未起动时，组合仪表 P16 的 A90 逻辑电路接收到点火开关打开信号，接通充电指示灯电路，点亮充电指示灯；当发电机正常工作时，发动机控制模块 K20 通过发电机 L 端子检测到电压过高（高于蓄电池电压）信号并送给组合仪表 P16 的 A90 逻辑电路，控制充电指示灯熄灭。

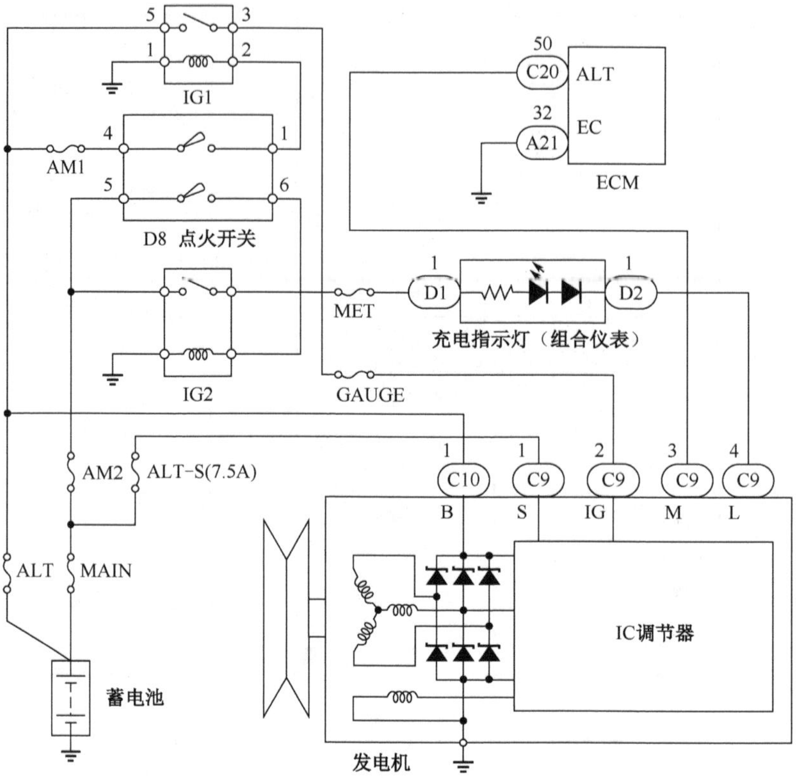

图 4-20　丰田卡罗拉轿车充电系统电路（1ZR-FE，不带进入及起动系统）

在图 4-17 所示的大众汽车带负载管理的充电系统中，充电指示灯的控制如下：在车辆起动的时候由 BCM（J519）通过 L 线向发电机提供励磁信号，而在发电机开始工作以后，L 线向 BCM 反馈发电机的工作电压。当打开点火开关、发电机不工作时，J519 通过 L 线向发电机发出一个 1 V 左右的电压，如果随后 L 线上的电压没有上升，则说明发电机没有工作，此时 J519 就会通过 CAN 总线向仪表传送信号，仪表上的充电指示灯点亮；当车辆起动后，L 线上的电压很快就会上升为蓄电池的充电电压，这个电压值接近 15 V，J519 根据这个电压信号通过 CAN 总线向仪表提供充电指示灯熄灭的信号。

2. *励磁电路*

1）点火开关供电

一些发电机的励磁电路由点火开关直接或间接供电，通过发电机插头上的 IG 或 L 端子送给磁场绕组。

在图 4-19 所示的大众汽车不带负载管理的充电系统中，预激励（他励）电流流经一个灯泡或者一个 LED 灯，该系统的预激励电流同时也并行流经一个电阻，它被用来代替一个灯泡的输出，若无此电阻，经过 LED 灯的电流就太小了。当起动发动机时，点火开关的 50 接柱在 50b 前面接通。这样一方面可使预激励电流增大；另一方面，当相同的电压加在 LED 灯的两端时，LED 灯立即熄灭。

在图 4-20 所示的丰田卡罗拉轿车 1ZR-FE 发动机充电系统电路中，当点火开关转到

“ON”挡时，接通 IG1 继电器控制电路，IG1 继电器开关闭合，励磁（他励）电流的流向是：蓄电池+→ALT 保险→IG1 继电器开关→GAUGE 保险→发电机插头 IG→发电机 IC 调节器→转子绕组→搭铁→蓄电池-。

2）发电机 B+供电

发电机的自励电流由发电机 B+提供，集成在发电机内部，如图 4-18、图 4-21 所示。

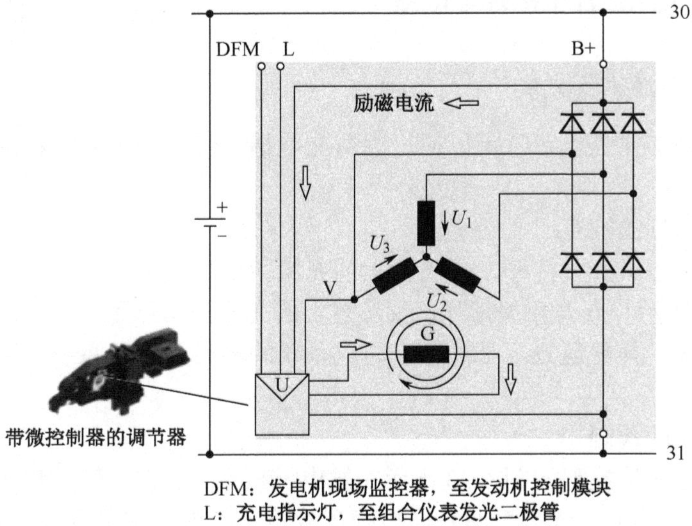

图 4-21　大众汽车（新波罗等）充电系统电路

3. 其他监测或信号电路

为了完善汽车充电系统控制功能，发电机电路中除了充电指示灯控制和励磁电路控制，还有一些监测或信号电路。

1）丰田卡罗拉轿车充电系统监测电路

（1）蓄电池电压监测（S 端子，图 4-20）。

① 电压调节功能。起动后发动机转速升高，当 S 端子电压上升到调节电压 14.5 V 时，IC 调节器根据 S 端子电压，控制发电机输出电压：当 S 端子电压大于 14.5 V 时，切断转子绕组励磁电流，发电机电压下降；小于 14.5 V 时，接通转子绕组励磁电流，发电机电压上升。通过控制励磁电流的通断，使发电机输出电压保持在 14.5 V 左右。

② S 端子断开报警和保护功能。发电机运转中，如果 S 端子断开，IC 调节器检测到 S 端子电压为 0 V，将接通充电指示灯电路，充电指示灯点亮，起报警作用。同时，IC 调节器自动以 B 端子电压代替 S 端子电压，对励磁电路进行通断控制，保持发电机输出电压（即调节电压）在 14.5 V 左右，防止 B 端子的电压异常上升，起保护作用。

（2）发电机负荷监测（M 端子，图 4-20）。

M（也有标注为 FR）端子的作用是把集成电路电压调节器的状态（即励磁电路的占空比信号）发送给发动机电子控制单元（ECU）或空调放大器，电子控制单元根据这个信号调节发动机转速，空调放大器根据这个信号控制空调系统 PTC 加热器。

2）大众汽车的DFM信号电路（图4-19、图4-21）

DFM线是连接发动机控制模块的发电机现场监控线，传递的是占空比信号，发动机控制模块根据此信号监控发电机电压，如果电压降低，发动机控制模块就控制发动机提高转速，从而提高发电量，该信号也可作为空调加热器的控制信号。

二、汽车充电系统的检测与诊断

1. 充电系统工作状态检查

汽车充电系统工作是否正常可以通过观察充电指示灯、检测发电机的输出电压和输出电流来判断。

（1）充电指示灯的检查。

正常情况下，点火开关打开，仪表盘上的充电指示灯点亮，起动发动机后充电指示灯熄灭，如图4-22所示。点火开关打开，仪表盘上的充电指示灯不亮，或起动发动机后充电指示灯不灭，都属于异常现象，必须检查充电系统的输出及充电系统电路、发电机是否存在故障。

（2）输出电压的检测。

发电机输出电压的检测如图4-23所示。发电机正常工作时，其输出电压通常在13.5～14.5V。输出电压太高或太低都表明发电机存在故障，应更换发电机调节器或发电机。

（3）输出电流的检测。

发动机转速为2000r/min时，使用手持式电流钳表来测量发电机输出电流，如图4-24所示。

图4-22　充电指示灯的检查

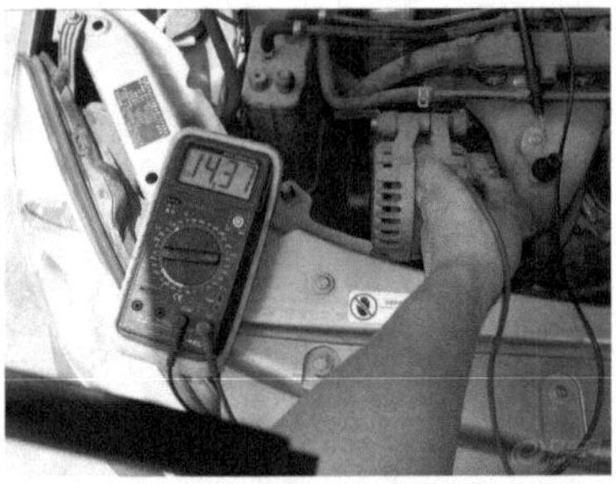

图4-23　发电机输出电压的检测

图4-24　发电机输出电流的检测

① 空载测试：最低额定输出电流显示为正值，并且大于5A而小于10A，则表明系统正常；若为负值，说明在车辆最大用电负载下，发电机不能够为车辆提供充足的电能，则系统故障。

② 带负载测试：打开前照灯远光，同时将鼓风机开关打到最大挡位，发电机输出电流应大于30A。

（4）磁场的检查。

在发电机处于工作状态时，发电机的励磁线圈通电会产生磁场。此时，使用螺丝刀或者铁质工具靠近发电机转子端部，应该能够感觉到磁场吸引螺丝刀或铁质工具的力量（图4-25），否则说明发电机没有发电，应检查调节器、电刷及转子线圈。

2. 充电系统故障检查与诊断

如果发电机工作不正常（充电指示灯异常或输出电压、电流异常），则要进行检查和诊断，包括常规检查和故障诊断两部分。

（1）常规检查。

在对充电系统的故障进行诊断前，应先检查以下内容。

① 蓄电池的正、负极电缆与极桩是否紧固牢靠。

② 发电机上面的接线是否牢靠。

图 4-25　发电机磁场的检查

③ 发电机皮带是否松弛（检查方法如图 4-26 所示）。若无张紧表，可用拇指用力按下皮带，皮带下降 15～20mm 为正常范围。

④ 发动机转速达到 1500r/min 后，充电指示灯是否熄灭。

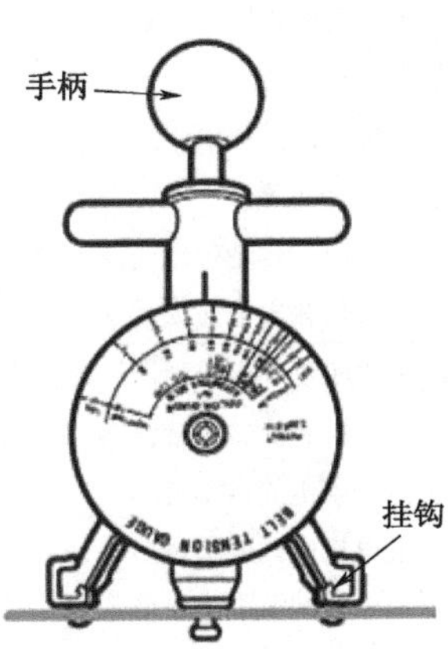

（a）完全按下手柄（球体），让挂钩咬合到皮带上

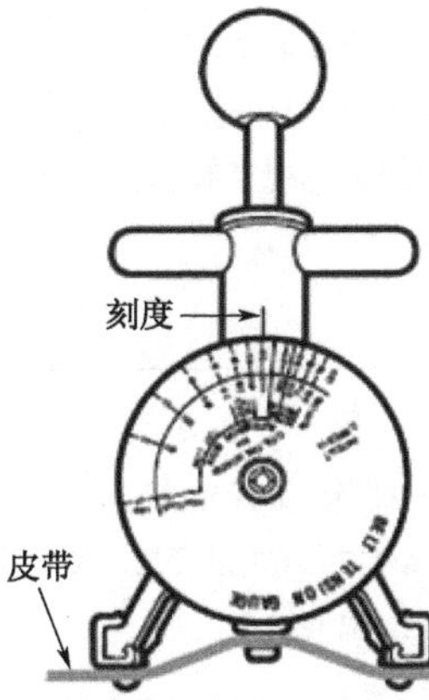

（b）使皮带张紧表与皮带垂直，挂钩压到皮带边上，然后释放手柄

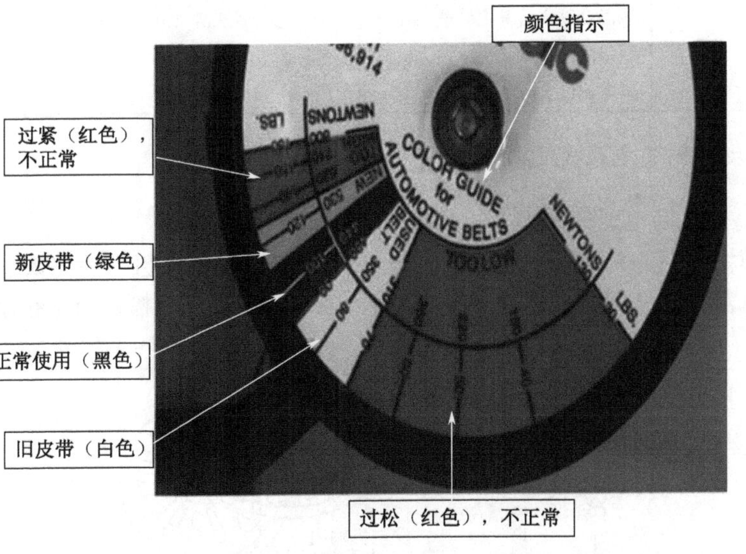

（c）读取指针刻度盘上的张力值，确认张力是否正常

图 4-26　传动皮带张紧力的检查

（2）故障诊断。

汽车充电系统故障诊断见表 4-5。

表 4-5　汽车充电系统故障诊断

故障现象	故障描述	故障原因
充电指示灯一直不亮	点火开关打开，充电指示灯不亮，起动发动机，充电指示灯也不亮	① 充电指示灯发光二极管断路 ② 熔丝烧断使指示灯线路不通 ③ 指示灯或调节器电源线路导线断路或接头松动 ④ 蓄电池极柱上的电缆线头松动 ⑤ 点火开关故障 ⑥ 发电机电刷与滑环没有接触 ⑦ 调节器内部电路故障
充电指示灯一直点亮	发动机起动后，仪表盘上的充电指示灯始终亮着，这说明发电机出现了不充电或充电输出线路故障	① 发电机磁场绕组短路、断路或搭铁 ② 定子绕组短路、断路或搭铁 ③ 整流器故障 ④ 电刷与滑环接触不良 ⑤ 调节器故障 ⑥ 发电机的传动带过松而打滑 ⑦ 发电机输出电压太大
充电指示灯时亮时灭	接通点火开关和发动机正常运转时，充电指示灯亮度不稳定，时亮时灭	① 发电机传动带松弛，出现打滑现象 ② 发电机整流二极管断路 ③ 定子绕组连接不良 ④ 发电机电刷磨损过多 ⑤ 调节器调节电压过低 ⑥ 相关线路接触不良
充电电流过大	汽车灯泡很容易烧坏、蓄电池温度过高且其电解液消耗过快等故障现象，说明发电机充电电流过大	① 电压调节器调节电压过高 ② 调节器失效

3. 非模块控制充电系统电路的检测

（1）充电指示灯电路的检测。

对于非模块控制的充电指示灯电路，关闭点火开关，把发电机插接件拔下，打开点火开关，用试灯或万用表测量线束侧 L 端子（图 4-27），应有电，否则应检修充电指示灯电路。

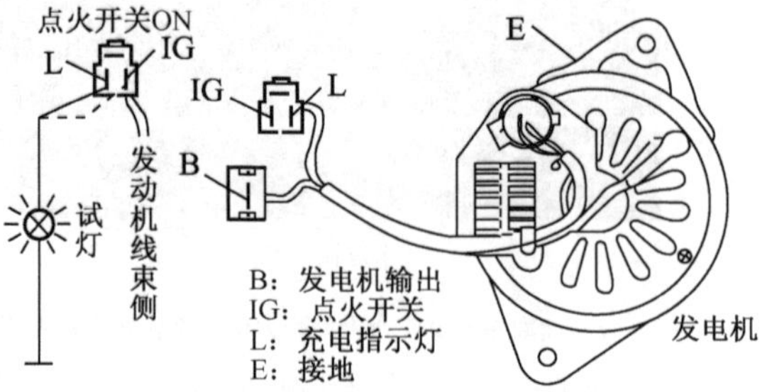

图 4-27　发电机 IG 及 L 电路检查（点火开关打开）

（2）励磁电路的检测。

由发电机 B+供电的励磁电路（如五菱宏光 1.4L、大众新波罗等），集成在发动机内部，无法检测。

由点火开关直接或间接控制的励磁电路（如五菱之光小卡、丰田卡罗拉），其检测方法与非模块控制的充电指示灯电路检测方法相同。

4. 模块控制充电系统电路的检测

（1）上汽通用车型（雪佛兰科鲁兹及别克威朗、君威等）充电系统电路的检测。

2013 年以后的上汽通用汽车带电源管理的充电系统中，发电机控制端子有两根线（F 线和 L 线），发电机受控于发动机控制模块（ECM）。

L 端子在发动机起动后由 ECM 向发电机提供 11V 励磁电压，起动后用万用表测量 L 端子电压为 11V 左右，如图 4-28 所示。不起动则无电压。

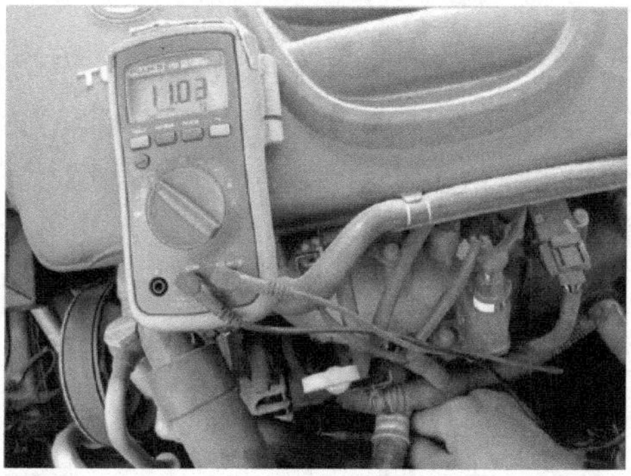

图 4-28　通用汽车发电机 L 端子电压的检测

F 端子的作用是向发动机控制模块反馈发电机负荷及发电机故障，正常情况下用万用表测量该端子电压在 3V 左右，如图 4-29 所示。也可以用示波器检测该电路的输出波形。

图 4-29　通用汽车发电机 F 端子电压的检测

（2）大众汽车充电系统电路的检测。

大众汽车新发电机（如新波罗）的 L 端子是充电指示灯控制电路，点火开关打开时电压约为 1V，发动机运转时电压约为 12V，如图 4-30 所示。

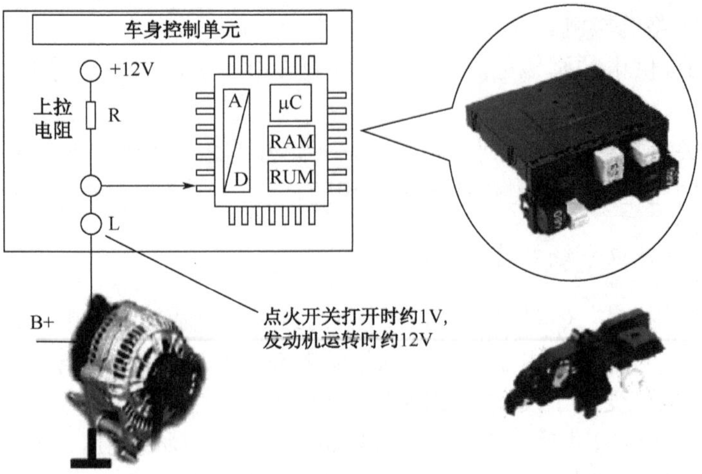

图 4-30　大众汽车带负载管理的充电系统 L 端子的检测

大众汽车新发电机 DFM 端子是发电机现场监测电路，点火开关打开或小于 100%负荷时有脉宽调制信号（PWM）输出，约 12V；大于 100%负荷时为 0V，如图 4-31 所示。

发电机负荷（也是发动机的一个电气负载）是指所有运行的电气负载，从正在工作的发电机那里得到多少份额的功率，用百分比表示。发电机负荷也可以用诊断仪通过 01-08-053 组数据流读取，如表 4-6 所示。发电机在同一负载、不同转速或同一转速、不同负载下的负荷情况应符合表 4-6 所示的变化规律。

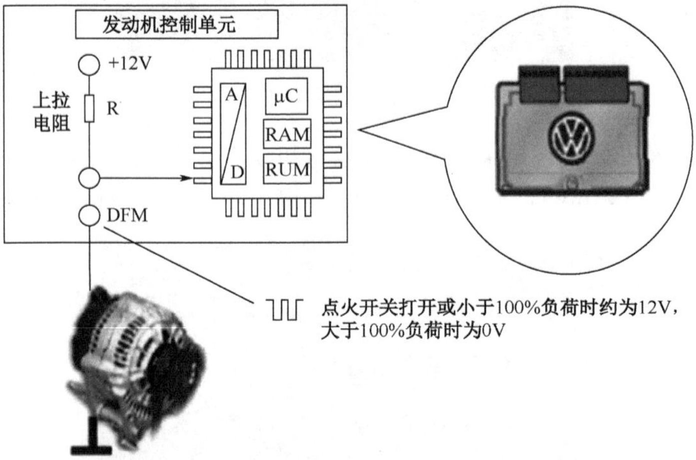

图 4-31　大众汽车带负载管理的充电系统 DFM 端子的检测

表 4-6　不同负载及发动机转速下发电机的负荷数据

发动机转速 / 发电机负荷 / 负载	700r/min	1400r/min	2000r/min	3000r/min	发电机 DFM 端子到 ECM 间导线中断
发动机空载	38%～47%	23%～27%	18%～20%	16.9%	80.4%
开大灯	50%～60%	29%～31%	25%～27%	16.9%	80.4%
开空调	45%～60%	32%	25%～30%	16.9%	80.4%
开大灯、空调	74%～99%	49%～51%	47%～50%	20%	80.4%

任务实施

（1）完成相关信息的收集（见学习任务单 13）。
（2）分析充电指示灯常亮的原因。
（3）检测实训车辆充电系统电路。
（4）拆装和更换发电机。

任务评价

任务评价见表 4-7。

表 4-7　任务评价表

考核项目		评分标准	学生自评	小组互评	教师评价	小计
知识目标	非模块控制充电系统电路的组成与原理	能完整叙述				
	模块控制充电系统电路的组成与原理	能完整叙述				
	充电系统就车检查内容	能完整叙述				
技能目标	会分析充电指示灯常亮的原因	完整、正确				
	就车检查充电系统的工作状态和电路	完整、正确				
素质目标	安全、规范操作	做到、做好				
	操作步骤、流程正确、完整	正确、熟练				
	团队合作	是否和谐				
	现场 7S	是否做到				
总评						

任务小结

汽车充电系统的工作状态可以从充电指示灯、发电机输出电压和电流的检查结果来判断。

如果充电系统工作不正常，可以通过检测发电机充电指示灯电路、励磁电路和信号监测电路来判断。如果各控制和信号电路均正常，则表明充电系统故障在发电机本身。

任务 4.3　发电机的拆装与检修

任务目标

技能目标	（1）会拆装发电机 （2）会检测发电机零部件
知识目标	（1）能叙述发电机的工作过程 （2）能说出发电机各零部件的作用
学习活动	学习发电机的组成与原理→发电机的拆装与检测→评价总结

任务引入

宝骏汽车车主张先生反映，他的车子在行驶过程中充电指示灯有时亮有时灭，要求修理厂检修。李师傅检查后认为发动机有故障。如果车间派你维修该发电机，你知道怎么检修吗？

任务资讯

一、发电机的分类

1. 按总体结构分类

（1）普通交流发电机：这种发电机既无特殊装置，也无特殊功能特点，使用时须配装电压调节器，如图4-32（a）所示。

（2）整体式交流发电机：把发电机和调节器做成一个整体，如图4-32（b）所示。目前汽车发电机都属于这种类型。

（3）带泵交流发电机：发电机和汽车制动系统用真空助力泵安装在一起，多用于柴油车，如图4-32（c）所示。

（4）无刷交流发电机：不需要电刷的发电机。

（5）永磁交流发电机：转子磁极由永磁铁制成的发电机。

（a）普通交流发电机　（b）整体式交流发电机　（c）带泵交流发电机

图4-32　常见发电机类型

2. 按整流器结构分类

按这种方式可分为6管交流发电机、8管交流发电机、9管交流发电机和11管交流发电机。

3. 按励磁绕组搭铁形式分类

按这种方式可分为内搭铁型交流发电机和外搭铁型交流发电机。

二、发电机的组成

1. 转子总成

作用：通电旋转时产生旋转磁场。

在转子轴上压装有两块爪极，每块爪极上各有数目相同的鸟嘴形磁极，其空腔内装有导磁用的铁芯，称为磁轭。其上装有励磁绕组，励磁绕组的两根引出线分别焊在与轴绝缘的两个滑环上，滑环与装在后端盖内的两个电刷相接触。当电刷与直流电源相接时，便有电流流过励磁线圈，从而产生磁场，使一块爪极磁化为 N 极，另一块磁化为 S 极，形成相互交错的 6 对磁极，如图 4-33 所示。

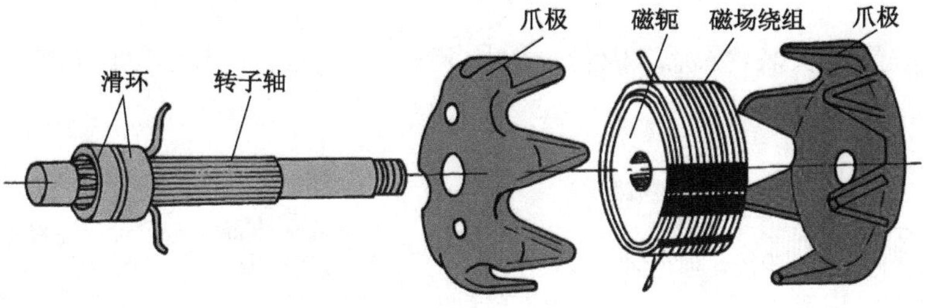

图 4-33　交流发电机转子总成

2. 定子总成

作用：产生三相交流电动势。

定子总成由定子铁芯和定子绕组组成，定子铁芯由相互绝缘的内圈带嵌线槽的圆环状硅钢片叠成，定子铁芯槽内嵌入三相对称绕组。三相绕组多采用星形接法，即每相绕组的首端分别与整流器的硅二极管相接，每相绕组的末端接在一起，形成中性接点（N）。如图 4-34 所示为定子结构与三相绕组的星形（Y 形）连接。

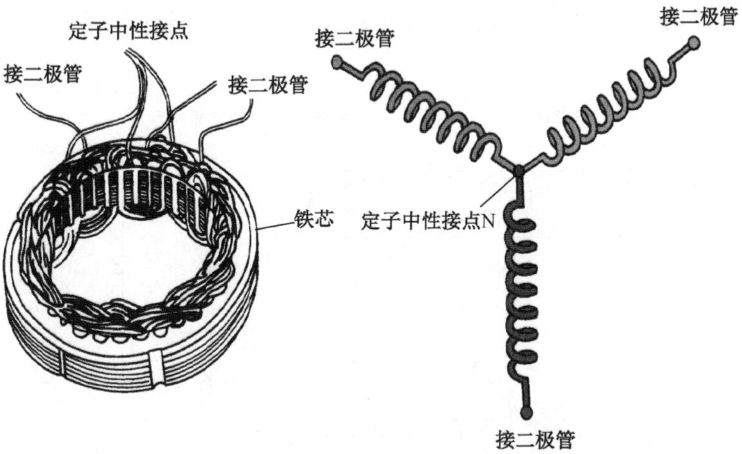

图 4-34　定子结构与三相绕组的星形连接

3. 硅整流器

作用：把三相同步交流发电机产生的三相交流电变成直流电输出。

硅整流器一般由 6 个硅二极管组成的三相桥式整流电路构成。6 个硅二极管的引线和外壳分别是它们的两个电极，根据引出线极性的不同，可分为正极管及负极管。中心引线为正极、外壳为负极的二极管为正极管，反之为负极管，如图 4-35 所示。

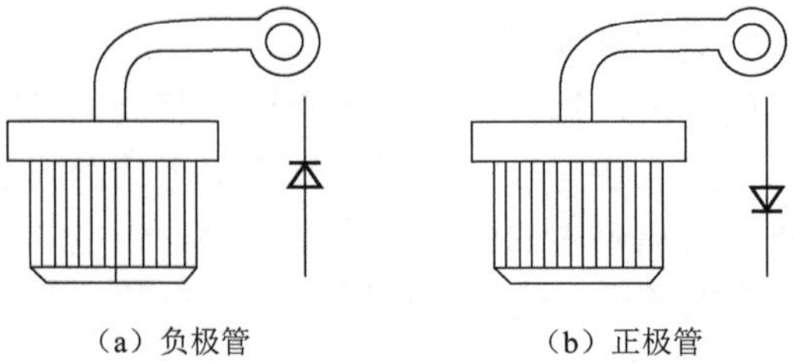

图 4-35　硅二极管的外形及符号

为了便于散热及安装，整流二极管一般压装在元件板上或发电机的后端盖上，如图 4-36 所示。

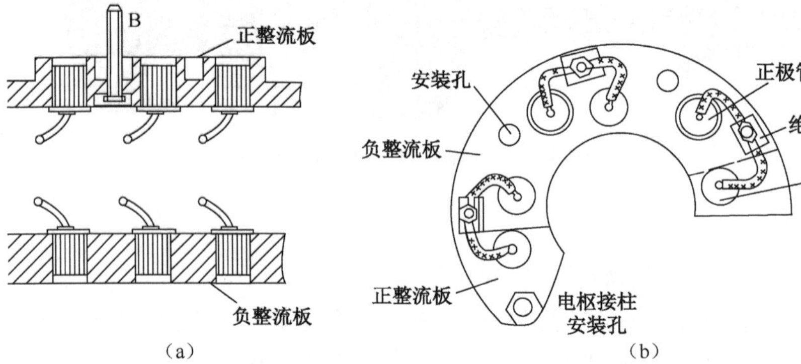

图 4-36　发电机元件板及其上压装的二极管

在硅整流器中，正极管的负极作为发电机的火线接柱“B”（“B+”“+”“A”或“电枢”），负极管的正极为发电机负极，而每一个正极管的正极与负极管的负极相连接，如图 4-37 所示。

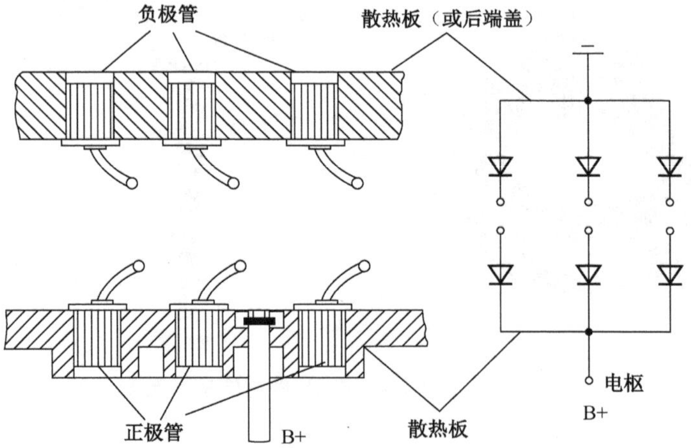

图 4-37　二极管的安装示意图

4. 电刷

两只电刷装在电刷架中的导孔内，借弹簧的弹力与转子上的滑环保持接触，如图 4-38 所示，电刷有外装式与内装式之分。

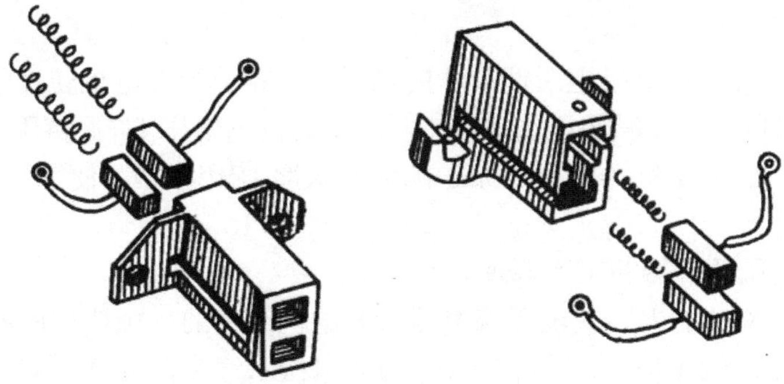

（a）内装式　　（b）外装式

图 4-38　电刷及电刷架

5. 风扇与皮带轮

风扇的作用：在发电机工作时，强制通风冷却发电机内部，早期设计一般安装在发电机外部，现在一般安装在发电机内部，且与水箱风扇的设计相似，圆周上扇叶的布置是不均匀的。

皮带轮的作用：利用皮带将发动机的转矩传给发电机的转子轴，在发动机工作时，发电机转子也同时旋转。

6. 电压调节器

现代汽车的电压调节器均采用内装式，即装在发电机内部组成整体式交流发电机。

（1）作用。

基本作用是调整励磁绕组通电电流的大小，从而控制发电机的输出电压（即电压调节功能）和充电指示灯。

附加功能：

① 起动时发电机切入功能控制：法雷奥 9RC7129 调节器在发动机起动时，可以在他励的转速下不让发电机工作，电磁力矩损耗为零，使发动机起动更轻松、更平顺。

② 发电机软加载功能（徐励功能、电流斜升功能）：当发电机的负载突变时，调节器励磁的占空比是逐渐增加的，皮带不会猛然张紧，避免导致发动机转速波动及熄火的风险。

③ 发电机负载状态信号输出功能：调节器将发电机励磁绕组的占空比信号送给 ECM/BCM，ECM/BCM 会根据这一信号管理用电器或调整发动机转速等。

（2）分类。

电压调节器按功能分为以下两种。

① 单功能电压调节器：仅具有电压调节和充电指示灯控制的基本功能。

② 多功能电压调节器：具有调压、充电指示灯控制及转子绕组断线时报警、过电压和低电压报警、起动时发电机切入功能控制、发电机软加载控制等附加功能。将发电机励磁绕组的占空比信号输送给 ECM/BCM，还可以实现用电设备管理、调整发动机转速和发电机输出电压的功能。

电压调节器按搭铁形式可分为外搭铁型调节器和内搭铁型调节器。

（3）调压原理。

根据 $E=Cn\Phi$，交流发电机电压调节器的调压原理是：当发电机转速升高时，调节器通过减小发电机励磁电流 I_f 来减小磁通 Φ，使发电机的输出电压 U_B 保持不变；当发电机的转速降低时，调节器通过增大发电机的励磁电流 I_f 来增大磁通 Φ，使发电机的输出电压 U_B 保持不变。

（4）单功能电压调节器的工作原理。

图4-39所示为单功能内装式电压调节器与发电机组成的一个典型的整车供电系统原理图。由图可以看出，电阻 R_5 和二极管 VD_{10} 与充电指示灯 DZ 并联，其作用是使转子的预励磁电流（接通点火开关 K，发动机未起动时通过发电机转子的电流）增大，从而达到降低建压转速（灭灯转速）的目的。

点火开关 K 闭合后，发电机预励磁电流的走向为：

充电指示灯 DZ

蓄电池正极→点火开关 K　　　　励磁绕组 L_4→调节器功率管 T_2→搭铁

二极管 VD_{10}→电阻 R_5

这时，充电指示灯点亮。当汽车起动后，发电机进入发电状态。经整流桥整流后，一路由 B+引出，与蓄电池正极接在一起，给整车用电器供电；另一路由 D+引出，给发电机励磁绕组 L_4 及电压调节器供电。因发电机发电后，B+和 D+处于等电位，充电指示灯熄灭，表示发电机进入正常工作状态。

当蓄电池充电饱和时，B+点电压升高，D+点电压也随之升高。经 R_1、R_2 分压后，A 点电位也升高，当 A 点电位升到高于稳压管 VD_{11} 的击穿电压时，VD_{11} 击穿导通，使 T_1 由原来的截止状态变成导通状态。C 点电位由原来的高电位降至 0 电位，T_2 截止，励磁绕组 L_4 无电流，转子磁场减弱，发电机发电量减小，此时汽车用电由蓄电池供应。B+点电位降低，D+点电位随之降低，导致 A 点电位下降，稳压管 VD_{11} 由原来的击穿状态又恢复到截止状态。T_1 由导通状态变成截止状态，C 点电位升高，T_2 再次进入导通状态，L_4 重新励磁，发电机恢复发电。发电机与调节器配合工作，周而复始，使发电机的输出电压保持稳定。

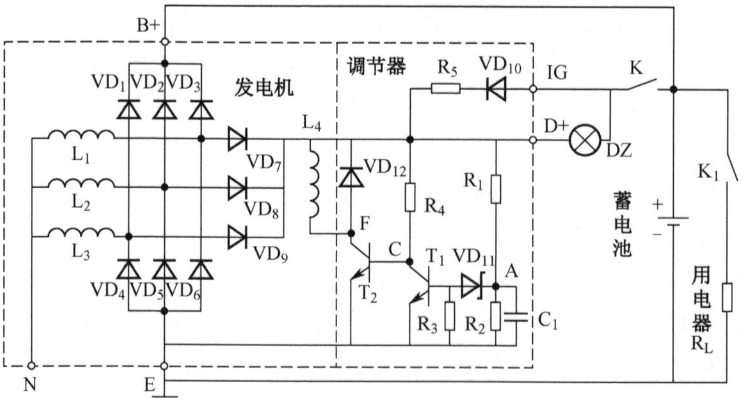

图 4-39　包含单功能电压调节器的整车供电系统原理图

（5）多功能电压调节器的工作原理。

多功能电压调节器相对于单功能电压调节器的优点是增加了发电机与 ECU 之间的通信，实现了充电系统的电源管理（负载管理），可以更好地提升车辆驾驶舒适性和燃油经济性。

图 4-40 为日本电装 G 型多功能电压调节器的原理电路，下面简要介绍其作用原理。

从发电机的端子看，除了单功能电压调节器的 B（B+）、IG、L（D+）端子以外，多了 M 端子和 RLO 端子。从电路的组成看，充电系统多了发动机 ECU、电流检查（传感器）和温度检查（传感器）。

① 预励磁和充电指示。

当准备起动时，发动机不运转。点火开关 IG 闭合。通过 IG 端子向控制电路供电，控制电路检测到 P 端子为 0 V、B 端子为 12 V，将 VT_1 间断导通向转子绕组供电（间断导通转子绕组的电流，将励磁电流控制在较小数值，以保护 VT_1 和转子绕组），同时控制 VT_2 导通，仪表盘上的充电指示灯点亮。发动机起动后，控制电路检测到 P 端子电压上升到一定数值，控制 VT_2 截止，仪表盘上的充电指示灯熄灭，指示充电系统工作正常。

② 基本电压调节。

起动后发动机转速升高，当 B 端子电压上升到 14.5 V 左右时，控制电路根据 B 端子电压，控制发电机输出电压：当 B 端子电压大于 14.5 V 时，VT_1 截止，切断转子绕组励磁电流，发电机电压下降；小于 14.5 V 时，VT_1 导通，接通转子绕组励磁电流，发电机电压上升。通过励磁电流的反复通断，使发电机输出电压保持在 14.5 V 左右。

③ 转子绕组断线时报警功能。

一旦发电机运转中转子绕组断路，发电机会失去发电功能，P 端子电压也会消失。控制电路会将其检测出来，并控制 VT_2 导通，仪表盘上的充电指示灯将点亮，起报警作用。

④ 过电压和低电压报警功能。

当发电机运转时，控制电路能检验出内部集成电路的端子之间因短路而引起的调节电压无法控制的状态，并控制 VT_2 导通，仪表盘上的充电指示灯点亮，起过电压报警功能；也能检验出蓄电池过度放电等引起的低电压，并点亮充电指示灯报警。

⑤ 发动机转速调节功能。

M（也有标注为 FR）端子的作用是把集成电路电压调节器的状态（即三极管 VT_1 的占空比）发送给发动机电子控制单元（ECU），电子控制单元根据这个信号调节发动机转速等。

⑥ 根据监测信号调节输出电压功能。

发动机 ECU 带有发电机输出电流传感器和蓄电池温度传感器，提供给 ECU 发电机输出电流和蓄电池温度的信号。ECU 根据发动机的工作状态及发电机输出电流、蓄电池温度，通过 RLO 端子提供给 G 型电压调节器控制电路一个占空比的信号，控制电路根据这个信号，通过控制 VT_1 通断，来控制发电机的输出电压。例如，加速时（踩下油门）输出低电压，减速时（松开油门）输出高电压等。这样可以使汽车动力增大，油耗降低，并且使蓄电池保持在良好的工作状态。

使用中如果 M 端子和 RLO 端子发生脱落，发动机 ECU 对调节电压的控制会停止。这时发电机控制电路自行工作，调节发电机输出电压为 14.5 V，发电机仍照常发电。

这种发电机具有两组独立的三相绕组和整流器，其三相绕组电相位角相差 30°，可以提高发电机输出功率并大幅降低发电机的噪声。因此，微机控制的电装 G 型电压调节器是目前比较先进的调节器。

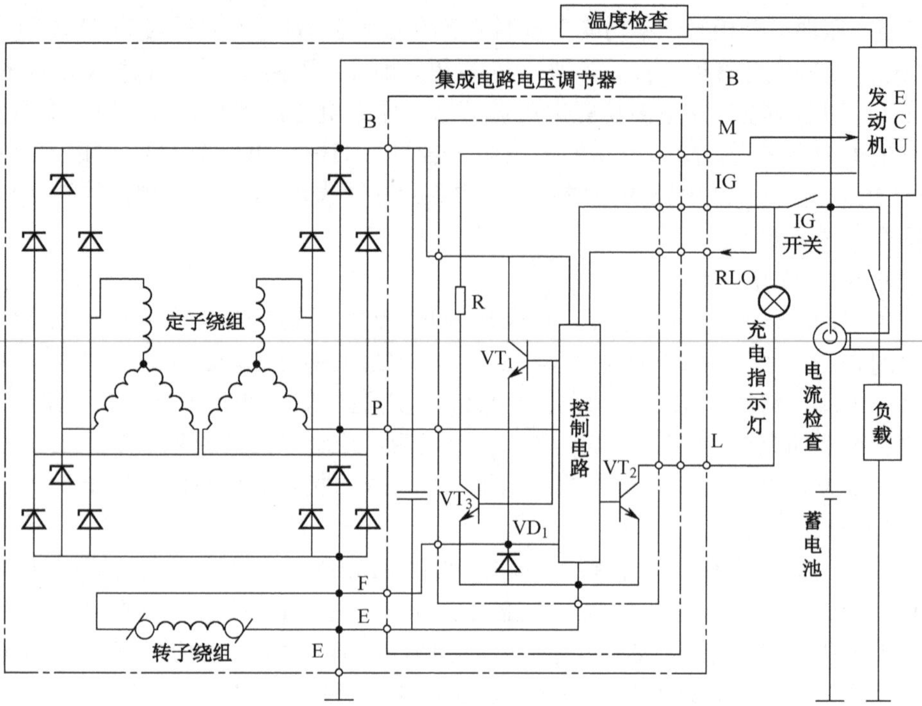

图 4-40　日本电装 G 型（GC2M）多功能电压调节器的原理电路

三、国产交流发电机的型号

根据我国汽车行业推荐标准 QC/T 73—1993《汽车电气设备产品型号编制方法》的规定，汽车交流发电机的型号组成如图 4-41 所示。

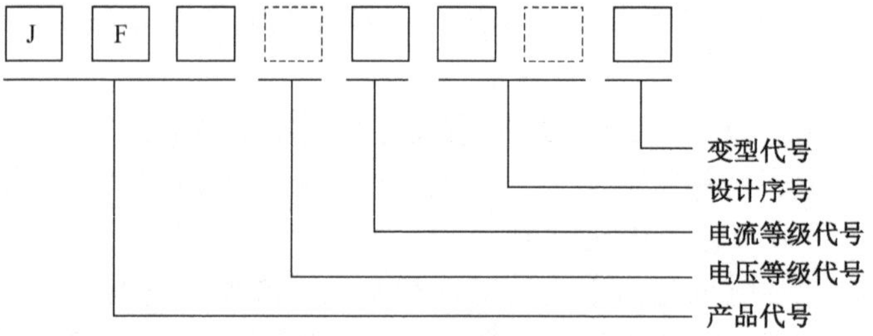

图 4-41　汽车交流发电机的型号组成

（1）产品代号：有 JF、JFZ、JFB、JFW 四种，分别表示交流发电机、整体式交流发电机、带泵交流发电机和无刷交流发电机。字母“J”“F”“Z”“B”“W”分别为“交”“发”“整”“泵”“无”字汉语拼音的第一个大写字母。

（2）电流等级代号和电压等级代号：分别用一位阿拉伯数字表示，见表 4-8 和表 4-9。

表 4-8　汽车电气产品电压等级代号

电压等级代号	1	2	3	4	5	6
电压等级（V）	12	24	—	—	—	6

表 4-9 汽车电气产品电流等级代号

电流等级代号	1	2	3	4	5	6	7	8	9
各类型交流发电机电流等级（A）	～19	≥20～29	≥30～39	≥40～49	≥50～59	≥60～69	≥70～79	≥80～89	≥90

（3）设计序号：按产品设计先后顺序，由 1～2 位阿拉伯数字组成。

（4）变型代号：交流发电机以调整臂位置作为变型代号。从驱动端看，在中间时不加标记，在右边时用 Y 表示，在左边时用 Z 表示。

例如：汉拿 JFZ1825C 型交流发电机是电压等级为 12V、电流等级为 85A、第 25 次设计的整体式交流发电机。

四、发电机的搭铁形式

根据电刷和外电路的连接形式不同，发电机分为内搭铁型和外搭铁型两种，如图 4-42 所示。

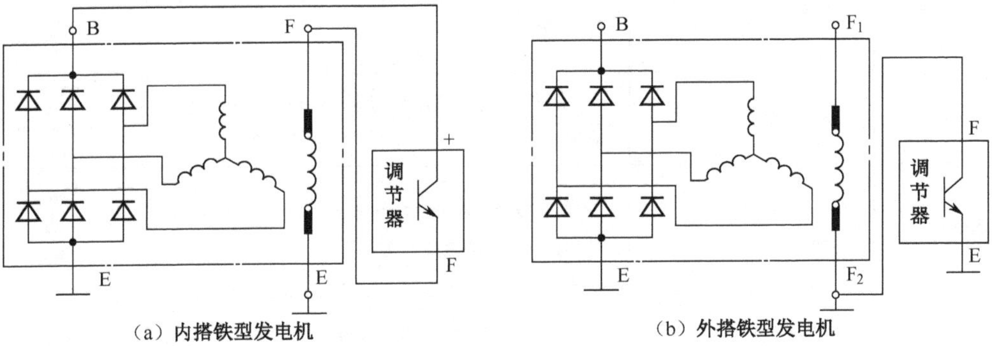

图 4-42 发电机的搭铁形式

内搭铁型交流发电机：磁场绕组的一端（负极）直接搭铁（和壳体相连）。

外搭铁型交流发电机：磁场绕组的一端（负极）接入调节器，通过调节器后再搭铁。

五、发电机的选用

发电机是汽车配件，应首选原厂配件，购买相同型号的发电机，配件编号、额定输出（电压、电流）、皮带轮直径、槽宽、安装孔尺寸、调节器搭铁方式（内搭铁还是外搭铁）、引出线的类型及插头形状等都必须考虑。为了避免买错，有些商家会要求客户提供车辆识别代码。发电机的型号、额定输出参数、引出线接法等信息可以从发电机铭牌上看到，如图 4-43 所示。

常见发电机品牌及其适用车型见表 4-10。

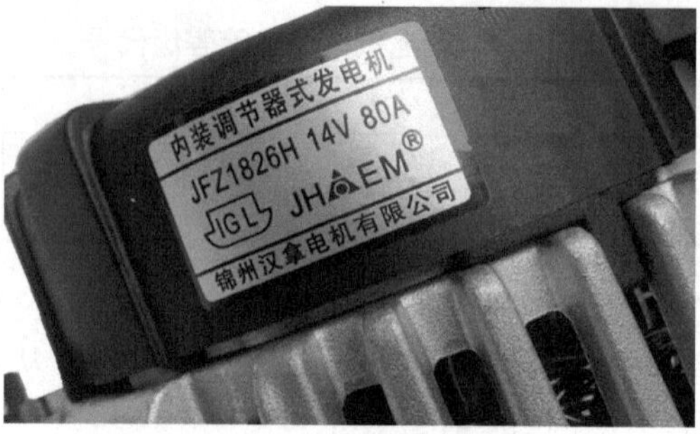

图 4-43　发电机铭牌

表 4-10　常见发电机品牌及其适用车型

发电机品牌	型号举例	主要应用车型	引出线接法
锦州汉拿（配三菱系列发动机车型）	JFZ1929C	北京现代伊兰特、索纳塔、雅绅特、悦达，起亚千里马、赛拉图	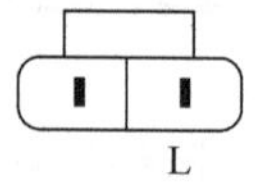
	JFZ1825	比亚迪 F3、中华、和悦、菱帅、东安三菱发动机、沈阳三菱发动机	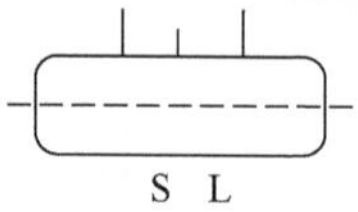
	JFZ1826H	中华新骏捷 FRV/CROSS/FSV/H530/V5，五菱宏光 S、宏光 V、宏光 1.2、宏光 1.5、宝骏 1.5	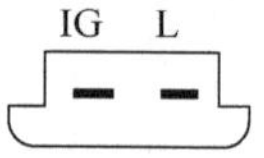
日本电装	27060-0T031 27060-0T030	丰田卡罗拉、逸致、花冠等（1ZR/2ZR 发动机），丰田新威驰（2SZ/3SZ 发动机）	
成都华川电装	JFZ169/60A 31400-62L00	铃木天语、雨燕、新奥拓等车型（发电机方 4 脚插座）	
	JFZ182/70A 31400-56K00	铃木天语 1.5L 等铃木系列车型（发电机扁 3 脚插座）	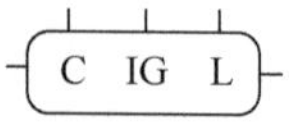
博世	F000BL0618，OEM 零件号 03C 903 024E	新款桑塔纳、捷达、波罗、朗逸等大众车型	
法雷奥	FG 系列	大众新波罗、帕萨特、高尔夫等	
	FG 系列 FG12S015/120A	通用雪佛兰科鲁兹、别克威朗等	
	SG8S035	五菱宏光 C14 发动机，宝骏 630 1.5 排量车型	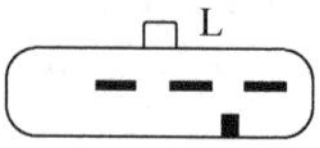
湖北雷米	JFZ1726 70A	五菱宏途、五菱阳光、五菱荣光	

续表

发电机品牌	型号举例	主要应用车型	引出线接法
芜湖杰诺瑞	JFZ1110	奇瑞 A515、新旗云、风云 2	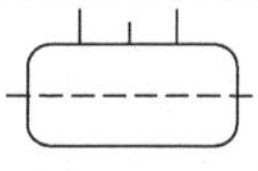
	JFZ1722 70A	五菱之光、新之光、荣光、鸿途 B12 发动机	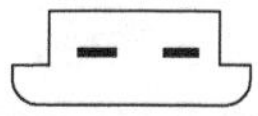

发电机与电压调节器端子说明见表 4-11。

表 4-11　发电机及电压调节器端子说明

端子代号	含义	端子代号	含义
B（B+）	发电机输出	N	中性点电压检测
D+	外接：充电指示灯控制 内接：发电机电压检测	C（电装）	ECU 用于控制发电机的输出，减轻发动机负荷（便于加速）
L	充电指示灯控制	E	搭铁
IG	点火开关、预激励及调节器供电	DFM（大众）	发电机现场监控信号，送给 ECU
S	蓄电池的实际电压监测	P	定子电压检测
F（FR/M）	发电机负荷状态（磁场占空比）检测	RLO（电装）	ECU 对调节器（励磁电路）的控制信号

任务实施

（1）完成相关信息的收集（见学习任务单 14）。

（2）拆装发电机总成。

（3）识别与检测发电机元件。

（4）完成发电机装复试验。

任务评价

任务评价见表 4-12。

表 4-12　任务评价表

考核项目		评分标准	学生自评	小组互评	教师评价	小计
知识目标	发电机组成元件作用与原理	能完整叙述				
	发电机的主参数与选用方法	能完整叙述				
技能目标	会拆装发电机总成	完整、正确				
	能识别与检测发电机元件	正确操作和判断				
	会检查和试验发电机					
素质目标	安全、规范操作	做到、做好				
	操作步骤、流程正确、完整	正确、熟练				
	团队合作	是否和谐				
	现场 7S	是否做到				
总评						

任务小结

现代汽车配装的发电机都是整体式交流发电机，单功能和多功能电压调节器都有使用，但多功能电压调节器的使用是总体趋势。

在整体式交流发电机中，产生旋转磁场的是转子绕组，切割磁力线产生三相交流电的是定子绕组，将交流电整流变成直流电的是硅整流器，使发电机输出电压稳定在 14.5V 左右的是电压调节器。

会检测并判断充电系统不充电（充电指示灯常亮）的故障原因在充电系统电路还是发电机，是本项目的基本要求。

思考与练习

一、填空题

1．交流发电机的励磁方式一般分为＿＿＿＿＿＿和＿＿＿＿＿＿＿两种。

2．用万用表检测励磁绕组电阻值，若阻值符合规定值，说明励磁绕组＿＿＿＿＿＿；若阻值小于规定值，说明励磁绕组＿＿＿＿＿＿＿；若阻值为“∞”，则说明激磁绕组＿＿＿＿＿＿＿。

3．发电机解体后，用试灯法检查转子励磁绕组的绝缘性能时，其方法是一端和＿＿＿＿＿连接，另一端和＿＿＿＿＿＿＿连接。若试灯亮，说明励磁绕组＿＿＿＿＿＿＿；若试灯不亮，说明励磁绕组＿＿＿＿＿＿＿。

4．硅二极管承受正向电压的阻值很小，约为＿＿＿＿＿＿Ω，反向电阻则大于＿＿＿＿＿＿Ω。不符合阻值的硅二极管，应予以＿＿＿＿＿＿＿。

5．发电机传动皮带的张力应＿＿＿＿＿＿，过松易使＿＿＿＿＿＿，造成＿＿＿＿＿＿；过紧容易损坏＿＿＿＿＿＿＿和＿＿＿＿＿＿＿。

二、单项选择题

1．交流发电机中产生磁场的元件是（　　）。

A．定子　　B．转子　　C．整流器　　D．端盖

2．发电机整流端盖装有两个电刷架，用两个螺旋形弹簧压住电刷，使其能可靠接触转子上的两个（　　）。

A．接柱　　B．滑环　　C．轴头　　D．轴承

3．在交流发电机硅整流器端盖上压装的三个硅二极管，其极性导向与元件板上的三个硅二极管的极性导向（　　）。

A．相反　　B．相同　　C．无关　　D．有关

4．汽车用交流发电机遵循公式 $E=Cn\Phi$，为维持输出电压恒定，汽车用交流发电机配置了（　　）。

A．调节发电机常数 C 的装置　　B．调节发电机转子转速 n 的装置

C．调节转子磁场强度 Φ 的装置　　D．调节电动势 E 的装置

5．改变交流发电机输出电压大小的部件是（　　）。

A．硅二极管　　B．转子　　C．定子　　D．调节器

6．发电机正常工作后，其充电指示灯熄灭，这时两端应（　　）。

A．电压相等　　B．电位相等　　C．电位差相等　　D．电动势相等

7．发电机上的电缆直接与蓄电池相连，这里采取了一项措施来防止短路，选择关于此措施的正确说明（　　）。

A．在发电机电缆的末端缠绕了绝缘胶带

B．在发电机电缆的末端附带有防短路继电器

C．在发电机电缆的末端附带有防短路罩壳

D．在发电机电缆的末端附带有防短路熔丝

8．当检查发电机转子上的滑环时，在滑环之间进行导通检查，在转子之间进行绝缘检查，从以下叙述中选择正确的检查目的（　　）。

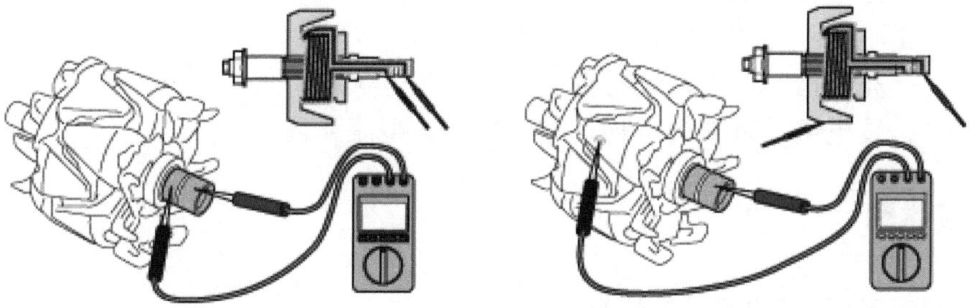

导通检查	绝缘检查
A．检查转子内整流器是否开路	检查转子内整流器是否短路
B．检查转子内整流器是否短路	检查转子内整流器的绝缘体
C．检查转子内线圈是否开路	检查转子内线圈是否短路
D．检查转子内线圈是否短路	检查转子内线圈是否开路

9．以下图例是关于滑环直径的测量，选择其中正确的图例（　　）。

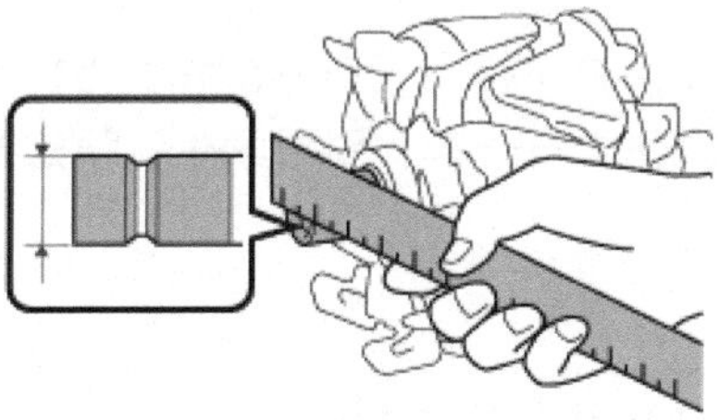

A．

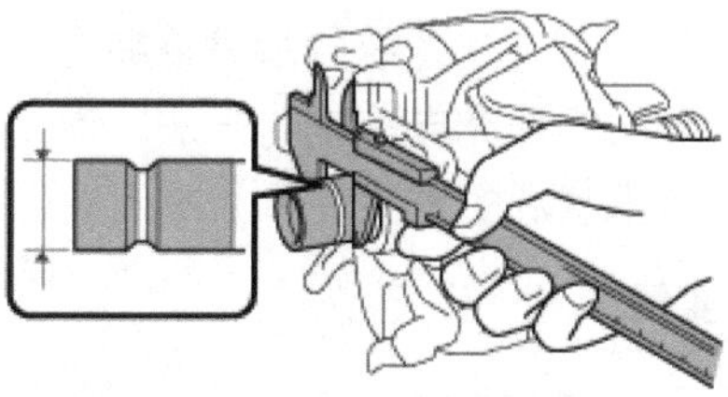

B．

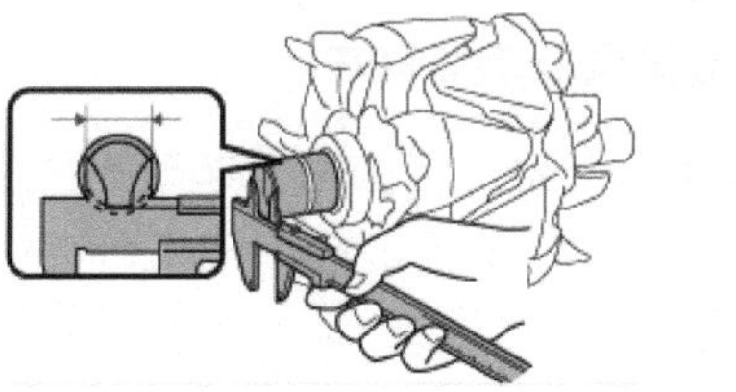

C．

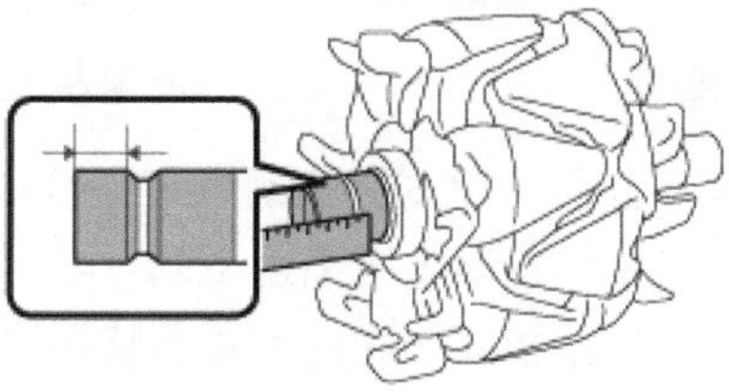

D．

10．在右侧的发电机图示中与“a”部件相对应的名称是（　　）。

A．转子

B．后机壳

C．整流器座

D．驱动端盖

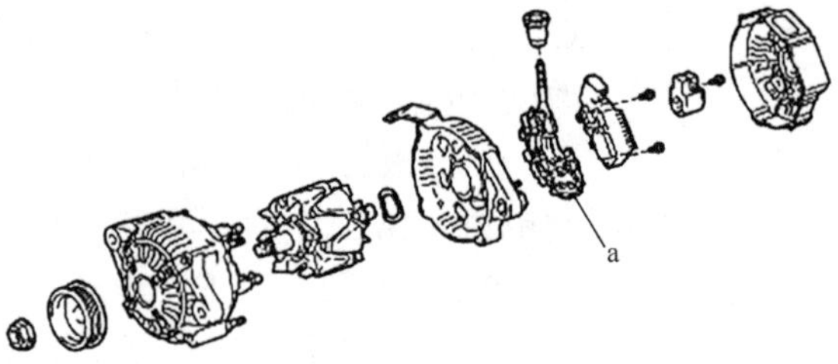

三、判断题（对的画“√”，错的画“×”）

（　　）1．正极管的引出线为负极，外壳为正极。

（　　）2．交流发电机中三只正极管压装在驱动端盖上，三只负极管压装在元件板上。

（　　）3．交流发电机的端盖采用铝合金制造是为了增强导磁性。

（　　）4．交流发电机运转后，最初的励磁电流是依靠发电机内残磁产生的。

（　　）5．汽车在行驶过程中，由于发电机励磁电流在不断地变化，所以发电机输出电压能保持恒定不变。

（　　）6．充电指示灯亮，说明蓄电池处于充电状态。

（　　）7．发电机具有下列三种功能：发电、整流和调节。

四、简述题

1．充电指示灯常见的控制方法有哪几种？

2．交流发电机发电必须满足哪两个条件？

3．什么是他励？

4．什么是自励？

5．如何诊断丰田汽车充电系统不充电故障？

思政教育

本项目“充电系统的故障诊断与检修”通过学习就车检测充电系统和发电机的拆装检修，学会检测与维修充电系统的方法，请结合相关的案例进行分析，引导学生认识定期检查汽车充电系统技术状况的重要性。

任务实践

学习完本项目后，请大家谈谈如何正确检测判断充电系统技术状况？

延伸阅读

发电机发电异常导致蓄电池早期损坏

客户购买一辆别克威朗汽车，新车提车14个月，行驶2万公里时起动不了了，到4S店检查发现发电机输出电压高达16V， 4S店更换发电机后充电电压正常。长期过高的充电电压会造成蓄电池早期损坏，同时也容易烧坏车上电气设备。

项目 5

起动系统的故障诊断与检修

项目概述

汽车起动时，有时会出现点火开关转动到起动位置后，起动机无起动的迹象，发动机不运转。起动机不工作是汽车电气故障之一。其原因可能在起动控制电路，也可能在起动机内部。若初步确定故障原因在起动机内部，就应将起动机从车上拆下来，对其进行检测、修理。

本项目以汽车电气系统中起动机不运转故障为案例，介绍起动系统及起动机的功用、结构、工作原理等知识，并根据维修资料对起动机进行诊断与检修。

思维导图

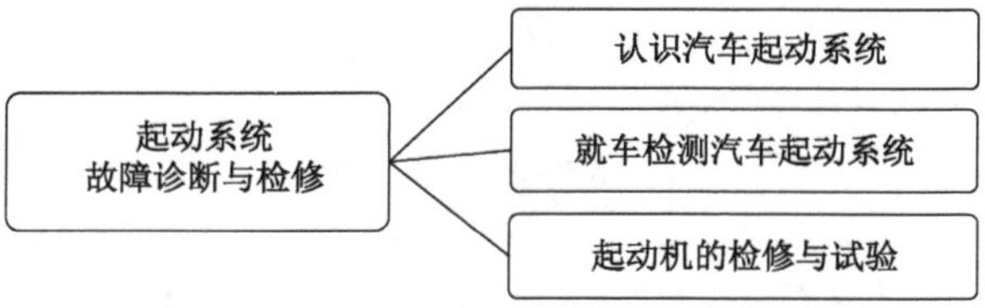

任务 5.1 认识汽车起动系统

任务目标

技能目标	（1）会连接基本起动电路 （2）能在实车上找到起动系统的组成部件，并会分析起动机不转的故障范围
知识目标	能叙述起动系统的作用、组成和基本工作过程
学习活动	学习起动系统的基本知识→起动系统的识别、连接与故障分析→评价总结

任务引入

汽车驾驶培训中心的吴师傅反映，他的捷达教练车起动不了，具体现象是点火开关转至起动位置后没有听到起动机的运转声，要求汽修部的老师帮助检修。王老师接电话后说可能是蓄电池没电了，也可能是起动系统有故障。他要求集训队的小吴同学带充电宝和工具前去检查。如果你是小吴同学，你知道怎么检查起动系统故障吗？

任务资讯

一、起动系统的作用与组成

1. 起动的概念

为了使静止的发动机进入工作状态，必须先用外力转动发动机曲轴，使活塞开始上下运动，汽缸内吸入可燃混合气，并将其压缩、点燃，其体积迅速膨胀而产生强大的动力，推动活塞运动并带动曲轴旋转，发动机才能自动进入工作循环。

发动机的曲轴在外力作用下开始转动到发动机自动怠速运转的全过程，称为发动机的起动过程。完成起动所需要的装置称为起动系统。

2. 起动系统的作用

起动系统的作用就是起动发动机，并在发动机起动后迅速停止工作。

3. 起动系统的组成

起动系统主要由起动机、蓄电池和点火开关等组成，有些控制电路上还有起动继电器、防盗继电器等。起动系统的组成如图 5-1 所示。

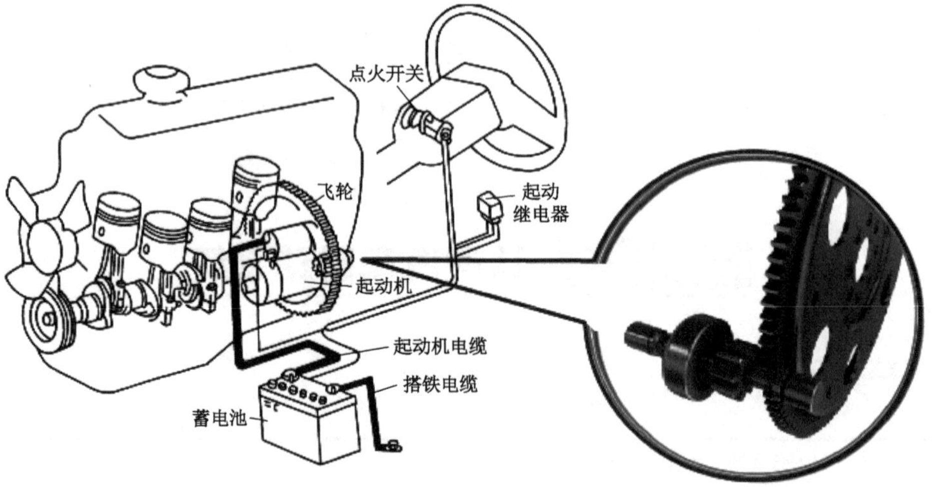

图 5-1　起动系统的组成

起动机安装在发动机飞轮壳上，通过驱动齿轮带动发动机飞轮旋转来起动发动机。当把点火开关转到起动挡时，起动机的直流电动机通电产生转矩开始转动，同时电磁开关把传动机构中的驱动齿轮推出，使其与发动机的飞轮齿圈啮合，带动飞轮旋转，使发动机起动。

二、起动机的组成

起动机主要由直流电动机、传动机构（驱动齿轮、拨叉、单向离合器等）和操纵机构

（电磁开关）组成，如图 5-2 和图 5-3 所示。

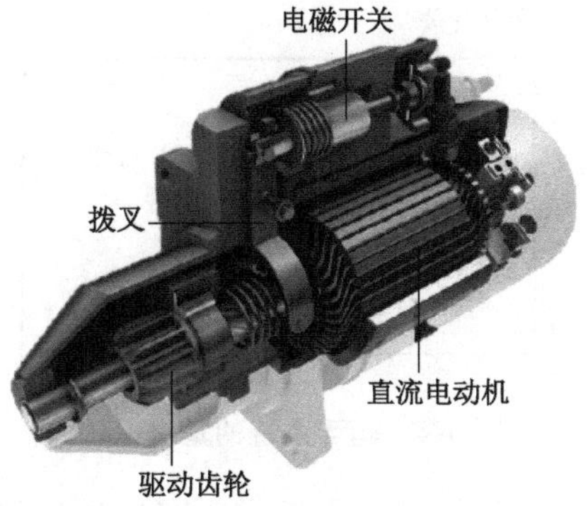

图 5-2　起动机的基本组成

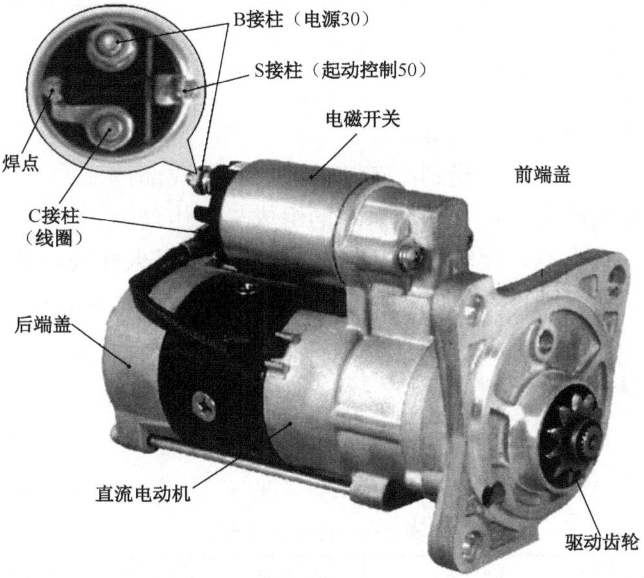

图 5-3　起动机的外部结构

电磁开关上通常有 3 个接柱，两个大的主接柱是电源接柱 B（也叫 30 接柱，与蓄电池正极连接）和线圈接柱 C（与电磁开关内的吸引线圈及直流电动机内的磁场线圈连接，带焊点），另一个小接柱（片状或小柱状）是起动机控制接柱 S（也叫 50 接柱）。

三、起动系统的基本原理

起动系统的基本原理如图 5-4 所示。

接通起动开关时，起动继电器触点闭合，起动控制电路接通，电磁开关使接触片右移接通起动机主电路，起动机运转并通过驱动齿轮带动曲轴运转而起动发动机。

换言之，起动机正常工作的条件是：

（1）起动机安装牢固（搭铁正常）。

（2）起动机主电路及控制电路连接正常。

（3）起动机、起动继电器、点火/起动开关工作正常。

（4）蓄电池工作正常。

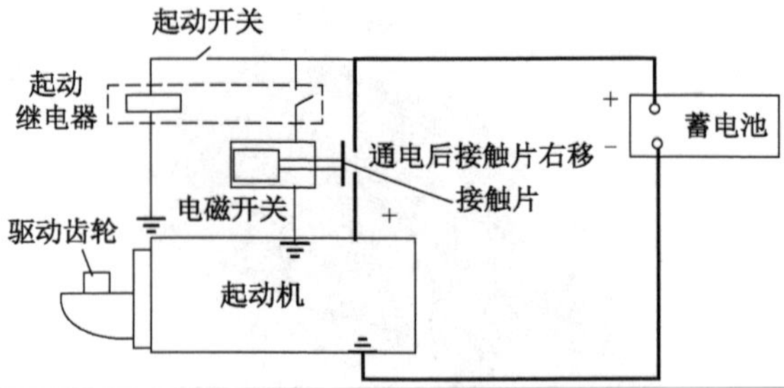

图 5-4　起动系统的基本原理

如果点火开关转至起动位置时起动机不运转，可以通过检查并运用排除法初步判断故障原因是在蓄电池还是在起动系统。

任务实施

（1）完成起动系统相关知识收集。

（2）观察实训车辆，在车上找到汽车起动系统各组成部件。

（3）连接起动系统电路，体验起动系统的组成与工作过程。

（4）实训器材：蓄电池、起动机、导线（带夹头）、点火开关、继电器、台钳等。

（5）判断实训车辆起动机不转的故障原因是在蓄电池还是在起动系统。

任务评价

任务评价见表 5-1。

表 5-1　任务评价表

考核项目		评分标准	学生自评	小组互评	教师评价	小计
知识目标	起动系统的作用与组成描述	能完整叙述				
	起动系统的工作原理描述	能完整叙述				
技能目标	在实车上找到起动系统的组成部件	完整、正确				
	会连接起动电路，实现起动机运转	连接、正确				
	分析实训车辆的起动机不转故障	完整、正确				
素质目标	安全、规范操作	做到、做好				
	操作步骤、流程正确、完整	正确、熟练				
	团队合作	是否和谐				
	现场 7S	是否做到				
总评						

任务小结

（1）起动系统的基本组成包括蓄电池、点火/起动开关、起动机、起动继电器等。有些起动系统为了起动的安全，还在电路中加入了空挡/停车挡开关、离合器踏板开关、防盗控制装置等。

（2）起动机正常工作的条件：起动机壳体与蓄电池负极连接，端子 B（电源 30 接柱）与蓄电池正极连接，当起动控制线（点火开关控制线）向起动机 S 端子供电时，起动机驱动齿轮将伸出并运转。

任务 5.2 就车检测汽车起动系统

任务目标

技能目标	（1）能在实车上检测起动控制电路，判别起动系统故障 （2）会查阅维修手册，会分析非模块控制和模块控制的起动系统电路
知识目标	分析起动电路，说明起动控制电路的工作原理
学习活动	学习起动控制电路的基本知识→起动系统的分析与检测→评价总结

任务引入

汽车驾驶培训中心吴师傅的捷达教练车起动不了，王老师检查后确定起动系统有故障。他要求集训队的小吴同学进一步查找故障的具体原因（故障点）。如果你是小吴同学，你知道怎么查找起动系统具体的故障位置吗？

任务资讯

一、非模块控制的起动系统电路

1. 点火开关直接控制的起动系统电路

五菱宏光汽车采用点火开关直接控制的起动系统电路，如图 5-5 所示。点火开关转到“START”（起动）挡时，点火开关 1、3 接柱接通，起动控制电流从蓄电池正极经 F101 保险、点火开关、F16 保险到起动机电磁开关 S 接柱，流经电磁开关线圈后搭铁回到蓄电池负极。电磁开关线圈通电产生磁场，使电磁开关触点闭合，接通起动机主电路，使起动机直流电动机通电工作。

2. 由起动继电器控制的起动系统电路

设置起动继电器的目的是减小通过点火开关的电流，防止点火开关烧损。由起动继电器控制的起动系统电路如图 5-6 所示。这种起动控制电路被大多数汽车所采用。

当点火开关起动挡接通时，起动继电器的电磁线圈通电产生磁场，使触点闭合，蓄电池的电流便经起动继电器的触点通往起动机电磁开关的 ST 接柱（图 5-6 中为 X1-1）。电磁开关接通后，便控制起动机进入工作状态。这种控制电路的特点是起动期间，流经点火开关起动挡触点和起动继电器电磁线圈的电流较小，大电流经过起动继电器触点流入起动机，保护了点火开关。

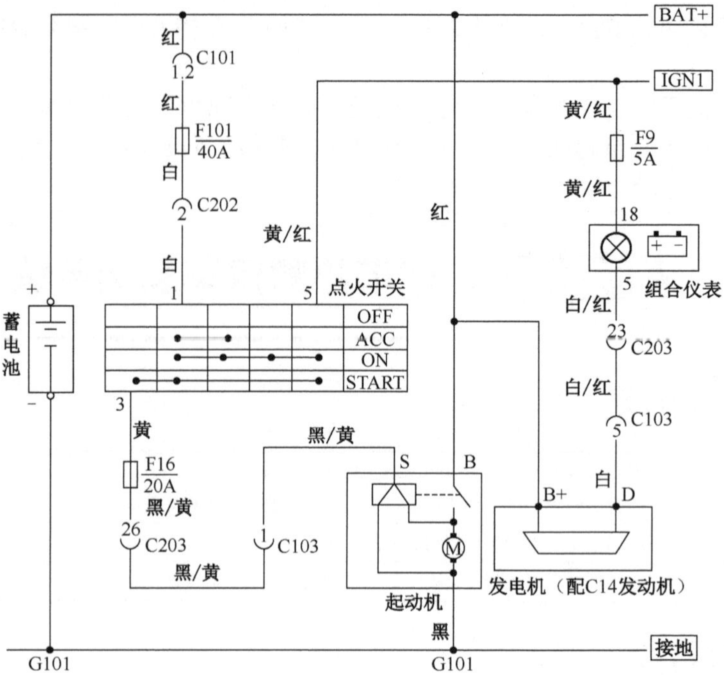

图 5-5　五菱宏光汽车起动系统电路

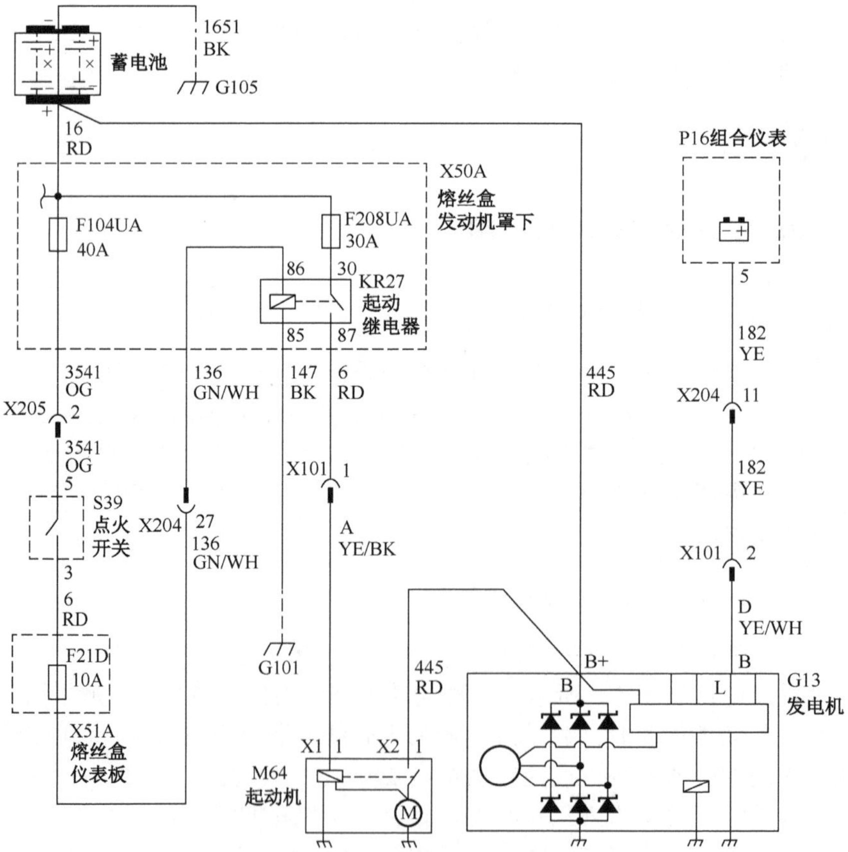

图 5-6　宝骏 310 汽车起动系统电路

3. 带停车/空挡起动开关或离合器踏板开关的起动系统电路

为了避免起动时汽车往前冲而造成安全隐患，通常自动挡汽车在起动控制电路中串接停车/空挡起动开关，手动挡汽车在起动控制电路中串接离合器踏板开关，如图 5-7 所示。丰田卡罗拉汽车起动时，自动挡车型须挂入停车挡或空挡（P/N 挡），手动挡车型须踩下离合器踏板，起动继电器线圈才能得电使触点闭合，起动机才能进入工作状态。

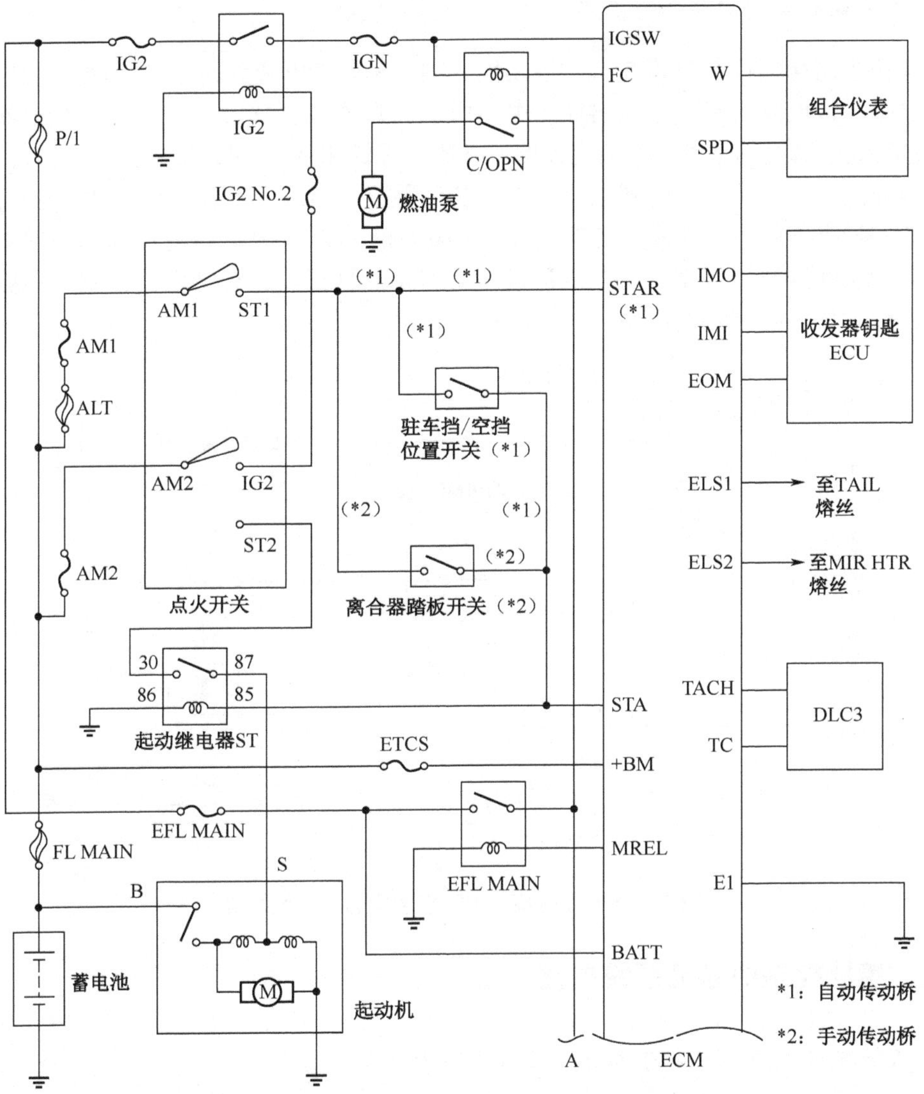

图 5-7　丰田卡罗拉 1ZR-FE 发动机起动系统电路

卡罗拉自动挡汽车起动控制过程如下。

（1）起动继电器控制电路：蓄电池+→FL MAIN 保险→ALT 保险→AM1 保险→点火开关 AM1 接柱→点火开关 ST1 接柱→驻车挡/空挡位置开关→起动继电器 ST 线圈→搭铁→蓄电池-。

这时，起动继电器线圈得电，触点开关闭合。

（2）起动继电器主电路：蓄电池+→FL MAIN 保险→AM2 保险→点火开关 AM2 接

柱→点火开关 ST2 接柱→起动继电器 ST 触点开关→起动机电磁开关线圈→搭铁→蓄电池-。

这时，起动机电磁开关线圈得电，电磁开关主触点闭合，起动机由蓄电池直接供电工作。

手动挡车型起动控制电路请自行分析。

4. 带防盗装置的起动系统电路

有些轿车的起动控制电路具有防盗功能。图 5-8 是丰田威驰轿车（手动/自动挡）的起动系统电路，该电路的起动继电器控制电路由点火开关 ST 接柱经起动切断继电器的常闭触点、起动继电器线圈搭铁（手动变速器）或经二极管和驻车/空挡位置开关（自动变速器）后搭铁构成回路。在防盗功能解除状态下，防盗警报 ECU 不工作（不控制接地），起动切断继电器的触点常闭；当设置防盗功能时，防盗警报 ECU 工作，接通起动切断继电器搭铁电路，起动切断继电器线圈中有电流流过，常闭触点打开，起动继电器控制电路被切断，起动机无法工作，起到防盗作用。

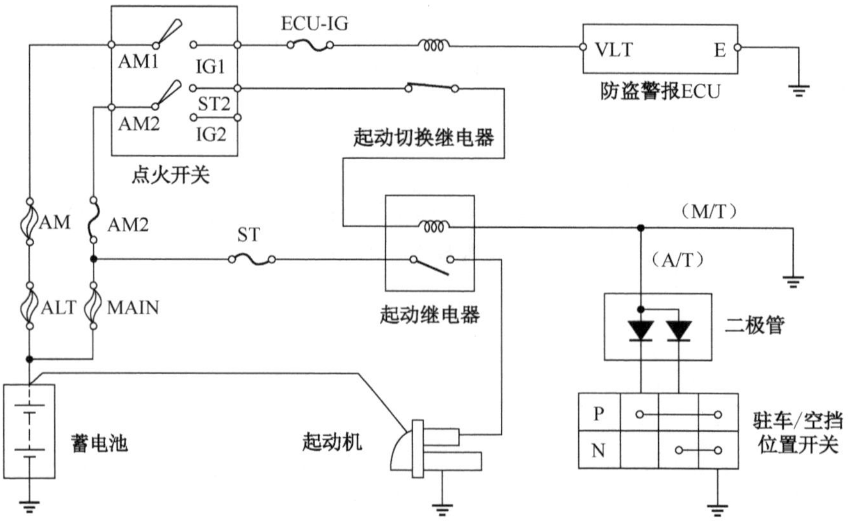

图 5-8　丰田威驰轿车带防盗装置的起动系统电路

二、模块控制的起动系统电路

1. 五菱宝骏 630 轿车起动系统电路（手动挡）

随着发动机控制技术的不断完善，很多普通车型已经采用模块控制的起动系统电路。如图 5-9 所示为五菱宝骏 630 轿车起动系统电路。该起动系统主要由蓄电池、点火开关、起动继电器、起动机、车身控制模块和发动机控制模块组成。

该模块控制起动系统的工作过程如下。

（1）起动信号电路：蓄电池+→F4UA 保险→点火开关（起动位置）→车身控制模块 K9（搭铁，ST 信号）→网络通信→发动机控制模块 K20。

（2）起动控制电路。

起动时，发动机控制模块 K20 接收到起动请求信号，发动机控制模块 K20 的高电平侧驱动器向起动继电器线圈提供电压，使起动继电器触点开关闭合。控制电路如下。

① 起动继电器控制电路：发动机控制模块 K20（X1-10）→X50A 熔丝盒（X6-F7）→起动继电器 KR27 线圈→搭铁，起动继电器线圈得电，继电器触点开关闭合。

② 起动继电器主电路：蓄电池+→F4UA 保险→起动继电器 KR27 触点开关→起动机 M64 电磁开关线圈→搭铁→蓄电池-。起动机电磁开关得电，起动机主触点闭合，起动机由蓄电池直接供电工作。

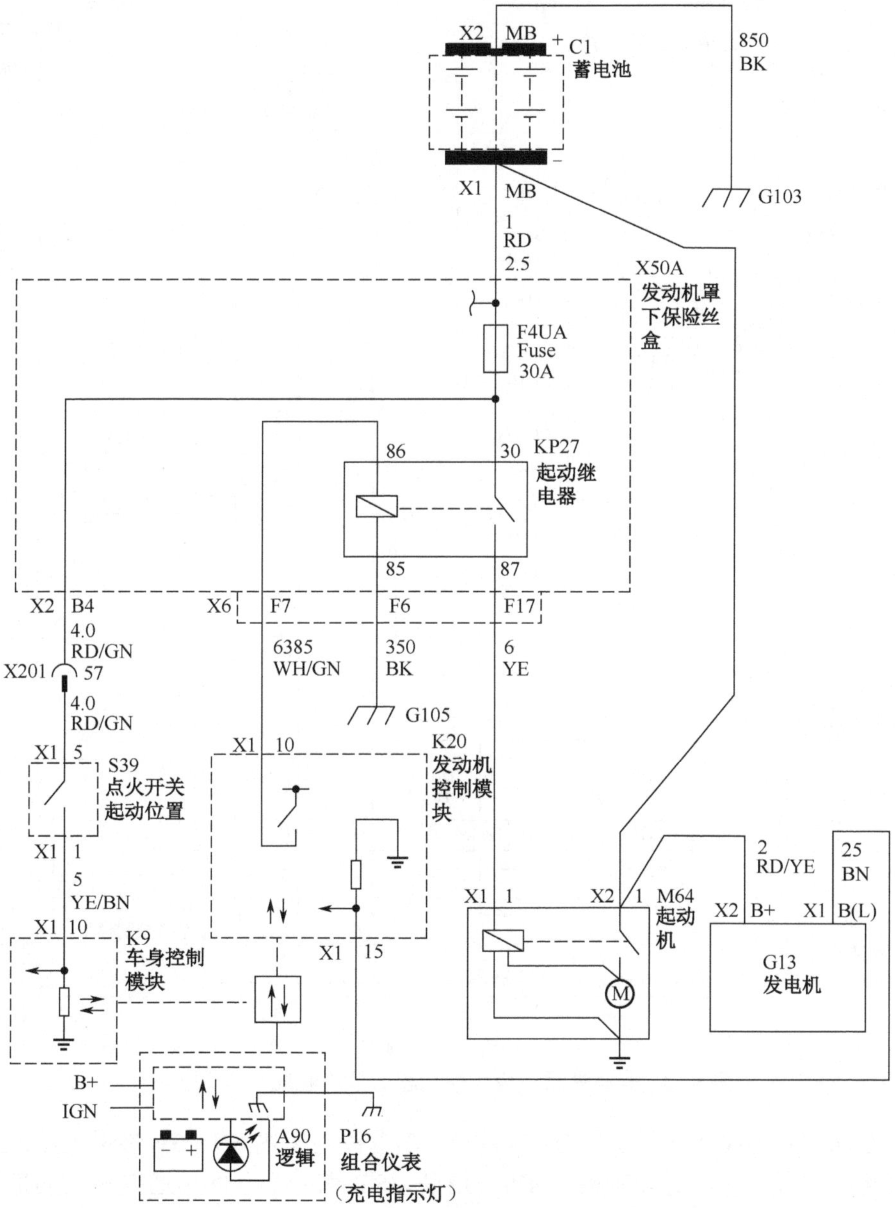

图 5-9 五菱宝骏 630 轿车起动系统电路（手动挡）

2. 科鲁兹轿车模块控制起动系统电路（自动挡）

采用 ECM 控制起动机的自动挡车辆，ECM 须采集 P/N 挡信号、点火开关信号、发动机转速等信号。当 ECM 从变速器模块中采集到 P/N 挡信号，同时接收到点火开关的起动信号后，才会接通起动继电器，使起动机工作。起动系统电路如图 5-10 所示。

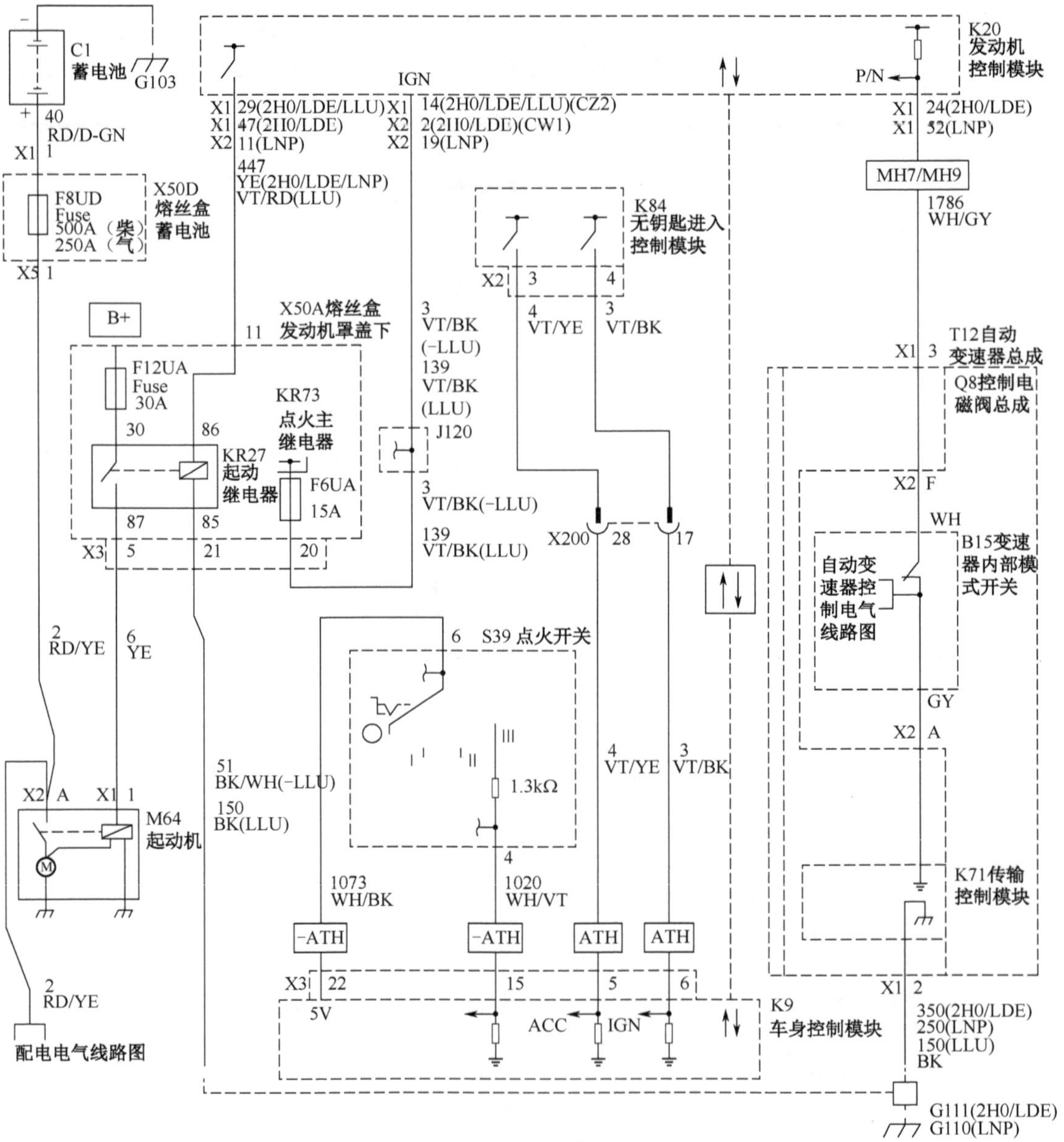

图 5-10 科鲁兹轿车模块控制起动系统电路（自动挡）

（1）起动信号电路（非无钥匙进入系统）：车身控制模块 K9（5V 参考电压）→点火开关 S39（起动位置）→车身控制模块 K9（搭铁，ST 信号）→网络通信→发动机控制模块 K20。

（2）P/N 挡信号（变速器挂入 P/N 挡）：发动机控制模块 K20 高电平输出→自动变速器

总成 T12 内部模式开关（闭合）→传输控制模块 K71（搭铁）。发动机控制模块 K20 采集到 P/N 挡信号。

（3）转速信号：由曲轴位置传感器提供。

（4）起动控制电路。

① 起动继电器控制电路：发动机控制模块 K20 驱动开关（X1-29）→起动继电器 KR27 线圈→搭铁，起动继电器线圈得电，继电器触点开关闭合。

说明：如果打起动时 ECM 接收不到转速信号，则只给起动继电器线圈供电几秒。

② 起动继电器主电路：蓄电池 B+→F12UA 保险→起动继电器 KR27 触点开关→起动机 M64 电磁开关线圈→搭铁→蓄电池−。起动机电磁开关得电，起动机主触点闭合，起动机由蓄电池直接供电工作。

三、汽车起动系统故障诊断流程

1. 起动机不转的故障诊断流程

打起动时起动机不转的故障诊断流程如图 5-11 所示。

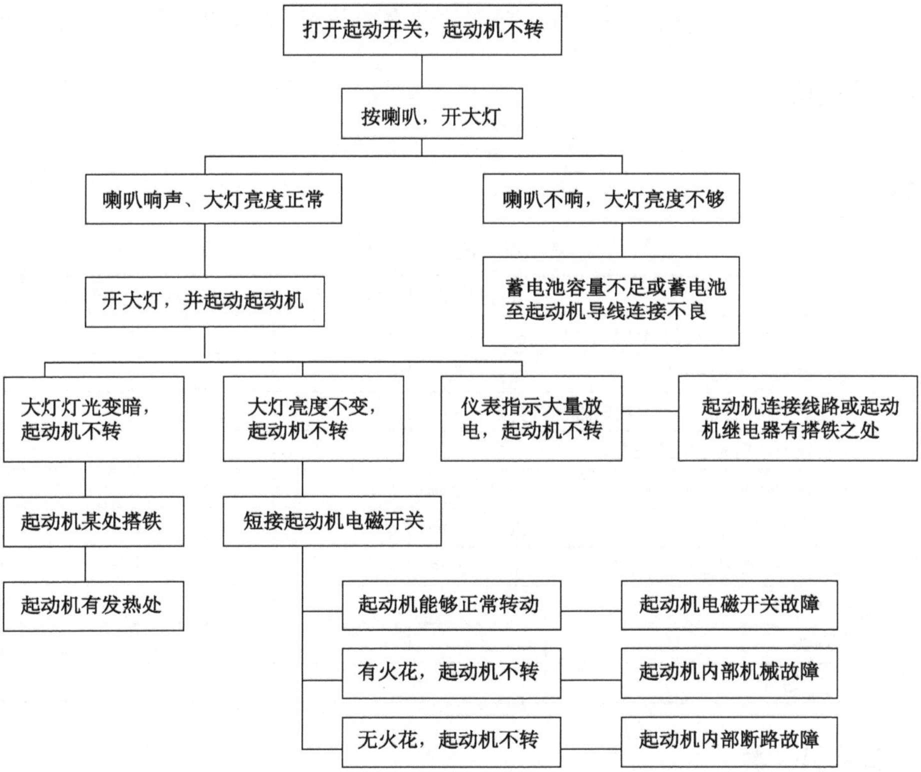

图 5-11　起动机不转的故障诊断流程

2. 起动机运转无力的故障诊断流程

打起动时起动机运转无力的故障诊断流程如图 5-12 所示。

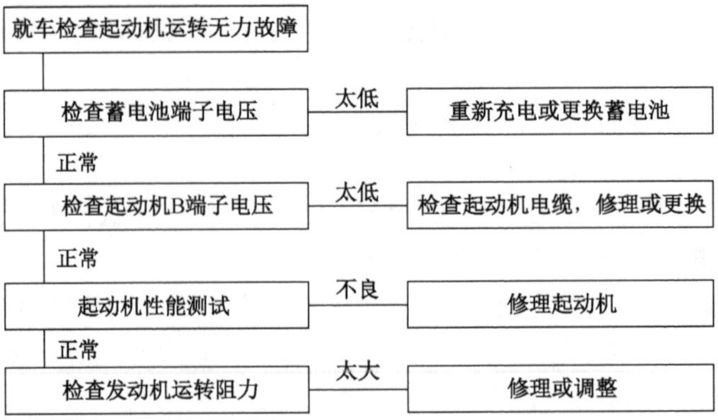

图 5-12　起动机运转无力的故障诊断流程

任务实施

（1）完成起动系统检测相关知识收集。

（2）查阅维修手册，分析非模块控制和模块控制的起动系统电路。观察实训车辆，在车上找到汽车起动系统各组成部件的位置。

（3）检测实训车辆的起动控制电路，判别起动系统故障（起动机不转的具体故障部位）。

任务评价

任务评价见表 5-2。

表 5-2　任务评价表

考核项目		评分标准	学生自评	小组互评	教师评价	小计
知识目标	非模块控制起动系统的类别	能完整叙述				
	模块控制起动系统的组成	能完整叙述				
技能目标	分析非模块控制的起动系统电路	完整、正确				
	分析模块控制的起动系统电路	连接、正确				
	起动机不转故障的检测操作	完整、正确				
素质目标	安全、规范操作	做到、做好				
	操作步骤、流程正确、完整	正确、熟练				
	团队合作	是否和谐				
	现场 7S	是否做到				
总评						

任务小结

（1）起动系统的控制电路有非模块控制和模块控制两种，当前大部分车型的起动系统均采用模块控制。对于模块控制的自动挡车辆，ECM 须从变速器模块中采集到 P/N 挡信号，同时接收到点火开关的起动信号后，才会接通起动继电器，使起动机工作。

（2）由继电器控制的起动电路，检测的切入点是起动继电器，继电器的输入、输出及搭铁电路应正常，继电器本身应无故障。由点火开关控制的起动电路，检测的切入点就是起动机 ST 接柱插头。

（3）模块控制的起动电路，检测的切入点也是起动继电器。如果继电器线圈输入不正常，应检查相关线路及起动信号、P/N 挡信号是否正常送给 ECM。

知识拓展——自动起停系统

自动起停系统具有发动机起停功能，即当车辆低速行驶或静止时，发动机自动熄火，但仪表板上发动机的转速表指针并未回到“0”刻度线位置，而是停留在转速表中新增加的“Autostop”刻度线处。此时表面上发动机处于停机状态，但一旦释放制动踏板（自动挡车辆），发动机便自动起动。此过程无须驾驶员操作点火开关。

自动起停系统的主要优点是节省燃油，减少废气排放。

1. 自动起停系统的组成

不同类型的自动起停系统组成也不同。上汽通用汽车的自动起停系统包含以下主要部件：引擎盖开关、高性能起动机、发动机控制模块、车身控制模块、启用/禁用开关、大容量蓄电池、电源变压器等，如图 5-13 所示。

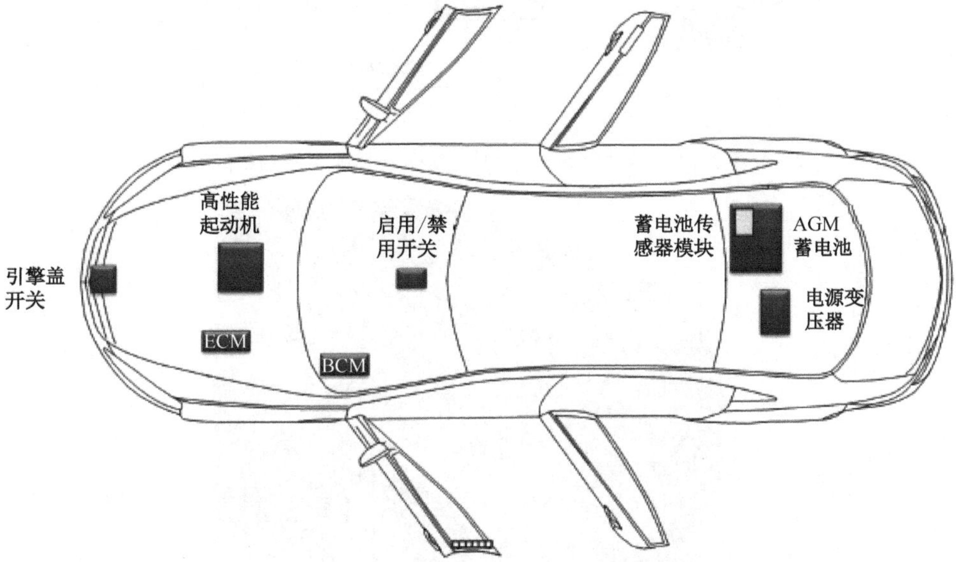

图 5-13　上汽通用汽车自动起停系统的组成

2. 自动起停系统的工作方式

对于装备了自动变速器的车型，自动起停系统的工作方式如下。

行驶中只要驾驶员直接踩制动踏板，车辆完全停止大概 2s 后发动机就会自动熄火，驾驶员一直踩着制动踏板，发动机就会保持关闭。只要驾驶员松开刹车，或者转动方向盘，发动机又会马上自动点火，立即可以踩油门起步，整个过程都处于 D 挡状态。

为了解决驾驶员一直踩住刹车过于疲劳的问题，只要把 AUTO HOLD 电子手刹也一并开启，那么发动机只会在驾驶员轻踩油门踏板之后才启动，驾驶员右脚就无须一直踩住刹车了。

3. 自动起停系统的类型

（1）分离式起动机/发电机起停系统。

最传统的自动起停系统基于原来的汽车设计，只是起动机、蓄电池和发电机性能增强并能及时调节和监控。同时对发动机控制单元进行程序升级，并配合离合器踏板传感器、挡位开关、制动开关等信号，以判断是否自动停车。因为这种起停系统中起动机和发电机是单独设计的，所以称之为分离式起动机/发电机起停系统。博世是这种起停系统的主流供应商。这种系统包括增强型起动机、增强型蓄电池（一般采用 AGM 蓄电池）、可控发电机、集成起动/停止协调程序的发动机 ECU、传感器等组成部分，如图 5-14、图 5-15 所示。

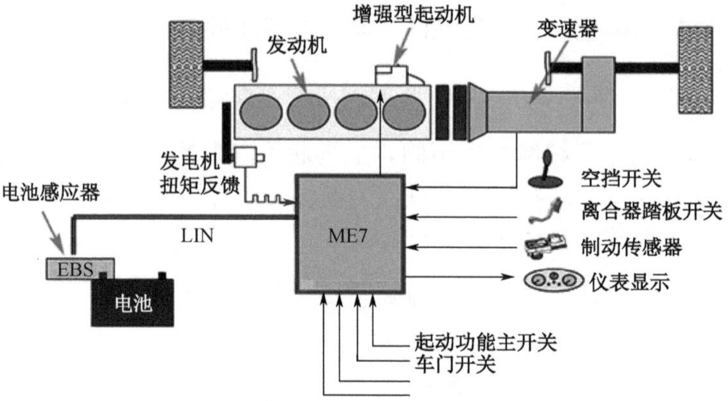

图 5-14　博世分离式起动机/发电机起停系统的组成

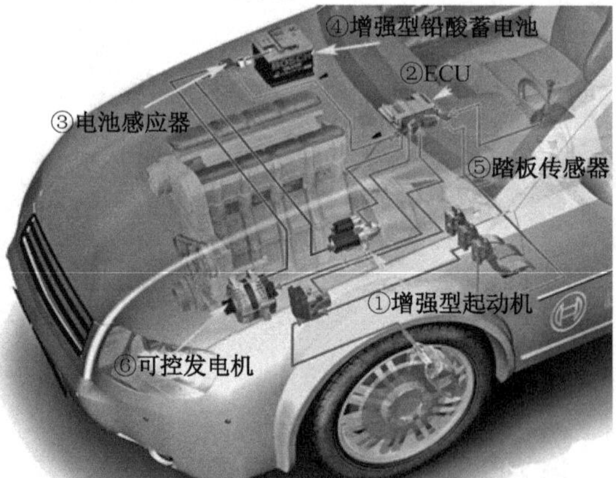

图 5-15　博世分离式起动机/发电机起停系统的布置

（2）集成起动机/发电机起停系统

相对于分离式起动机/发电机起停系统，现在又开发出发电机集成起动机的自动起停系统，称为集成起动机/发电机起停系统，如图 5-16 和图 5-17 所示。法雷奥已研发出 i-Start 系统，它首先应用于 PSA（标致-雪铁龙集团）的 e-HDi 车型上。i-Start 系统的电控装置集成在发电机内部，在遇红灯停车时发动机停转，只要挂挡或松开制动踏板，汽车会立即自动起动发动机（由控制单元控制发电机/起动机运转，通过皮带传动带动发动机起动）。

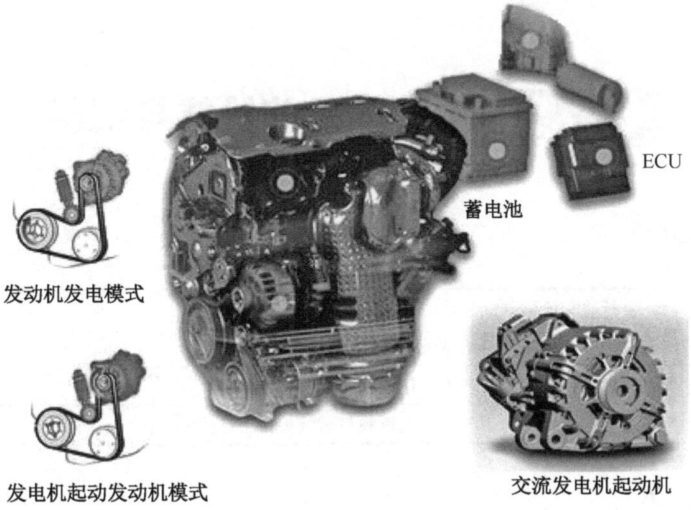

图 5-16 法雷奥集成起动机/发电机起停系统的组成

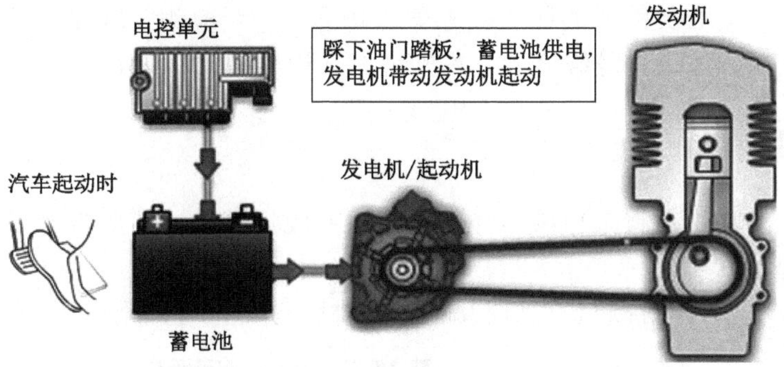

图 5-17 法雷奥集成起动机/发电机起停系统的工作过程

（3）马自达 SISS 智能起停系统。

马自达 SISS 智能起停系统（又称 i-stop 技术），主要是通过在汽缸内进行燃油直喷，借助燃油燃烧产生的膨胀力来起动发动机的，发动机上的传统起动机在发动机起动时起到辅助作用，如图 5-18 所示。这种技术的精髓在于能够在发动机停止运转后自动调节活塞位置，为发动机恢复起动实现最佳燃烧。据官方数据，使用 SISS 技术，发动机最短在 0.35s 内就能起动，比单纯使用起动机或电动机的系统要快一倍。

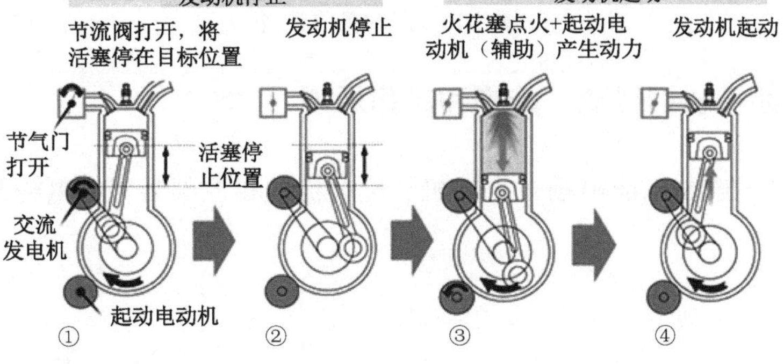

图 5-18 马自达 SISS 智能起停系统的工作过程

任务 5.3 起动机的检修与试验

任务目标

技能目标	（1）会拆装和检修起动机 （2）会进行起动机的空载试验
知识目标	能叙述起动机的组成和基本工作过程
学习活动	学习起动机的基本知识→起动机拆装与试验实训→评价总结

任务引入

汽车驾驶培训中心吴师傅的捷达教练车起动不了，经检测发现原因是起动机本身有故障，须拆修或更换。如果你是维修工，你知道怎么检修起动机吗？

任务资讯

汽车起动机的功用是将来自蓄电池的电能转变成机械能，然后带动发动机飞轮，使发动机运转直至起动成功。

起动机一般可以分为普通起动机和减速起动机，如图 5-19 所示。

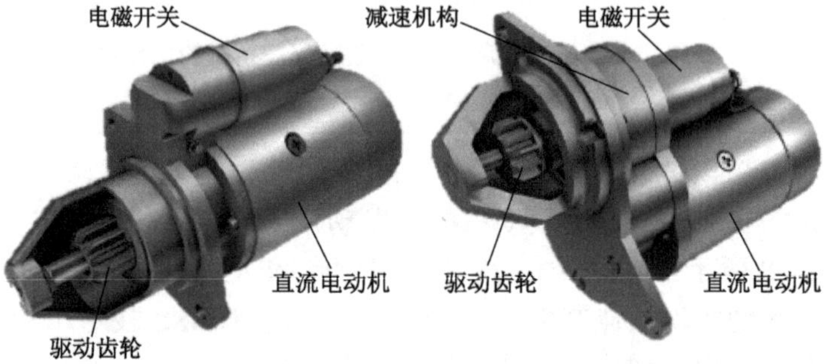

（a）普通起动机　　（b）减速起动机

图 5-19　起动机的类型

一、普通起动机的组成、结构和工作原理

普通起动机一般由直流串励式电动机、传动机构和控制装置（电磁开关）组成，如图 5-20 所示。

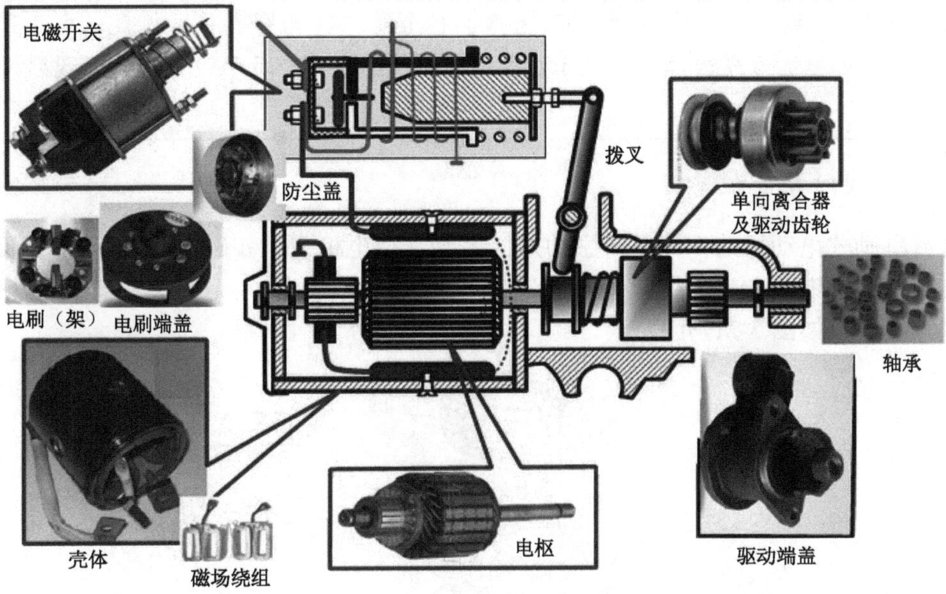

图 5-20　普通起动机的组成

阅读知识

国产起动机的型号规定如下:

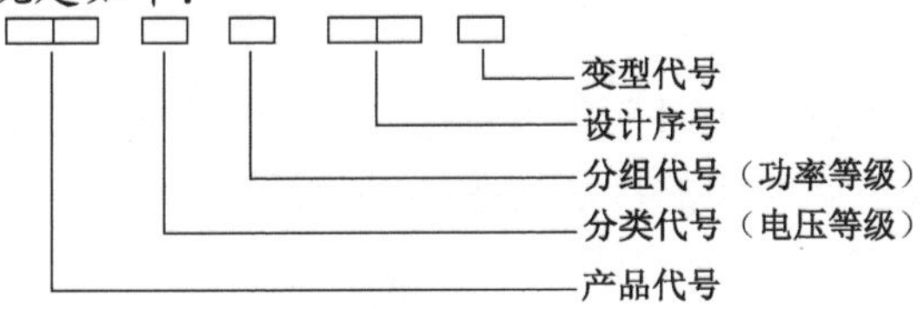

QC/T 73－1993《汽车电气设备产品型号编制方法》中规定如下。

1. 产品代号

起动机的产品代号为 QD，其中 Q 表示“起”，D 表示“动”。

2. 分类代号

起动机的型号中，以电压等级作为分类代号，分类代号“1”表示电压等级为 12V，分类代号“2”表示电压等级为 24V。

3. 分组代号

起动机的型号中，以功率等级作为分组代号，分组代号应符合表 5-3 中的规定。

表 5-3　起动机的分组代号

分组代号	1	2	3	4	5	6	7	8	9
功率等级（kW）	～0.736	>（1～2）×0.736	>（2～3）×0.736	>（3～4）×0.736	>（4～5）×0.736	>（5～7）×0.736	>（7～10）×0.736	>（10～15）×0.736	>15×0.736

起动机的型号中关于设计序号和变型代号的规定与其他电气产品的有关规定相同。

例如: 桑塔纳 2000 轿车的起动机型号为 QD1229(长沙汽车电器厂生产)和 QD1225

（上海汽车电机厂生产），其中“QD”为产品代号；“1”为分类代号，表示电压等级为12V；第一个“2”为分组代号，表示功率等级为0.95kW；后两位数字表示设计序号和变型代号。

1. 直流串励式电动机

直流串励式电动机的作用是产生力矩。串励是指电枢绕组和磁场绕组串联。直流电动机由磁极（定子铁芯与定子绕组）、电枢、换向器（在转子上）、电刷及电刷架、外壳和前后端盖等组成，如图5-21所示。

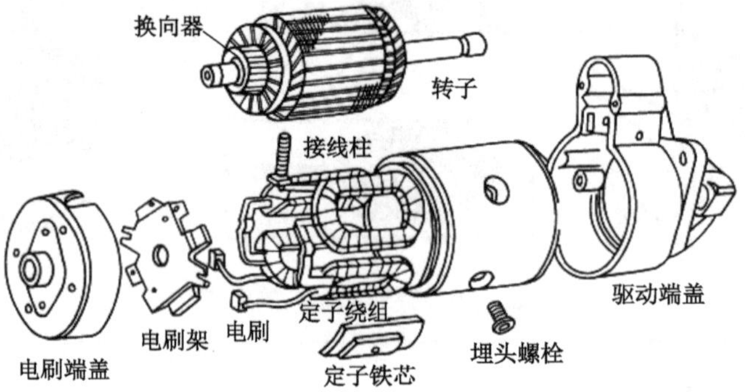

图5-21　直流电动机的组成

1）直流串励式电动机的结构

（1）磁极。

磁极的作用是产生电枢转动时所需要的磁场，由固定在起动机外壳上的磁极铁芯和磁场绕组组成，其结构和励磁绕组的接法如图5-22所示。

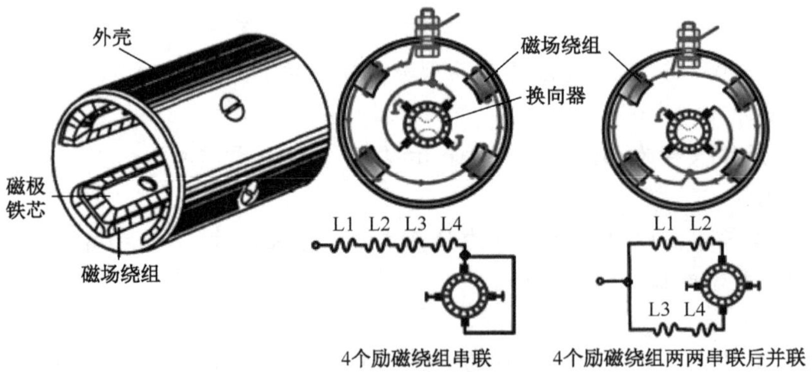

图5-22　磁极的结构及励磁绕组的接法

（2）电枢。

电枢的作用是产生电磁转矩，它是通电后在磁极所产生的磁场中运动的转动体。电枢由外圆带槽的硅钢片叠成的铁芯和电枢绕组组成，如图5-23所示。

（3）换向器。

换向器与电枢绕组连接，作用是将通入电刷的直流电流转换为电枢绕组中导体所需的交变电流，以使不同磁极下导体中电流的方向保持不变。

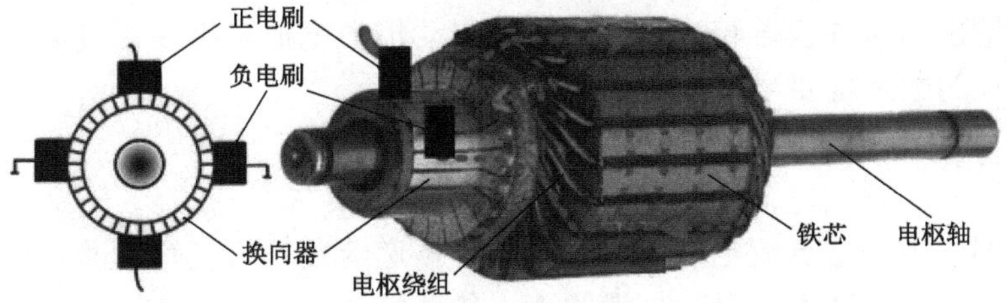

图 5-23　电枢总成

（4）电刷。

电刷的作用是将电流引入电动机，它由铜粉（80%）和石墨粉（20%）压制而成。电刷安装在电刷架中，靠电刷弹簧（弹力 12～15N）压紧在换向器上，如图 5-24 所示。直接固定在支架或端盖上的电刷架称为搭铁电刷架或负电刷架，安装在其中的电刷为负电刷；通过绝缘垫片固定在支架或端盖上的电刷架称为正电刷架，安装在其中的电刷为正电刷。两个负电刷通过电动机壳体接地。两个正电刷与电动机壳体绝缘，并连接到电磁开关 M 端子上。

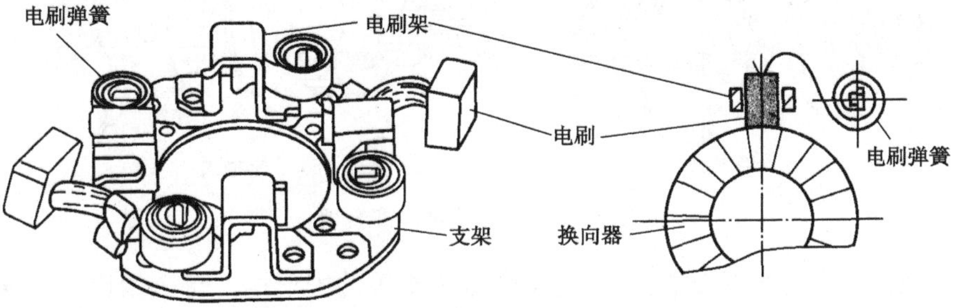

图 5-24　电刷组件

2）直流串励式电动机的工作原理

直流电动机是利用通电导体在磁场中受电磁力的作用而产生运动的原理来工作的，电磁力的方向遵循左手定则。如图 5-25 所示，两片换向器分别与环状线圈 abcd（相当于电枢绕组）的两端连接，电刷一端与两片换向器相接触，另一端分别接电源的正极或负极。电刷位置固定不动，换向器会随着线圈的转动不断变换位置，所以在环状线圈 abcd 中，电流的方向交替变化。用左手定则判断可知，环状线圈 abcd 在电磁力矩作用下按逆时针方向连续转动，这样在电源连续对电动机供电时，其线圈就不停地按同一方向转动。

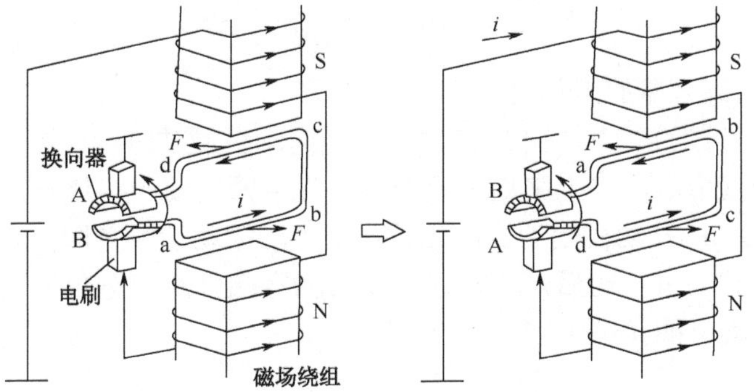

线圈abcd—电枢绕组；A、B—换向器

图 5-25　直流电动机的工作原理

为了增大输出力矩并使运转平稳，实际的电动机中电枢采用多匝线圈。随着线圈匝数的增多，换向片的数量也要增多。

2. 传动机构

传动机构的作用是把直流电动机产生的转矩传递给发动机飞轮齿圈，使发动机起动，起动后使飞轮齿圈与驱动齿轮自动打滑脱离。传动机构一般由驱动齿轮、单向离合器、拨叉、啮合弹簧等组成。单向离合器有滚柱式、摩擦片式和弹簧式等几种。

1）滚柱式单向离合器的结构

滚柱式单向离合器最常见，其构造如图 5-26 所示。驱动齿轮与离合器外壳制成一体，是离合器的从动件；离合器外壳内装有十字块（槽）和 4 套滚柱、压帽、弹簧，滚柱是离合器的摩擦和传力元件；十字块和套筒固定连接，套在电枢轴的花键上，是离合器的主动件。

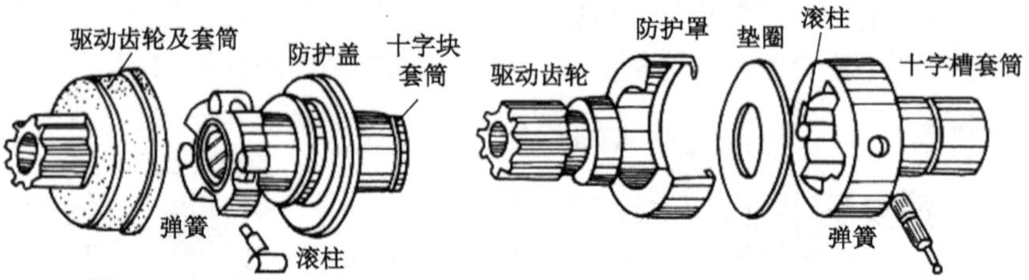

（a）十字块式　（b）十字槽式

图 5-26　滚柱式单向离合器

在离合器外壳与十字块之间，形成 4 个宽窄不等的楔形槽，每个槽内分别装有一套滚柱、压帽和弹簧，如图 5-27 所示。滚柱的直径略大于楔形槽窄端，略小于楔形槽宽端。

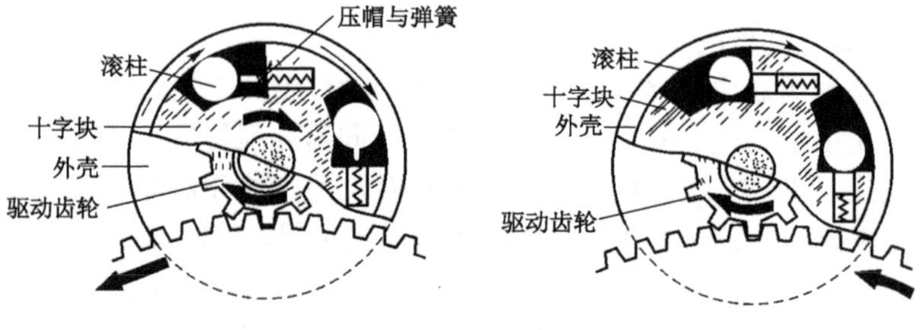

（a）起动时　（b）起动后

图 5-27　滚柱的受力及作用示意图

2）滚柱式单向离合器的工作过程

滚柱式单向离合器的受力如图 5-27 所示。当起动机旋转时，转矩经套筒带动十字块旋转，滚柱滚入楔形槽窄端，将十字块与离合器外壳卡紧，使十字块与离合器外壳之间能传递力矩[图 5-26（a）]；发动机起动后，飞轮齿圈带动驱动齿轮（即离合器外壳）旋转，当飞轮齿圈转速超过起动机转速后，滚柱滚入楔形槽宽端打滑，避免发动机的力矩传递给起动机，起到保护起动机的作用[图 5-26（b）]。

3. 控制装置

起动机的控制装置是电磁开关，它的作用是控制驱动齿轮与飞轮齿圈的啮合与分离，并控制电动机电路的接通与切断。现代汽车起动机均采用电磁式控制装置，利用电磁开关的电磁力操纵拨叉，使驱动齿轮与飞轮齿圈啮合或分离。

1）电磁开关的结构

电磁开关的外形和工作原理如图 5-28 和图 5-29 所示。

电磁开关主要由吸引（吸拉）线圈、保持线圈、回位弹簧、活动铁芯、接触片等组成。电磁开关的两个线圈中，吸引（吸拉）线圈的导线较粗，通过直流电动机绕组和电刷接地。保持线圈通过电磁开关壳体接地。

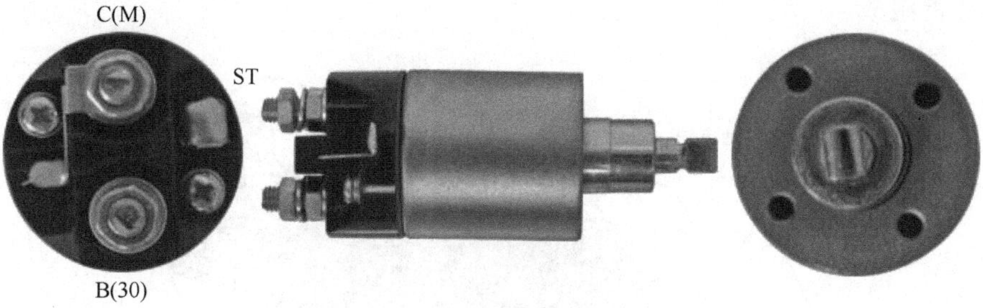

（a）前端　（b）正面　（c）后端

图 5-28 电磁开关的外形

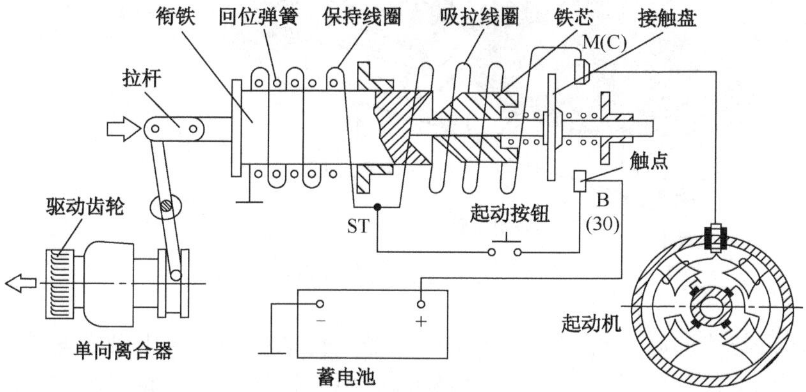

图 5-29 电磁开关的工作原理

2）基本工作过程

闭合起动按钮，电磁开关内部的吸拉线圈和保持线圈通电产生很强的磁场，在磁场力的作用下，活动铁芯向右移动，通过拉杆使拨叉将驱动齿轮推向飞轮并与其啮合的同时，电磁开关内部的接触盘与两个接线柱的触点接触，从而使起动机的主电路接通。这时，吸拉线圈两端电位相等被短接，不再有电流通过，磁力消失，但因为保持线圈中仍有电流通过，活动铁芯在保持线圈磁力的作用下，仍维持着主触点闭合。在发动机成功起动前，电磁开关磁场力由保持线圈保持。当发动机起动后，切断起动电路，保持线圈断电，在回位弹簧的作用下，活动铁芯回位，切断电动机的电路，同时也使驱动齿轮与飞轮齿圈脱离。

二、减速起动机的组成、结构和工作原理

减速起动机与普通起动机的主要区别是：在传动机构与电枢轴之间安装了一套齿轮减

速装置，通过减速装置把力矩传给单向离合器，以达到降低电动机转速，从而增大输出力矩的目的，同时可以减小起动机的体积和质量。

减速起动机的齿轮减速装置主要有平行轴外啮合减速齿轮装置和行星齿轮减速装置两种，据此将减速起动机分为平行轴式和行星齿轮式两种。

1. 平行轴式减速起动机

平行轴式减速起动机的结构如图 5-30 所示，主要由电动机、平行轴减速装置、传动机构和控制装置组成。

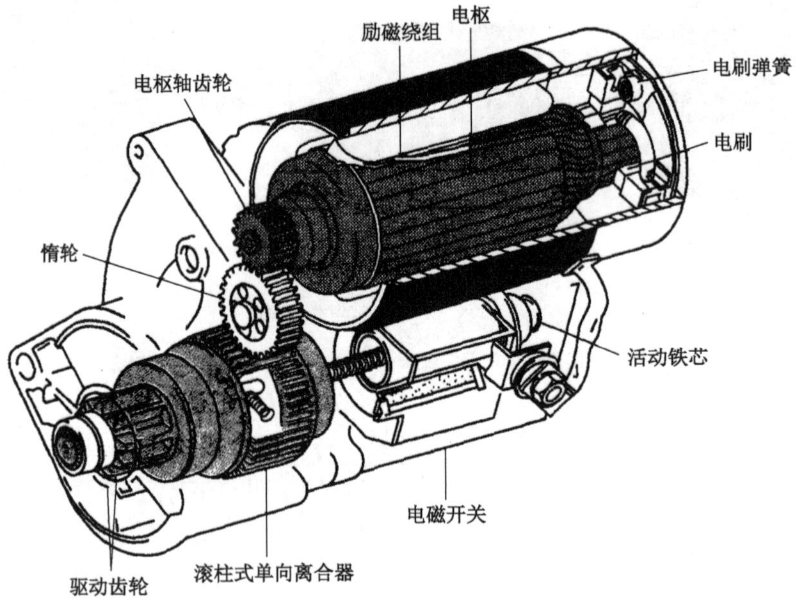

图 5-30 平行轴式减速起动机的结构

这种起动机与普通起动机的主要区别：一是在传动机构与电枢轴之间采用了平行轴外啮合减速齿轮装置，该装置中设有三个齿轮，即电枢轴齿轮、惰轮（中间齿轮）和减速齿轮；二是传动机构中没有拨叉，电磁开关通电工作时，活动铁芯的推杆直接推动驱动齿轮轴使驱动齿轮移动，如图 5-31（a）所示。减速装置中齿轮的啮合关系和传动机构中单向离合器的相互位置关系如图 5-31（b）所示。

滚柱式单向离合器设置在减速齿轮内毂，其内毂制成楔形空腔，传动导管装入时，将空腔分割成 5 个楔形腔室，腔室内放置滚柱和弹簧。平时在弹簧张力作用下，滚柱滚向楔形腔室窄端；传递动力时，由滚柱将传动导管和减速齿轮卡紧成一体。离合器的工作原理和普通起动机中滚柱式单向离合器的工作原理相同。与普通起动机相比，这种减速起动机传动比较大，输出力矩也较大。

2. 行星齿轮式减速起动机

图 5-32 为行星齿轮式减速起动机结构示意图。这种起动机的电动机有采用磁场绕组产生磁场的，也有采用永久磁铁代替磁场绕组的，这样可以进一步减小起动机的体积。

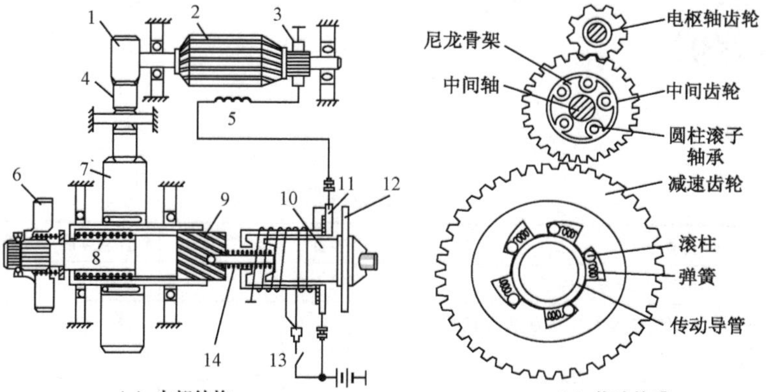

（a）内部结构　（b）传动关系

1—电枢轴齿轮；2—电枢；3—电刷；4—中间齿轮；5—磁场绕组；6—驱动齿轮；7—减速齿轮；8—驱动齿轮回位弹簧；9—驱动齿轮轴；10—活动铁芯；11—主触点；12—接触盘；13—起动开关；14—活动铁芯回位弹簧

图 5-31　平行轴式减速起动机的内部结构与传动关系

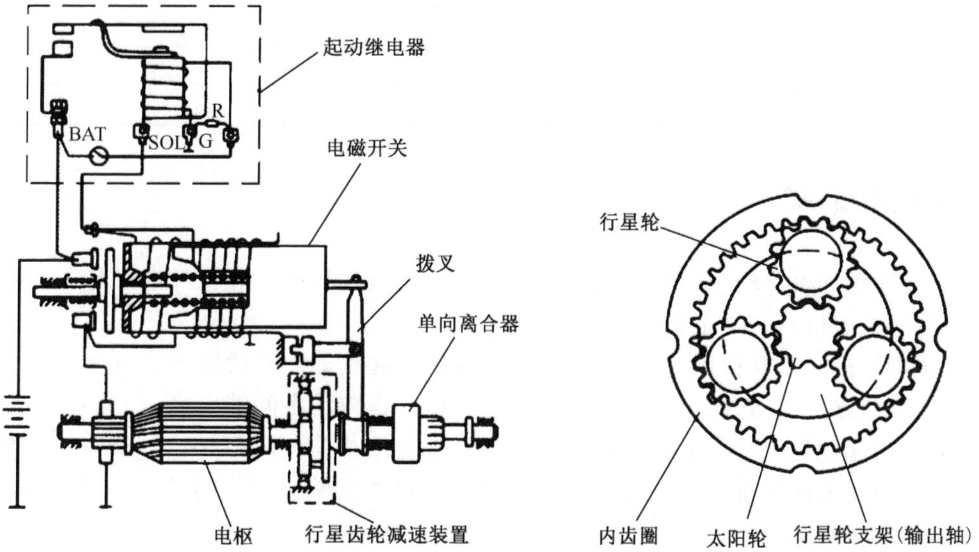

（a）行星齿轮式减速起动机的组成与电路　（b）行星齿轮减速装置的内部传动关系

图 5-32　行星齿轮式减速起动机

与普通起动机相比，行星齿轮式减速起动机在电枢轴与单向离合器之间多了一个行星齿轮减速装置，该装置的太阳轮与电枢轴连接，在太阳轮通过 3 个行星轮把动力传给行星轮支架（与单向离合器连接）的过程中达到减速增扭的目的。

任务实施

（1）完成起动机检修与试验相关知识的收集。

（2）完成普通起动机的拆装、检测与试验。

（3）完成减速起动机的拆装、检测与试验。

任务评价

任务评价见表 5-4。

表 5-4　任务评价表

考核项目		评分标准	学生自评	小组互评	教师评价	小计
知识目标	普通起动机的组成与部件的作用	能完整叙述				
	减速起动机的类型及其与普通起动机的区别	能完整叙述				
技能目标	普通起动机的拆装、检测与试验	操作正确 判断准确				
	减速起动机的拆装、检测与试验	操作正确 判断准确				
素质目标	安全、规范操作	做到、做好				
	操作步骤、流程正确、完整	正确、熟练				
	团队合作	是否和谐				
	现场 7S	是否做到				
总评						

任务小结

（1）普通起动机一般由直流串励式电动机、传动机构和控制装置（电磁开关）组成。

① 直流电动机：产生电磁转矩。

② 传动机构（啮合机构）：起动时，啮合传动；起动后，打滑脱开。

③ 控制装置（电磁开关）：接通或切断电动机与蓄电池之间的电路。

（2）减速起动机与普通起动机的主要区别：在传动机构与电枢轴之间安装了一套齿轮减速装置，通过减速装置把力矩传给单向离合器，以达到减速增扭的目的，同时可以减小起动机的体积和质量。

知识拓展——加强型起动机

自动起停系统中采用了加强型起动机。加强型起动机在电磁开关、电枢、磁轭、前中后轴承、电刷、减速机构、轴向限位等方面进行了加强，如图 5-33 所示。与普通起动机相比，加强型起动机的驱动能力更强、噪声更小、寿命更长。

1. 别克威朗轿车加强型起动机

别克威朗轿车加强型起动机的最大特点是将传统起动机中的电磁线圈一分为二，分别由两个继电器控制。其中一个线圈 MDR 用于控制起动机的电磁开关，另一个线圈 PDS 用来驱动单向离合器，控制驱动齿轮与飞轮的啮合或分离，如图 5-34 所示。其控制电路如图 5-35 所示。

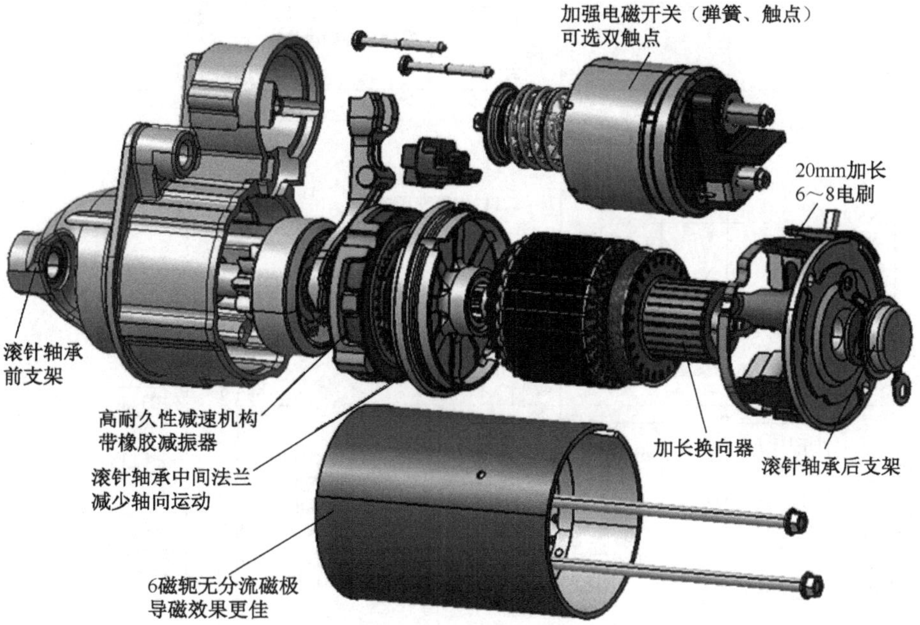

图 5-33 法雷奥加强型起动机的结构

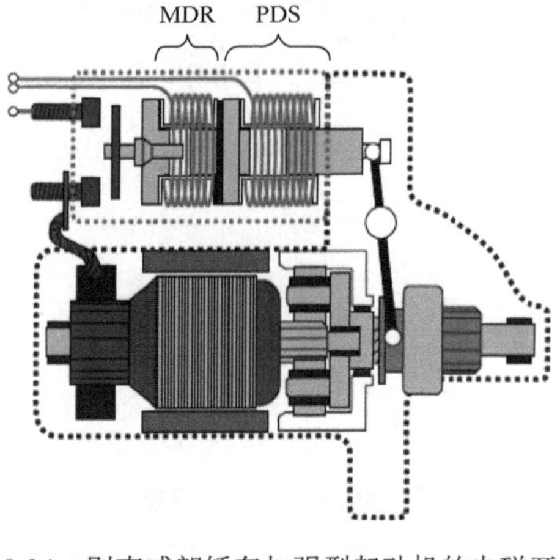

图 5-34 别克威朗轿车加强型起动机的电磁开关

2. 日本电装公司串联式双螺线管起动马达

日本电装公司新型怠速停机系统装备了世界首创的串联式双螺线管起动马达，如图 5-36 所示。这个起动马达采用了对“小齿轮推出”和“起动机通电”这两个过程进行单独控制的设计，解决了传统起动机在发动机没有完全停止运转之前无法与发动机齿圈进行啮合的问题，它在发动机已经关闭但还有一定转速时，也能与之啮合并重新起动。如果发动机转速较高，可以先提高起动机转速，再推出小齿轮；如果发动机转速较低，则先推出小齿轮，再提高起动机转速。也就是说，该系统允许汽车在滑行状态下完成自动起停。

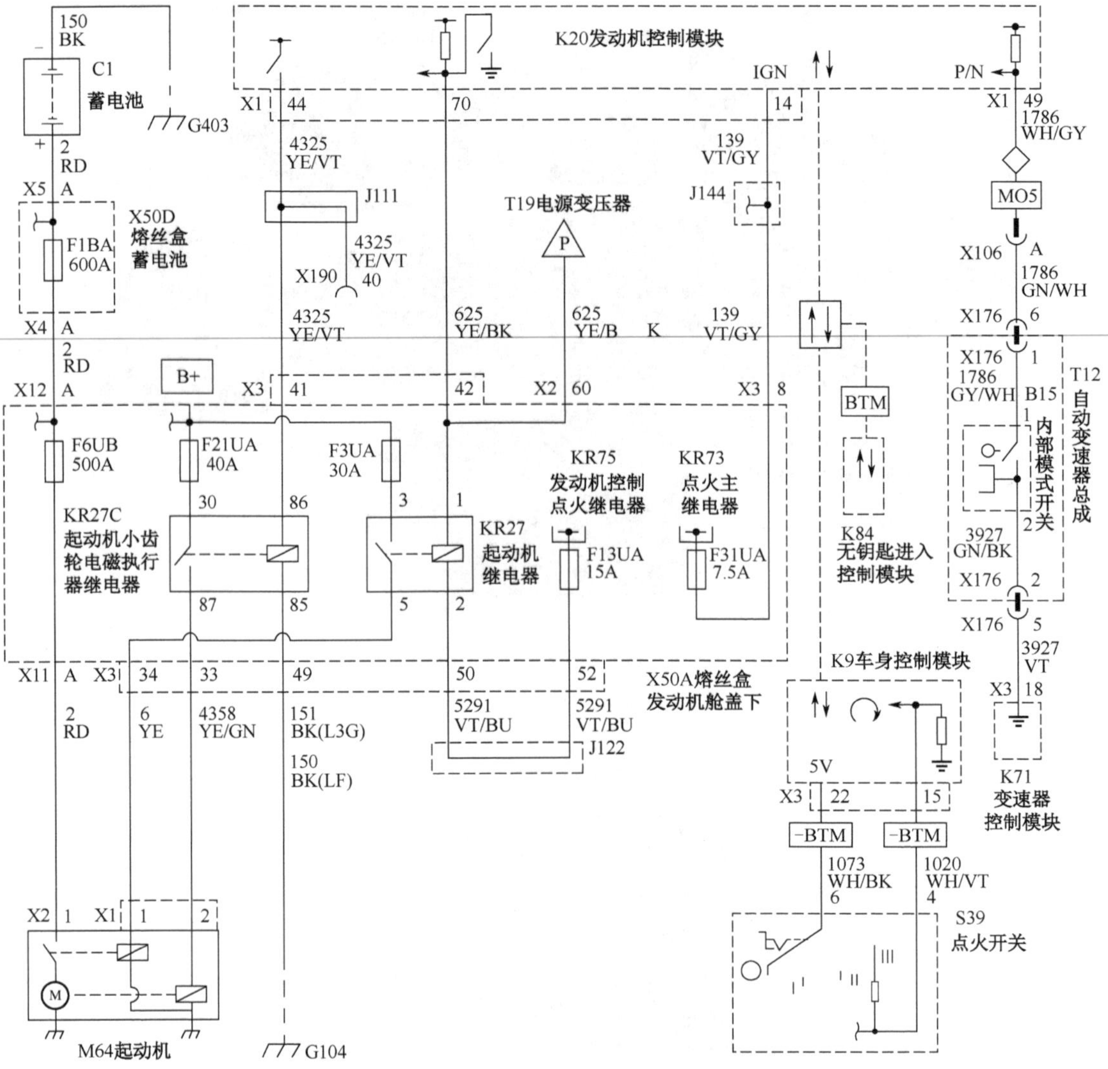

图 5-35　别克威朗自动挡车型起动控制电路

图 5-36　日本电装公司的新型串联式双螺线管起动马达

思考与练习

一、判断题（对的画“√”，错的画“×”）

（　　）1．起动系统主要包括起动机和控制电路两个部分。
（　　）2．常规起动机中，吸引线圈、励磁绕组及电枢绕组是串联连接。
（　　）3．起动机中的传动装置只能单向传递力矩。
（　　）4．在起动机起动的过程中，吸引线圈和保持线圈中一直有电流通过。
（　　）5．在永磁式起动机中，电枢是用永久磁铁制成的。
（　　）6．平行轴式起动机的驱动齿轮需要用拨叉使之伸出和退回。
（　　）7．起动机励磁线圈和起动机外壳之间是导通的。
（　　）8．用万用表检查电刷架时，两个正电刷架和外壳之间应该绝缘。
（　　）9．起动机电枢装配过紧可能会造成起动机运转无力。
（　　）10．减速起动机中的减速装置可以起到降速增扭的作用。
（　　）11．减速起动机中直流电动机的检查方法和常规起动机完全不同。

二、单向选择题

1．直流串励式起动机中的“串励”是指（　　）。
A．吸引线圈和保持线圈串联连接
B．励磁绕组和电枢绕组串联连接
C．吸引线圈和电枢绕组串联连接

2．下列不属于起动机控制装置作用的是（　　）。
A．使活动铁芯移动，带动拨叉，使驱动齿轮和飞轮啮合或脱离
B．使活动铁芯移动，带动接触盘，使起动机的两个主接柱接触或分开
C．产生电磁力，使起动机旋转

3．起动机空转的原因之一是（　　）。
A．蓄电池亏电　　B．单向离合器打滑　C．电刷过短

4．不会引起起动机运转无力的是（　　）。
A．吸引线圈断路　　　　B．蓄电池亏电
C．换向器脏污　　　　D．电磁开关中接触片烧蚀、变形

5．在起动机的解体检测过程中，（　　）是电枢的不正常现象。
A．换向器片和电枢轴之间绝缘
B．换向器片和电枢铁芯之间绝缘
C．各换向器片之间绝缘

6．在判断起动机不能运转的过程中，在车上短接电磁开关端子 B 和端子 C 时，起动机不运转，说明故障在（　　）。
A．起动机的控制系统中　　　　B．起动机本身
C．不能进行区分

7．在（　　）中，采用直推的方式使驱动齿轮伸出和飞轮齿圈啮合。

A．常规起动机　　B．平行轴式减速起动机

C．行星齿轮式减速起动机

8．减速起动机和常规起动机的主要区别在于（　　）不同。

A．直流电动机　　B．控制装置　　C．传动机构

9．在行星齿轮式减速起动机中，行星齿轮（　　）。

A．只是围绕各自的中心轴线转动　　B．沿着内齿圈公转

C．边自转边公转

10．起动机驱动轮的啮合位置由电磁开关中的（　　）线圈的吸力保持。

A．保持　　B．吸引

C．初级　　D．次级

11．起动机上的起动机电缆直接与蓄电池相接，故须进行预防短路测量。选择一个有关此测量的正确说法。（　　）

A．防短路熔丝连接在起动机电缆的头部

B．用绝缘胶带捆住起动机电缆的头部

C．防短路继电器连接在起动机电缆的头部

D．防短路盖连接在起动机电缆上

12．下面是有关电刷测量的图示。选择一个可正确显示电刷测量所在位置的图示。（　　）

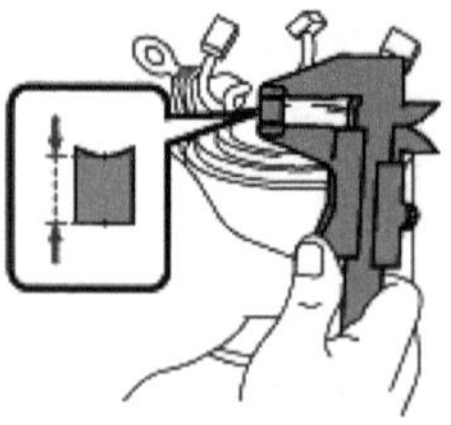
A.

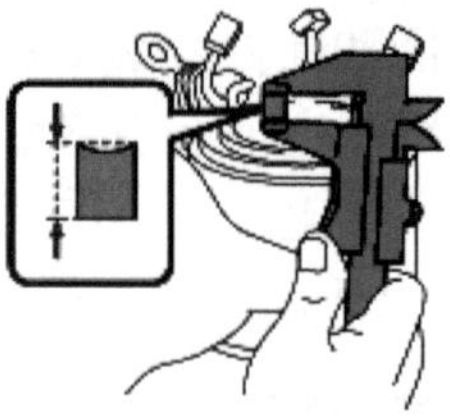
B.

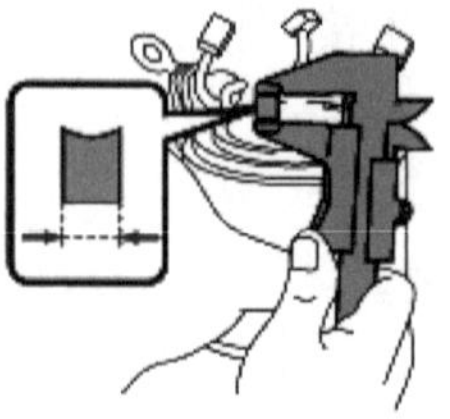
C.

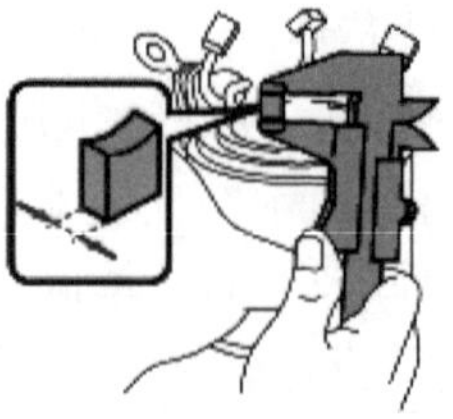
D.

13．下图显示了电磁起动机开关中的牵引线圈和保持线圈。当点火开关位于起动位置时，正确的开路症状组合是（　　）。

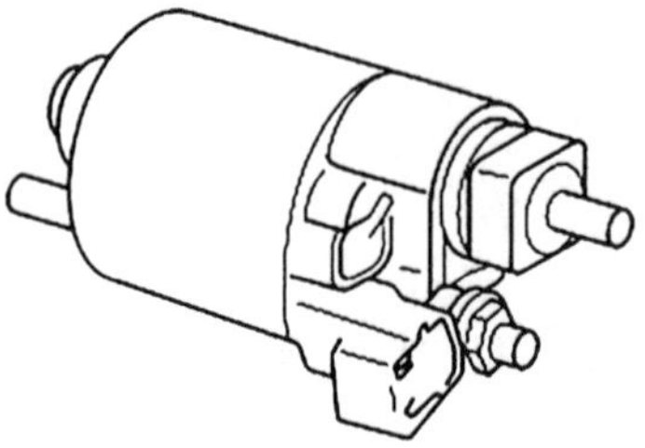

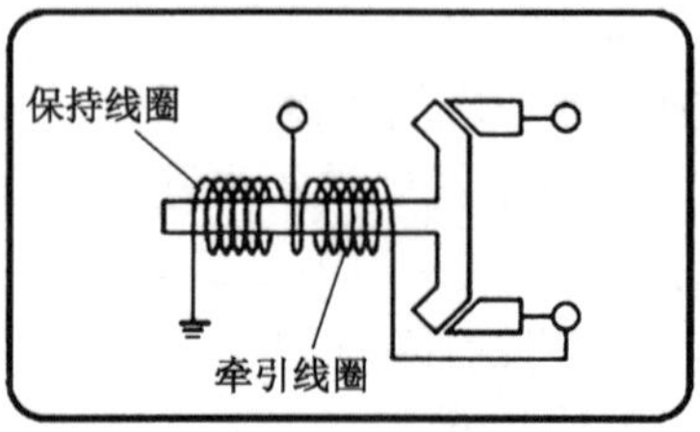

	牵引线圈开路	保持线圈开路
A	小齿轮接触到齿圈并反复地返回	柱塞未被牵引
B	小齿轮与齿圈保持接触状态	柱塞未被牵引
C	柱塞未被牵引	小齿轮与齿圈保持接触状态
D	柱塞未被牵引	小齿轮接触到齿圈并反复地返回

14．在起动机装置检查中，执行了无负荷测试。选择一个有关无负荷测试的正确说法。（　　）

A．检查电磁起动机开关是否运行正常

B．检查小齿轮的伸出量

C．检查小齿轮是否返回其原始位置

D．检查电磁起动机开关的接触点状态，以及换向器和电刷之间的接触

15．在起动机装置检查中，执行了牵引测试、保持测试、小齿轮间隙和小齿轮返回测试。执行装置检查时的注意事项是（　　）。

A．把蓄电池电压长时间加载到线圈上会损坏线圈。在开始测试之前，先检查测试内容，确保每项测试在 3～5s 之内完成

B．把蓄电池电压长时间加载到线圈上会损坏线圈。在测试之前，先检查测试内容，确保所有 4 项测试（从牵引测试到小齿轮返回测试）在 3～5s 之内完成

C．把蓄电池电压长时间加载到线圈上会损坏线圈。一定要在 3～5s 之内完成牵引测试和保持测试

D．把蓄电池电压长时间加载到线圈上可确保判断正确。各项测试必须至少持续 3～5min

三、简答题

1．常规起动机由哪几个部分组成？各起什么作用？

2．直流电动机由哪几个部分组成？各起什么作用？

3．起动机的传动装置由哪些部件组成？其中滚柱式单向离合器是如何工作的？

4．起动机的控制装置有哪些作用？简要说明其工作过程。

5．减速起动机有哪几类？说明它们的主要区别。

6．一辆使用常规起动机的汽车出现不能起动的故障，故障现象是将点火开关旋至起动挡后，起动机发出“咔嗒”声之后就不动了，请判断哪些原因可能导致这种故障。

四、读图分析题

阅读图 5-37 所示的别克凯越轿车起动、充电系统电路图，分析手动挡和自动挡车型的起动控制电路，用色笔分别把它们描出来。

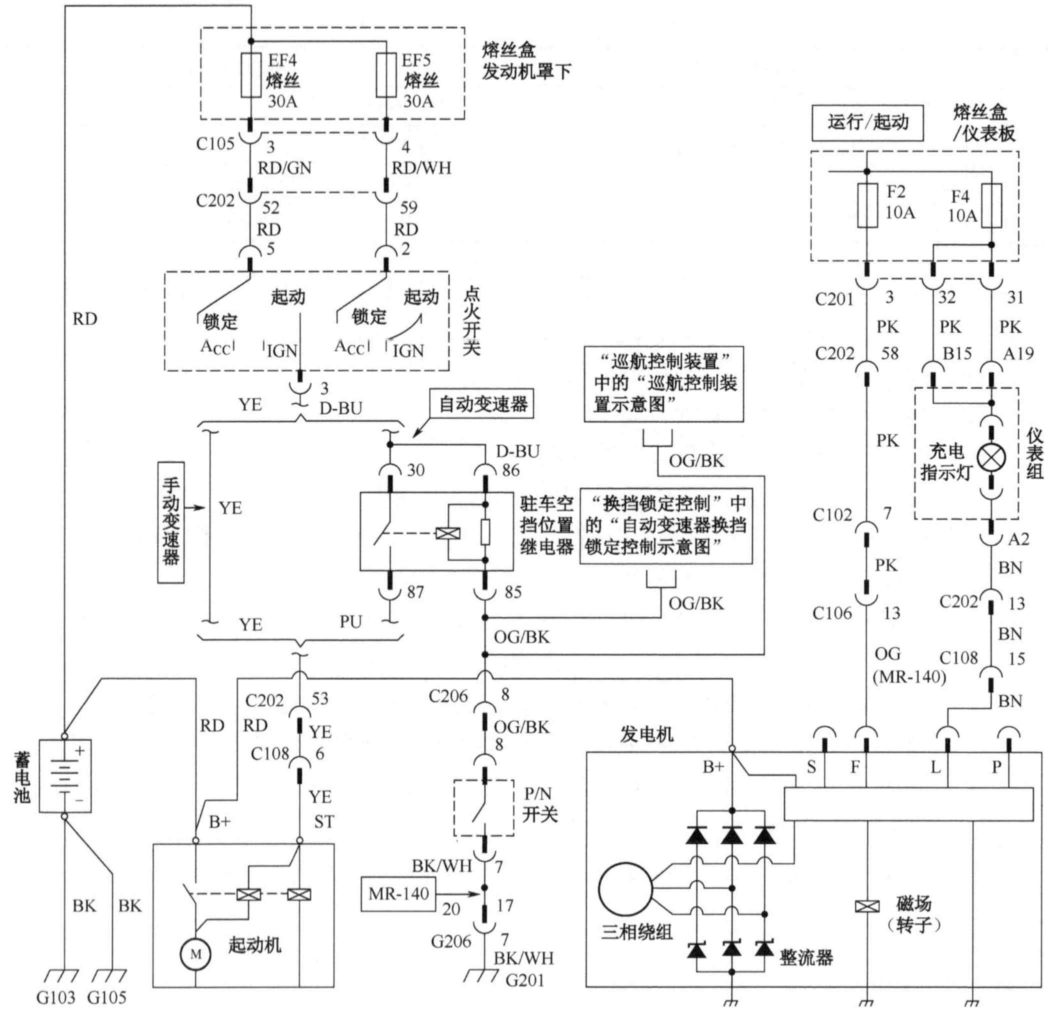

图 5-37　别克凯越轿车起动、充电系统电路图

思政教育

本项目“起动系统的故障诊断与检修”通过学习就车检测起动系统和起动机的检修与试验，学会检测与维修汽车起动系统的方法，请结合相关的案例进行分析，引导学生认识正确规范更换起动机的重要性，以免发生事故损坏车辆。

任务实践

学习完本项目后，请大家谈谈在检查更换起动机时，如何做到安全操作？

延伸阅读

更换起动机导致车辆着火

某车主的丰田卡罗拉轿车，在维修厂更换起动机时，由于维修人员没有全车断电（没有拆卸蓄电池负极电缆），导致拆卸起动机正极电缆时搭铁，造成车辆着火事故。

参 考 文 献

[1] 江帆．汽车发动机电气设备检测与维修[M]．北京：电子工业出版社，2011
[2] 上汽通用五菱汽车股份有限公司《五菱宏光维修手册》
[3] 上汽通用五菱汽车股份有限公司《五菱宏光电路手册》
[4] 上汽通用五菱汽车股份有限公司《宝骏 630 维修手册》
[5] 上汽通用汽车有限公司《别克威朗维修手册》
[6] 全国职业院校学生技能大赛《丰田卡罗拉发动机诊断技术资料（1ZR 节选）》
[7] 全国职业院校学生技能大赛《科鲁兹发动机&变速器控制系统》
[8] 丰田汽车公司《TEAM21 丰田技术员培训手册》
[9] 张宗荣．电装系列汽车发电机电压调节器电路和功能[J]．汽车电器，2010（9）
[10] 张泽波．别克车系发电机控制系统分析及检修方法[J]．汽车维修与保养，2011（6）

反侵权盗版声明

举报电话：（010）88254396；（010）88258888

传　　真：（010）88254397

E-mail：　dbqq@phei.com.cn

通信地址：北京市万寿路 173 信箱

　　　　　电子工业出版社总编办公室

邮　　编：100036

"十四五"职业教育国家规划教材

汽车发动机电气维修工作页

◎主编：江　帆

◎主审：许　平

中国工信出版集团

電子工業出版社
PUBLISHING HOUSE OF ELECTRONICS INDUSTRY
http://www.phei.com.cn

目　录
CONTENTS

项目 1 汽车电气元件的识别与检测

学习任务单 1 认识汽车电路

任务目标：

技能目标	能够实车识别汽车电源、用电设备、开关、保险和导线
知识目标	能说出汽车电路的基本组成与特点
学习活动	完成工作页→在车上找出倒车灯电路

引导问题 1：汽车电路有哪些基本组成部分？汽车电路有什么特点？

1. 填图

在图 1-1 中将序号①～⑤所指代的元件名称标出，并标出电流的方向。

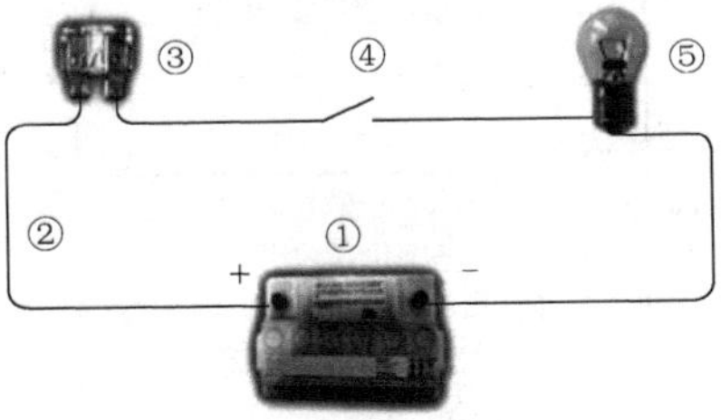

图 1-1 汽车闭合电路的组成

2. 电路连接练习

用导线将蓄电池、灯泡（两个）、开关和保险等元件在电路板上连接起来，使两个灯泡同时发亮，并想一想：有几种接法？各种接法的结果有何不同？

器材：电路板、蓄电池、灯泡、灯泡带线插座、导线、开关、保险、电工胶布。

工具：12 寸活动扳手或工具套装、尖嘴钳、剥线钳。

（1）画出你设计的电路示意图。

（2）按电路图连接电路，接通开关时使两个灯泡同时发亮，并将实验结果记录在表 1-1 中。

表 1-1 电路连接练习结果记录表

电路连接	□完成 □未完成
电路功能实现（两个灯泡同时发亮、同时熄灭）	□正常 □不正常
灯泡、开关、保险在电路中的正确排序：①________；②________；③________。	

3. 汽车电路特点分析

根据已有的信息，你总结出的汽车电路特点是____。

引导问题 2：分析汽车喇叭电路的组成，并在车上找到喇叭电路组成元件的位置。

1. 汽车喇叭电路分析

在图 1-2 所示五菱宏光汽车喇叭电路中，电路的工作电源是____________，电路的保险装置是__________，用电设备是__________________________。左喇叭的工作电流由__________控制，右喇叭的工作电流由__________和__________控制。

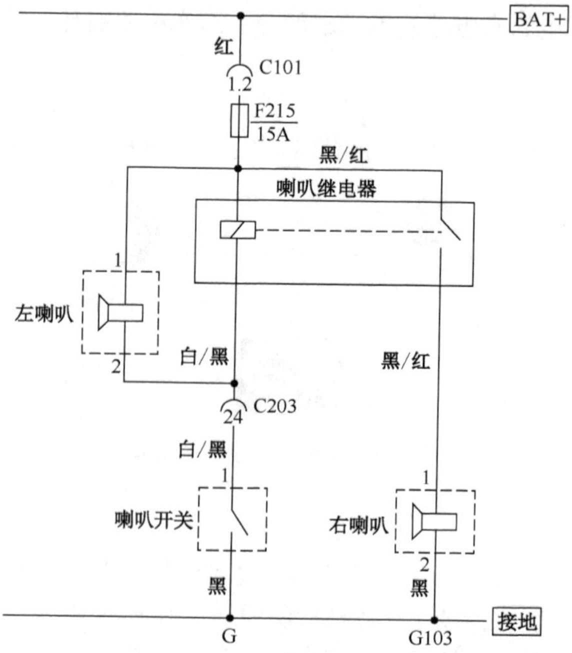

图 1-2　五菱宏光汽车喇叭电路

2. 喇叭电路实物识别

（1）在汽车上找到汽车喇叭电路组成元件的安装位置，并填入表 1-2 中。

表 1-2　汽车喇叭电路元件的安装位置表

电路元件	安装位置
蓄电池	
喇叭	
喇叭开关	
喇叭继电器	
喇叭保险	

（2）根据电路分析，汽车喇叭不响的可能原因有哪些？

学习任务单 2　汽车导线的识别

任务目标：

技能目标	能够实车识别汽车电路图中的导线和导线连接器
知识目标	能说出汽车导线和导线连接器在电路图中的标识方法
学习活动	完成工作页→在车上找出导线和连接器

引导问题 1：如何识别汽车电路图中的导线和导线连接器？

（1）导线颜色识别：根据导线颜色的英文缩写写出其中文含义，或根据中文写出导线颜色的英文缩写。

导线颜色缩写	中文	导线颜色缩写	中文
BLK/B			黑色/白色
BLU/BL		ORG/ O	
BRN/BR		PNK/P	
DK GRN			紫色
	深蓝色		红色
	红色/蓝色	TAN/T	
GRY/ GR		WHT/W	
LT GRN/BK		YEL/Y	

（2）1. 0G/Y 表示截面积为______mm^2 的双色导线，主色为______色，辅色为_____色。

（3）填表：将导线和导线连接器标识的含义填入表 1-3 中（注：导线分布区域参看教材任务 2.1）。

表 1-3　导线和导线连接器标识的含义

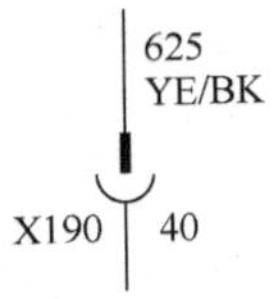	导线的线号	
	导线的颜色	
	导线连接器代号	
	该导线连接器在汽车的哪个区域	
	这根导线通过连接器的第几脚	

引导问题 2：如何在实车上找到导线和导线连接器？

阅读图 1-3 所示的宝骏 630 喇叭电路图。

（1）在实车上找到第 29 号线（BN/GY）。

（2）在实车上找到 X201 导线连接器（7 个插脚）、喇叭保险 F15UA、喇叭继电器 KR3 和喇叭。

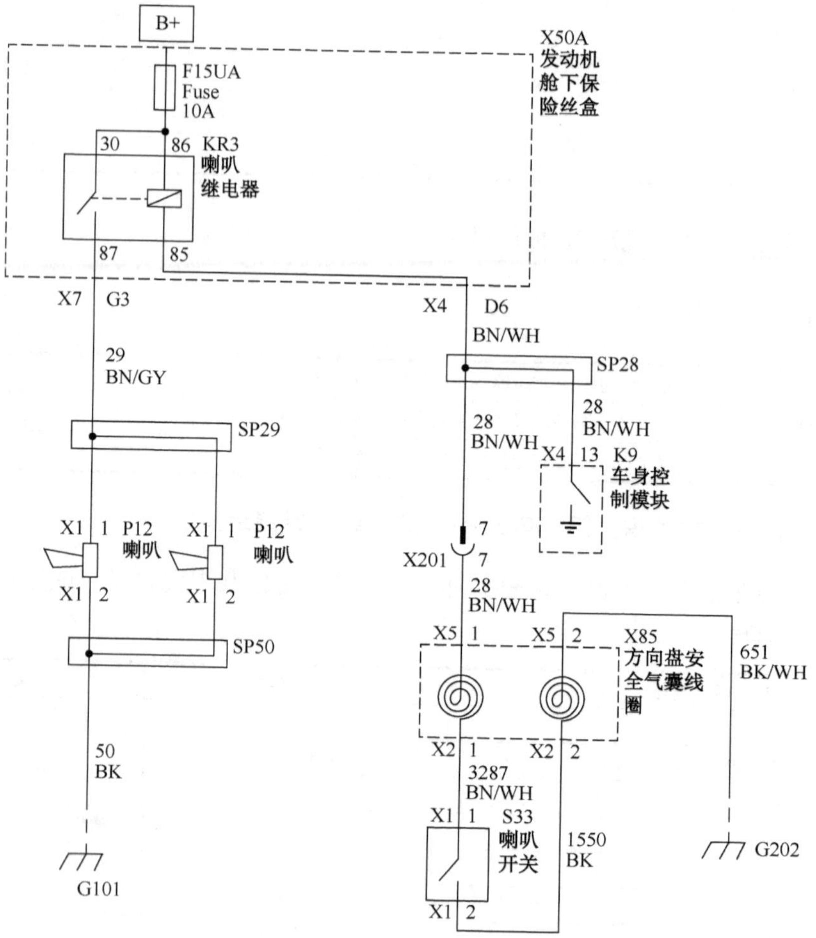

图 1-3　宝骏 630 喇叭电路图

3．如果你是任务导入中提到的刘师傅，说说你该怎么检查喇叭不响的故障。

引导问题 3：如何拆装导线连接器？

1．练习手动拆装图 1-3 所示电路中 X201 导线连接器和喇叭的 X1 插头。

2．练习拆装汽车上其他用电设备的插头（注意：拆装时必须关闭点火开关）并总结拆装要点。

学习任务单 3　汽车保险的检测

任务目标：

技能目标	能够识别、检测、判断汽车保险
知识目标	能说出汽车保险的种类和颜色区分
学习活动	完成工作页→用多种方法检测汽车保险

引导问题：如何识别汽车保险盒内的各个保险丝并判断它们的好坏？

（1）将熔丝颜色与容量对应关系填入 1-4 中。

表 1-4　熔丝颜色与容量对应关系表

容量（额定电流）	7.5A	10A	15A	20A	30A
颜色					

（2）图 1-4 所示为宝骏 630 发动机舱内的汽车熔丝盒，如何识别这些熔丝？找到喇叭保险并判断它们的好坏，并将结果填入 1-5 中。

图 1-4　宝骏 630 发动机舱内的汽车熔丝盒

表 1-5　保险识别与检测结果记录表

宝骏 630 喇叭保险识别与检测		
颜色	额定电流（A）	检测结果

3．练习识别与检测其他保险，并想一想可以采用几种方法检查保险的好坏（提示：有 3 种）。

学习任务单 4　汽车开关的检测

任务目标

技能目标	会拆装并检测点火开关
知识目标	能说出汽车点火开关的作用，能识别挡位和接线柱
学习活动	完成工作页→拆装和检测汽车点火开关

引导问题：如何判断点火开关的好坏？

1. 识别点火开关各挡位的导通情况

阅读图 1-5，把图中点火开关各挡位的导通情况填入表 1-6 中。

端子 / 位置	白/黑（ACC）	白（BAT）	黑/黄（IG1）	黄（IG2）	黑/白（ST）
O（锁定OFF/LOCK）					
I（附件 ACC）	○	○			
II（接通 ON）	●	●	●	●	
III（起动 ST）		○	○		○

图 1-5　点火开关各挡位内部导通示意图

表 1-6　点火开关各挡位的导通情况

挡位	电源端子与其他端子的接通情况
O（OFF/LOCK）	
I（ACC）	
II（ON）	
III（ST）	

2. 检测点火开关

用万用表检测图 1-6 所示点火开关实物，并填写在表 1-7 中。

图 1-6　点火开关

表 1-7　点火开关端子名称和导线颜色检测表

点火开关端子名称	导线颜色

学习任务单 5　汽车继电器的检测

任务目标

技能目标	会拆装并检测继电器
知识目标	能说出汽车继电器的作用和组成
学习活动	完成工作页→拆装和检测汽车继电器

引导问题：如何判断继电器的好坏？

（1）填图：识别宝骏 630 发动机舱内的汽车熔丝和继电器，将相关内容填在图 1-7 中的横线上。

图 1-7　宝骏 630 发动机舱内的汽车熔丝与继电器

（2）找到喇叭继电器并判断其好坏，将检测结果填入表 1-8 中。

表 1-8　喇叭继电器的检测结果记录表

检测项目	检测结果	检测结论
继电器线圈电阻值	________Ω	□正常　□不正常
继电器线圈通电触点吸合情况	□有吸合声　□无吸合声	□正常　□不正常
继电器线圈通电触点间电阻值	________Ω	□正常　□不正常
综合检测结论：		

项目 2 汽车电路图的识读

学习任务单 6 汽车电路图的分类与识读

任务目标：

技能目标	能够识读汽车电路图
知识目标	（1）汽车电路图的种类及其识读方法。 （2）汽车电路原理图、定位图和布线图的电路图识读要点。 （3）汽车电路图中各种电气符号的识别
学习活动	学习汽车电路图的分类与识读方法→汽车电路图识读练习→评价总结

引导问题 1：汽车电路原理图包含哪些信息？

阅读五菱宏光汽车喇叭电路图（图 2-1），完成下面的问题。

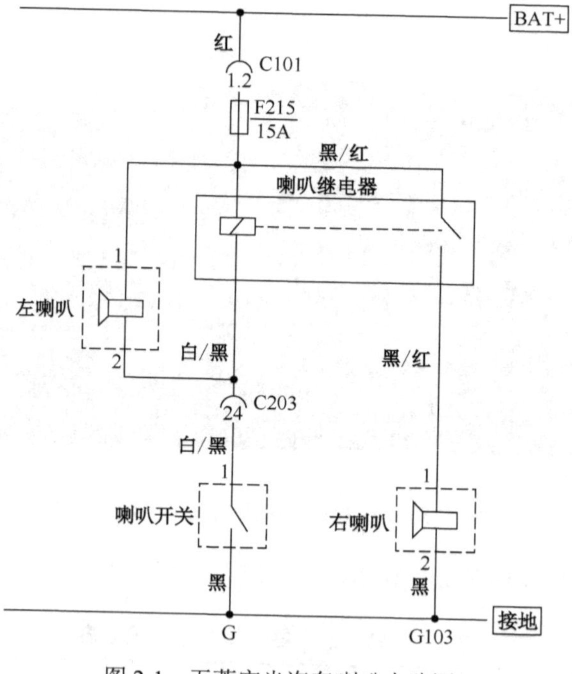

图 2-1 五菱宏光汽车喇叭电路图

（1）电路的组成：电路的用电设备是________，电源是________，控制装置是________________________，保护装置是________________。

（2）导线的颜色：喇叭继电器电源线的颜色是________，控制线的颜色是________。

（3）接线连接器：电路共有______个导线连接器，分别是__________________。

（4）保险：喇叭电路保险的代号是____________，容量是____________。

（5）工作原理。

① 应用回路原则，分析喇叭工作时控制电路和工作电路的电流方向。

喇叭的控制电路是：蓄电池正极→________→________→________→________→________→________→搭铁→蓄电池负极。这时继电器开关触点闭合。

左喇叭的工作电路是：蓄电池正极→________→________→________→________→喇叭开关→搭铁→蓄电池负极。这时，左喇叭鸣响。

右喇叭的工作电路是：蓄电池正极→________→________→________→右喇叭→搭铁→蓄电池负极。这时，右喇叭鸣响。

② 分别用红笔和蓝笔在图上描出喇叭的主电路和控制电路的电流方向。

引导问题 2：如何识别电路图中的电气符号？

填表：根据表 2-1 中的电气符号图标写出含义。

表 2-1　电气符号图标与含义对应表

电气符号	含义	电气符号	含义
B+			
IGN		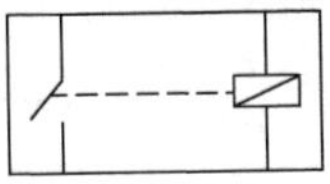	
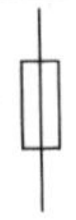			
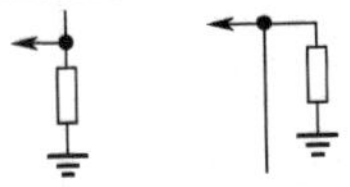		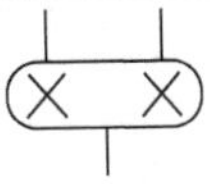	
X205  32		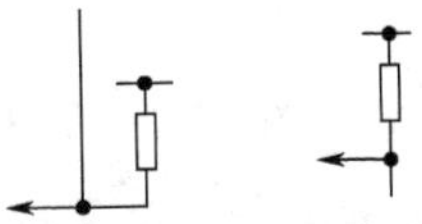	

引导问题 3：如何分析汽车系统电路图？

1. 任务目标

阅读图 2-2 所示宝骏 310 轿车前照灯电路图，把近光灯电路单独拆画出来。

2. 实施步骤

1）分析电路图

（1）找到用电设备（近光灯 E4G 及 E4H）和电源（B+）。

（2）找到近光灯的控制装置——大灯近光继电器 KR49 和灯光开关 S78。

（3）观察大灯近光继电器 KR49 的控制电路，KR49 线圈的一端通过继电器“1”脚在 G101 搭铁，另一端通过继电器“2”脚与灯光开关 S78、保险 F10D、保险 F105UA 及蓄电池正极 B+相连接。

（4）找到近光灯电路的保护装置——保险 F219UA 和 F220UA。

（5）应用电路的回路原则，分析近光灯电路的工作过程。

① 控制电路。当灯光开关 S78 处在“≣D”位（前照灯近光位置）时，接通大灯近光继电器 KR49 的控制电路，电路中电流的流向是：蓄电池正极 B+→保险 F105UA→保险 F10D→灯光开关 S78→大灯近光继电器 KR49 线圈→搭铁→蓄电池负极。

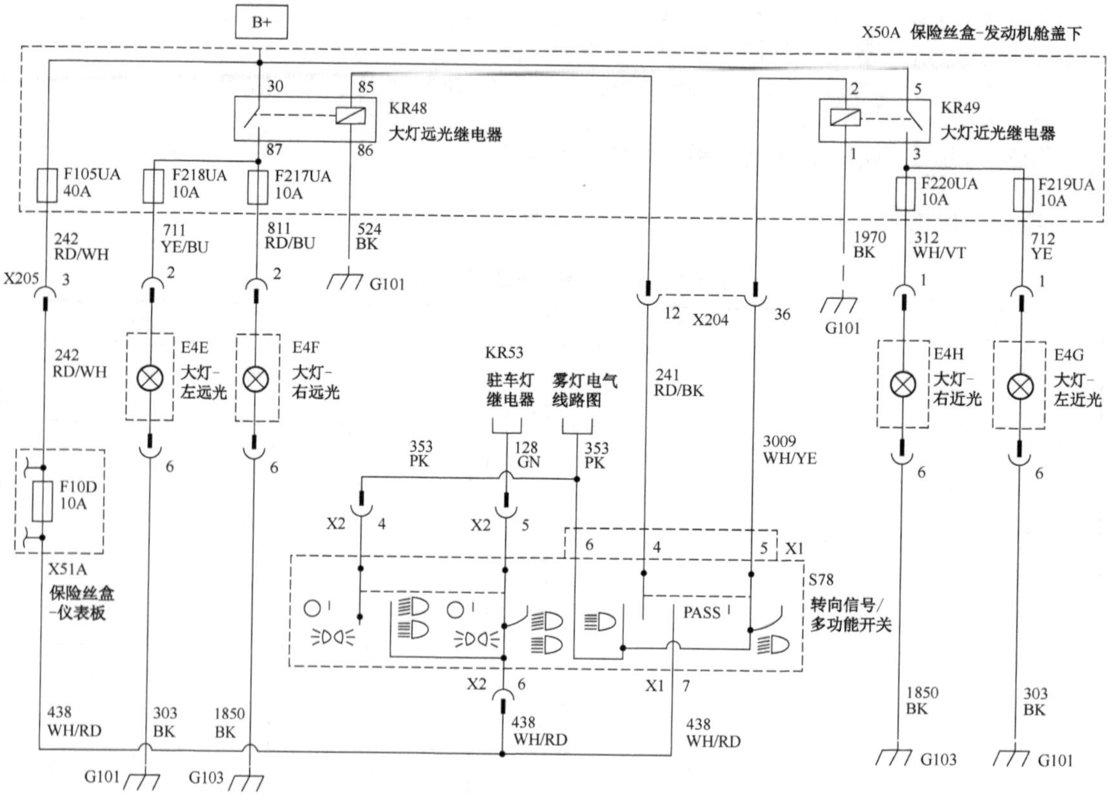

图 2-2　宝骏 310 轿车前照灯电路图

② 主电路。大灯近光继电器 KR49 控制电路得电，继电器开关闭合，接通近光灯主电路，电路中电流的流向是：蓄电池正极 B+→大灯近光继电器 KR49 开关→保险 F219UA 和 F220UA→左右近光灯 E4G 及 E4H→搭铁→蓄电池负极。

2）描电路图：用红蓝铅笔把上述控制电路及主电路在图中描出。

3）拆画电路图

把上述近光灯电路从总电路图中拆画在图纸上，要求：电路完整，符号规范，图线清晰，布局合理。

（1）完成电路图的布局（确定各个元件的位置，应考虑到连线时尽量少有曲折和交叉），把近光灯电路的各组成元件分别画出（图 2-3）。

（2）用线条平直地连接各组成元件，画出完整的电路图（图 2-4）。

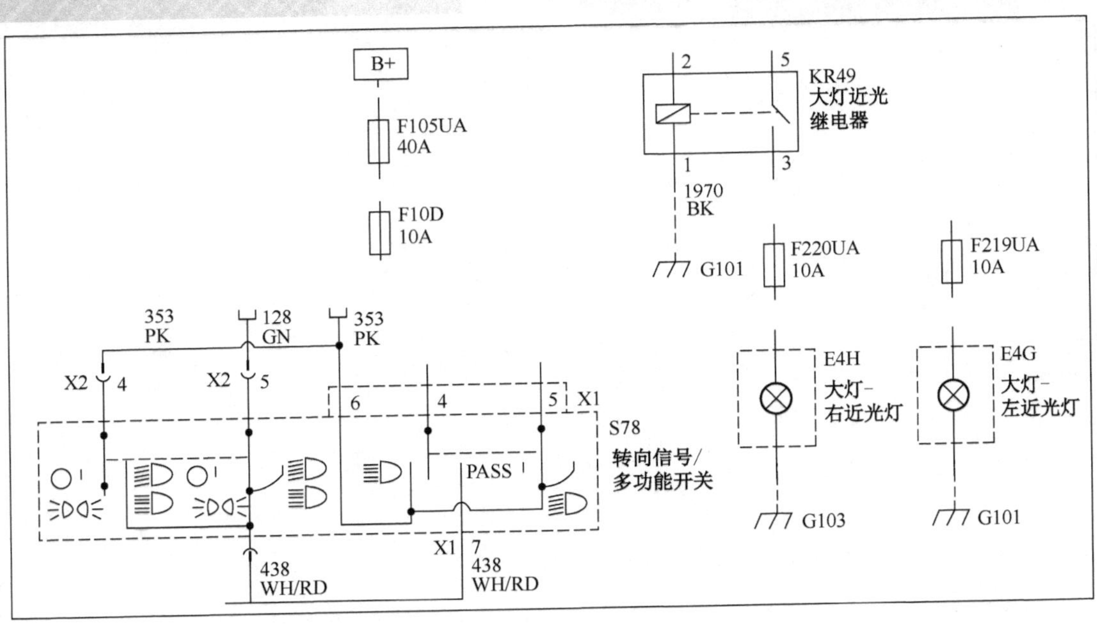

图 2-3　宝骏 310 轿车近光灯电路图的拆画（布局）

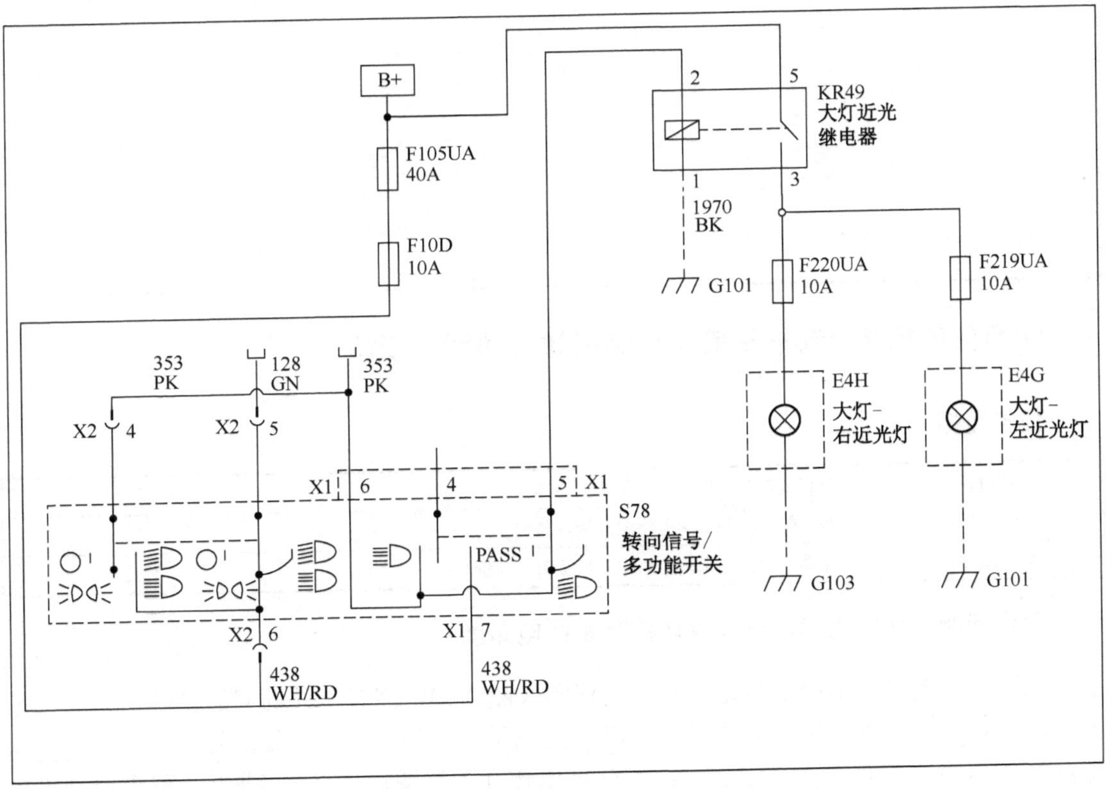

图 2-4　宝骏 310 轿车近光灯电路图的拆画（完成）

3. 实施练习

阅读图 2-2 所示宝骏 310 轿车前照灯电路图，把远光灯电路单独拆画出来。

学习任务单 7　汽车非模块控制系统电路图的识读

任务目标：

技能目标	能够识读汽车非模块控制系统电路图
知识目标	汽车非模块控制系统电路图的特点与识读方法
学习活动	汽车非模块控制系统电路图识读练习→评价总结

引导问题：如何识读汽车非模块控制系统电路图？

阅读五菱宏光汽车起动与充电系统电路图（图 2-5），完成下面的问题。

（1）在图 2-5 所示五菱宏光汽车起动与充电系统电路中，充电指示灯由__________供电，它的保险装置是____________。起动机电磁开关线圈由_______供电，直流电动机由________供电。

（2）用红蓝铅笔在电路中描出起动机工作时的控制电路（蓝色）和主电路（红色）的电流流向。

（3）用红蓝铅笔在电路中描出充电指示灯的电流流向（发电机外壳搭铁）。

（4）描述起动机的控制过程。

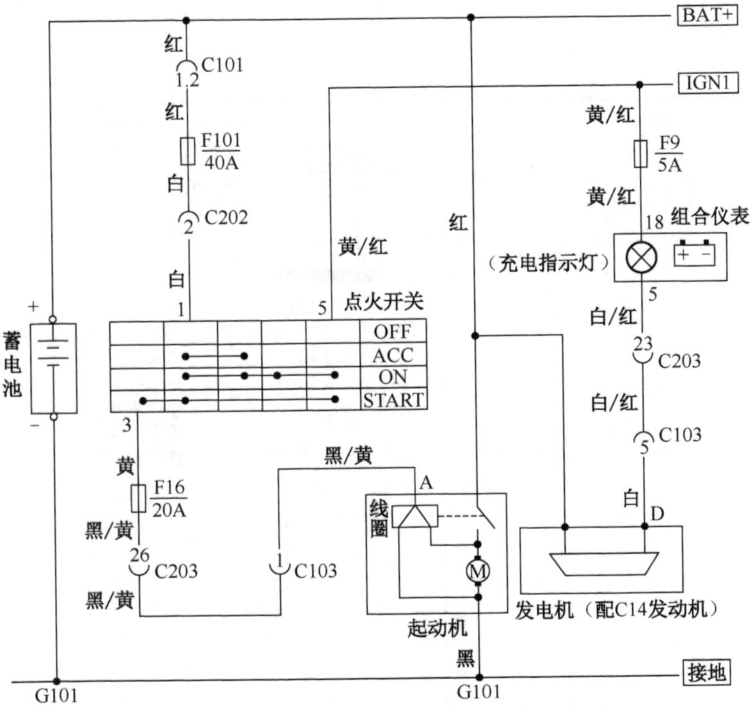

图 2-5　五菱宏光汽车起动与充电系统电路图

学习任务单 8　汽车模块控制系统电路图的识读

任务目标：

技能目标	能够识读汽车模块控制系统电路图
知识目标	汽车模块控制系统电路图的特点与识读方法
学习活动	汽车模块控制系统电路图识读练习→评价总结

引导问题：如何识读汽车模块控制系统电路图？

阅读宝骏 630 汽车起动与充电系统电路图，完成下面的问题。

（1）在图 2-6 所示宝骏 630 汽车起动与充电系统电路中，点火开关由保险__________供电。点火开关的起动信号先送给______________，再经网络通信线路送给____________。

（2）起动继电器 KR27 的线圈由__________供电，其供电的前提是接收到__________

送来的__________信号。

（3）用红蓝铅笔在电路中描出起动机工作时控制电路（蓝色）和主电路（红色）的电流流向。

（4）描述起动机控制电路的控制过程。

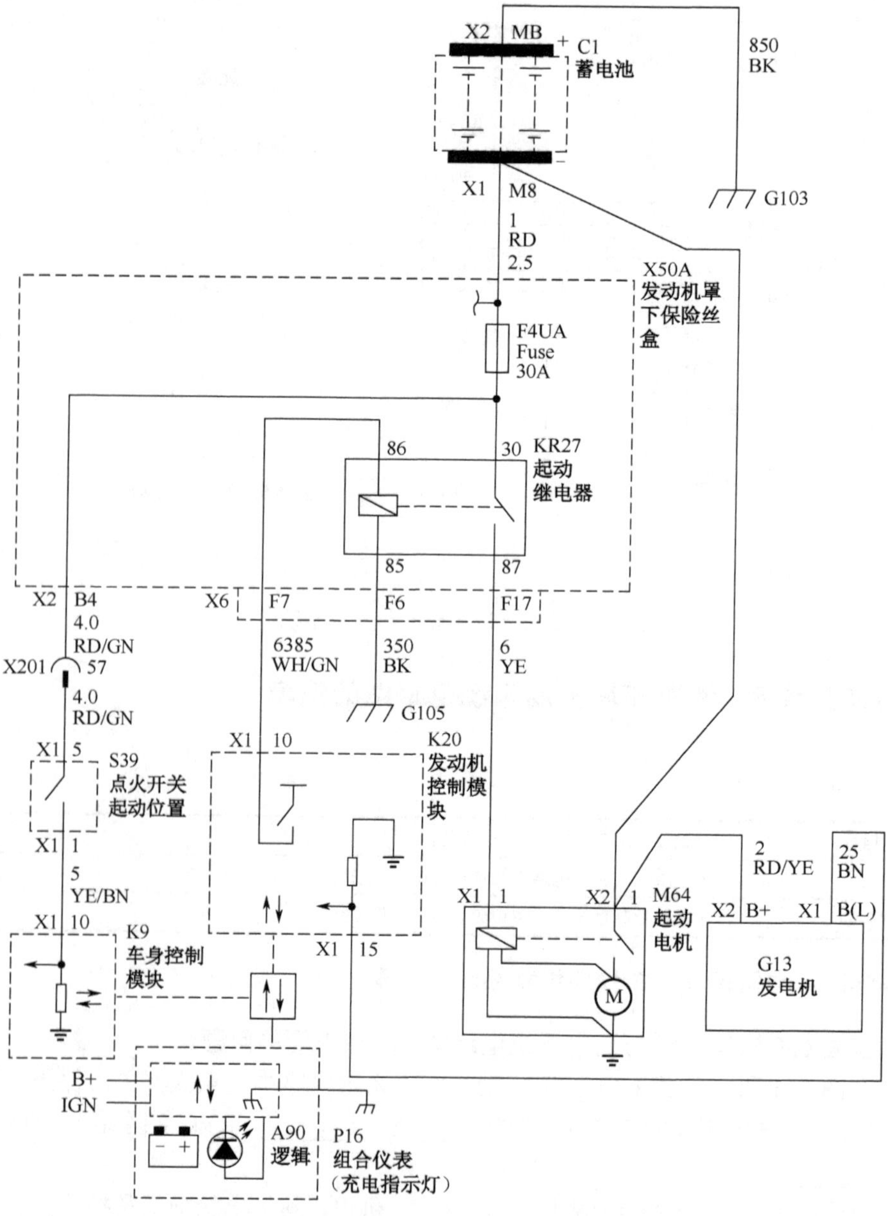

图 2-6　宝骏 630 汽车起动与充电系统电路图

项目 3　蓄电池的检查与维护

学习任务单 9　认识蓄电池

任务目标：

技能目标	会选用蓄电池
知识目标	蓄电池的类型、基本组成、型号与基本工作过程 蓄电池的型号与选用方法
学习活动	学习蓄电池的基本知识→蓄电池的型号识别和选用练习→评价总结

引导问题 1：汽车蓄电池的组成和工作过程是怎样的？

1．认识蓄电池，填写图 3-1 中的方框（名称）。

图 3-1　蓄电池的外观及安装

（2）蓄电池主要由__________、__________、__________等组成。电解液由__________和__________按一定的比例配制而成。

（3）观察一个免维护蓄电池的液体密度计，可以发现它的三种不同状态分别是__________、__________、__________，各代表的含义是__________、__________、__________。你所观察蓄电池的状态为__________，处理办法：__________。

（4）蓄电池正极桩的标记符号是__________，颜色呈__________，形状比负极桩__________，表面硬度比负极桩__________。

（5）蓄电池正极板上的活性物质是__________，呈______色；负极板上的活性物质是__________，呈______色。蓄电池放电时，正、负极板上的活性物质与电解液中的__________反应生成__________。放电过程中电解液的密度逐渐__________，水的含量逐渐__________。

引导问题 2：如何识别和选用蓄电池？

（1）观察一辆实训车的普通蓄电池，它的型号是____________________，额定电压为__________V，额定容量是____________A·h，冷起动电流为________A，它的尺寸为____________________，它的正、负极端子大小是__________________，正极端子的位置是_______。

（2）观察一辆实训车的免维护蓄电池，它的型号是____________________，额定电压为__________V，额定容量是____________A·h，冷起动电流为________A，它的尺寸为____________________，它的正、负极端子大小是__________________，正极端子的位置是_______。

（3）某车原来使用的是风帆 EFB 蓄电池（图 3-2），现在仓库只有 MOLL AGM 蓄电池（图 3-3），是否可以使用？如果要使用，应确认哪些信息？说明你的理由。

图 3-2　风帆 EFB 蓄电池

图 3-3　MOLL AGM 蓄电池

学习任务单 10　蓄电池的检查与更换

任务目标：

技能目标	1．会检查与判断蓄电池的技术状况 2．会拆装更换蓄电池
知识目标	1．蓄电池的日常使用与维护项目 2．蓄电池的检查项目与检查方法
学习活动	学习蓄电池的检测知识→蓄电池的检测更换练习→评价总结

引导问题：如何判断蓄电池的技术状况并从车上拆装更换蓄电池？

1．实训任务

完成蓄电池的检查与拆装和更换操作。

2．实训要求：

（1）先做好防护措施，再按检查项目要求逐一检查并填写表格（表 3-1），根据检查结果综合判断蓄电池的技术状况。

（2）完成拆装和更换操作，注意蓄电池正、负极电缆的拆装顺序。

3．实训步骤：

图　　示	说　　明
1．准备工作	
	（1）检查举升机。　□合格 （2）车辆开进工位。　□完成 （2）停车，打开发动机罩。　□完成 （3）安装车辆护套。　□完成 （4）举升臂对准车辆举升位置。　□完成 （5）稍微举升车辆（车轮稍离开地面）。　□完成 注意：如果不使用举升机，应在驱动轮前后安装好车轮挡块（三角木）。
2．验证故障情况	
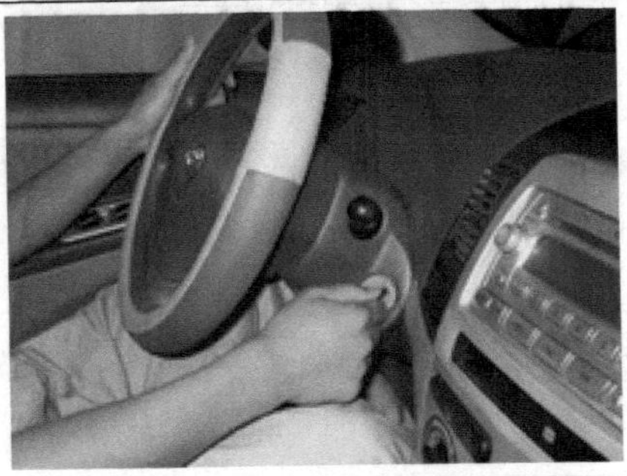	试起动，验证故障情况。 故障现象：________________________ ________________________ 注意：汽车起动操作必须在教师许可下进行（确认挂空挡或停车挡，拉手刹，踩离合器或制动器，无安全隐患等）。

<table>
<tr><td colspan="2">3．检查蓄电池技术状况</td></tr>
<tr><td>图　　示</td><td>说　　明</td></tr>
<tr><td>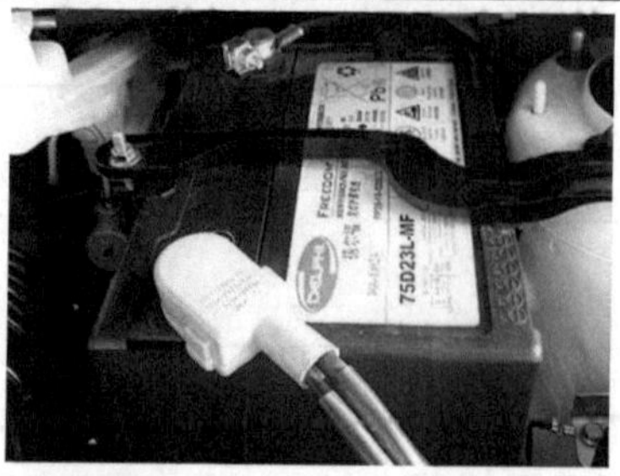</td><td>（1）外观检查。
蓄电池外观应完好，上盖应保持干净无残液，极桩连接良好无腐蚀。蓄电池上盖若有电解液或水，容易使正、负极形成通路而放电。
检查通气孔，有堵塞应清理堵塞物。</td></tr>
<tr><td>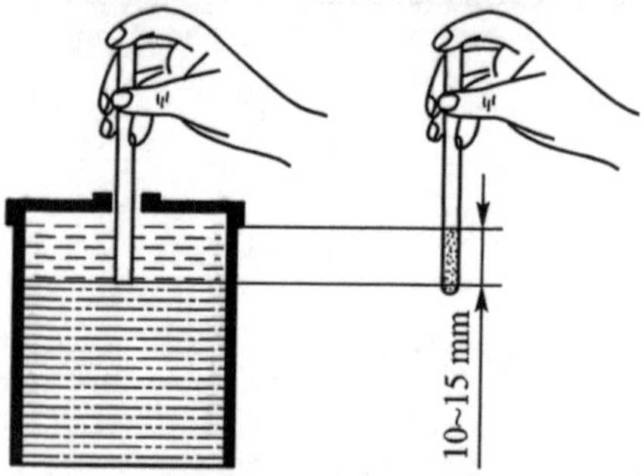

</td><td>（2）液面高度检查。
黑色普通蓄电池的液面高度检查方法：用干净的玻璃管或塑料管，不能用金属棍。
半透明干荷电蓄电池的液面应在厂方标明的上、下限制刻线之间。
当蓄电池的液面在正常使用中过低时，应及时添加________________。</td></tr>
<tr><td>
</td><td>（3）端电压检查。
将万用表调整到__________（直流、交流）电压挡的_________V 量程位置，用红、黑表笔分别接触蓄电池的正、负极桩测量。
注意：关闭所有用电器。
想一想：如果万用表的红、黑表笔与蓄电池的正、负极桩刚好接反，电压显示情况会怎样？
____________________________</td></tr>
<tr><td>
</td><td>（4）起动电压检查。
保持红、黑表笔与蓄电池的正、负极桩接触，起动发动机，记录起动时万用表显示的最低电压值。
一般蓄电池起动电压不低于 10V，否则电控单元不工作。</td></tr>
</table>

图　示	说　明
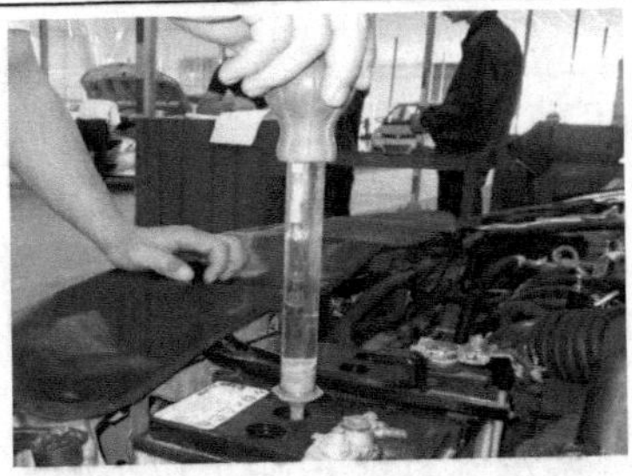 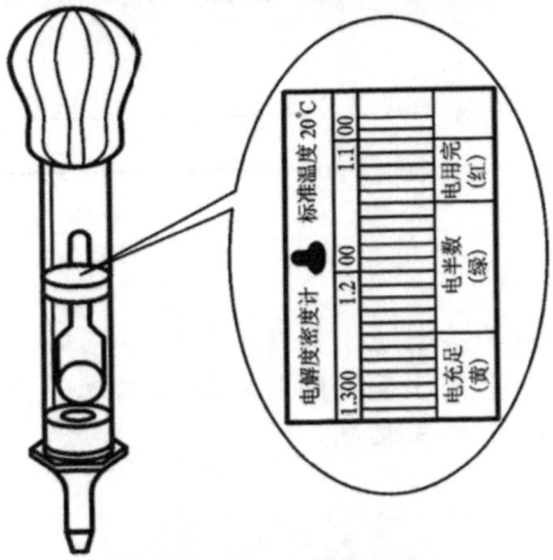	（5）电解液密度检查。 ① 清洁蓄电池上表面，拧下加液孔盖。 ② 捏紧密度计的橡皮球，排除空气。 ③ 将橡皮管插入电解液，慢慢放松橡皮球，待吸入的电解液高度达到玻璃吸管高度的 2/3 时（密度计内的密度芯漂浮起来），再慢慢地将密度计提出液面。 注意：若密度计离开蓄电池加液孔上方，必须用布接住橡皮管，避免电解液滴落腐蚀车漆。 ④ 读数：平视液柱凹面水平线，读取浮子杆上的刻度指示的数值，即为电解液的密度，也可粗略地根据密度芯的红、绿、黄色区段判断蓄电池的存电状态。 密度范围：$1.24\sim1.28\text{g/cm}^3$，密度每下降 0.01g/cm^3，相当于蓄电池放电 6%的额定容量。 注意：在强电流放电或加注蒸馏水后，由于电解液混合不匀，不应立即测量电解液密度。
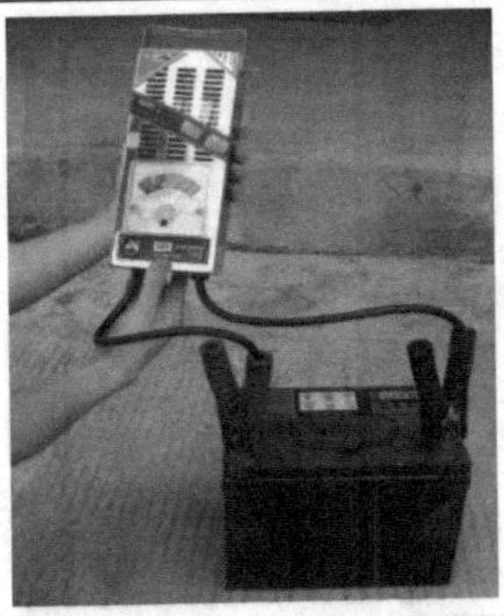	（6）高率放电计检查。 用高率放电计的红、黑夹头分别夹住蓄电池的正、负极，打开放电计开关 3～5s，读取指针指示的读数。 测试电压：__________________V 结果判断：__________________

表 3-1　蓄电池技术状况检查记录表

检查项目	蓄电池技术状况		
	标准值（要求）	测量值（现状）	评价
外观检查			□合格　□不合格
液面高度检查			□合格　□不合格
端电压检查			□合格　□不合格
起动电压检查			□合格　□不合格
电解液密度检查			□合格　□不合格
高率放电计检查			□合格　□不合格
寄生电流检查			□合格　□不合格
蓄电池技术状况综合评定：			

<table>
<tr><td colspan="2">4. 拆卸蓄电池</td></tr>
<tr><td>图　示</td><td>说　明</td></tr>
<tr><td>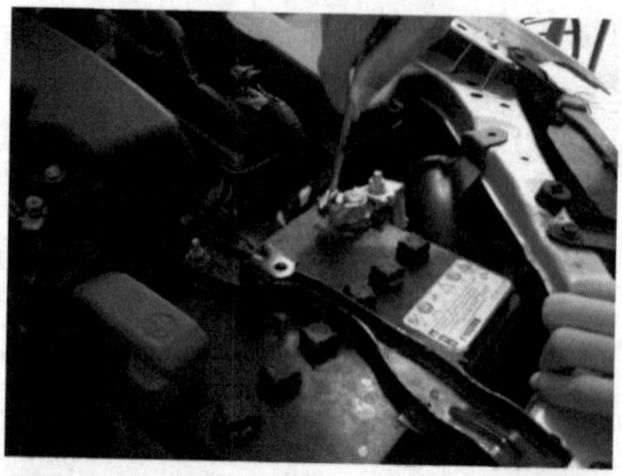</td><td>如果蓄电池起动电压及电解液密度检查不正常，则须拆卸蓄电池进行维护、充电或更换。
（1）先断开蓄电池负极电缆，再断开正极电缆。
拆卸时能否先断开蓄电池正极电缆？为什么？
________________</td></tr>
<tr><td></td><td>（2）拆卸蓄电池压杆螺母并取下压杆。
注意：不要让工具同时碰到蓄电池的正、负极，以免产生火花。</td></tr>
<tr><td>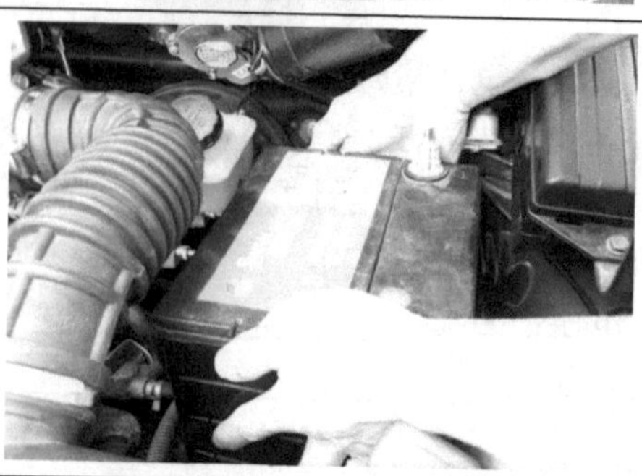</td><td>（3）双手取下蓄电池，注意蓄电池的倾斜角度不要超过40°。</td></tr>
<tr><td>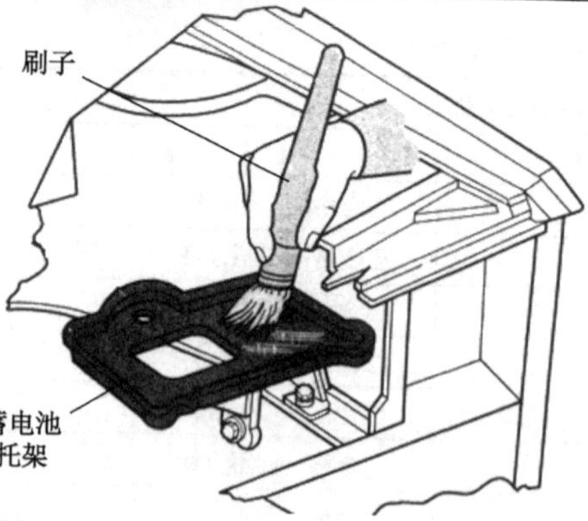</td><td>（4）检查蓄电池托架是否损坏并清理。</td></tr>
</table>

5．安装蓄电池

图　　示	说　　明
	（1）检查托架的安装情况，将新蓄电池装入托架。
	（2）安装蓄电池压杆及拉钩。
	（3）安装蓄电池电缆。 先装__________（正、负）极。 再装__________（正、负）极。 原因是______________________________ ______________________________________ 注意：螺母扭矩为 10 N · m。
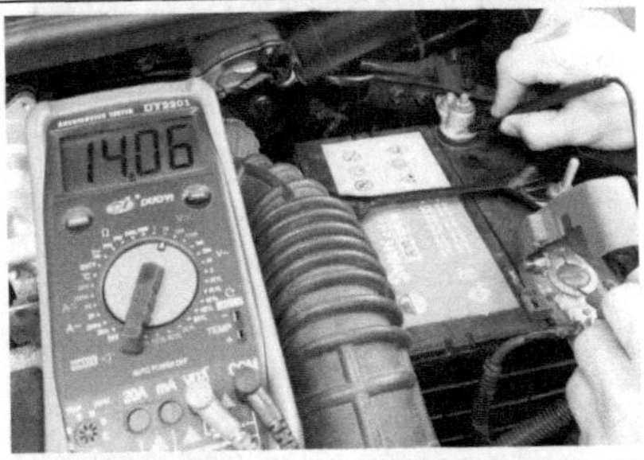	6．验证：检查新换蓄电池的充电情况。 （1）复查蓄电池桩头及固定架安装状况。 □完成　　□未完成 （2）在发动机运行情况下，用万用表检查蓄电池的充电电压为______________V。 评价：□合格　　□不合格
	7．现场 7S，完成任务，交车。 （1）下降车辆，拉出举升臂，切断举升机电源。□完成 （2）收集整理车辆护套和工具。□完成 （3）清洁车辆，清理现场。□完成 （4）车辆开出工位，交车。□完成

学习任务单 11　蓄电池的充电

任务目标：

技能目标	会正确使用充电机并选择合适的充电参数给蓄电池充电
知识目标	1．蓄电池的充电类型、补充充电参数的选择。 2．充电机电流的连接与面板开关的使用方法。
学习活动	学习蓄电池的充电方法及充电参数知识→蓄电池的充电练习→评价总结

引导问题：如何对蓄电池进行补充充电？

1．相关知识填空

（1）充电时，正、负极板上的____________还原成__________和__________，电解液中的____________增多，密度上升。

（2）充电后期蓄电池内有大量气泡逸出，原因是（　　）。

A．当充电接近终了时，$PbSO_4$ 已基本还原成 PbO_2 和 Pb。这时，过剩的充电电流将电解水，使正极板附近产生 O_2，负极板附近产生 H_2

B．充电过程中电解液温度升高并“沸腾”，产生气泡

C．充电过程中硫酸和水发生反应

（3）额定容量为 60A·h 的蓄电池采用定流充电法充电，第一阶段的充电电流为_________A，充至单格电池电压达到_______V，池内开始产生__________时，转入第二阶段。第二阶段的充电电流为_________A，充到__________和___________达到最大值且在 2～3h 内不再上升，蓄电池内部剧烈冒出气泡时为止。

2．充电实训操作

（1）实训任务。

完成蓄电池补充充电操作并填写记录表（表 3-2）。

（2）实训要求。

① 采用定流充电法对蓄电池进行补充充电。

② 正确连接蓄电池和充电机。

③ 根据蓄电池的容量正确选择充电参数。

④ 操作安全、规范。

（3）实训操作步骤。

图示	说明
	（1）确认关掉充电机的电源开关，并将电流调节旋钮调到最小位置。　☐完成 （2）观察充电机的输出线接法，确认充电机的输出电压与蓄电池的电压相符。　☐完成

图示	说明
	（3）将充电机的红、黑（绿）线夹分别与蓄电池的正、负极桩头牢固连接，注意不要接错。 □完成 （4）将蓄电池加液孔盖拧松并放在加液口处 □完成 思考：蓄电池充电时不打开加液孔盖有什么危害？ ______________________________
	（5）将充电机的交流电源插头插入 220V 交流电源插座内，并合上电源开关。 □完成
	（6）打开充电机的电源开关。 □完成
	（7）转动电流调节开关，观察电流表，选择合适的充电电流。 □完成
	（8）充电过程中定时观察充电电流，必要时转动调节开关，保持恒定的充电电流。 □完成 注意：当充电电流逐渐趋于 0，电解液密度和蓄电池的端电压上升到规定值，且在 2～3h 内保持不变，池内出现大量气泡时，表明充电结束。
	（9）充电结束。 ① 先关掉充电机电源开关。 □完成 ② 再关掉充电机的外电源。 □完成 ③ 从蓄电池桩头上取下线夹。 □完成 ④ 盖好加液孔盖。 □完成

表 3-2　蓄电池补充充电记录表

蓄电池型号		蓄电池的容量	__________ A·h	
	选择电流	对应电压	阶段结束状态	充电时间
第一阶段				
第二阶段				

项目 4　充电系统的故障诊断与检修

学习任务单 12　认识汽车充电系统

任务目标：

技能目标	（1）分析具体车型的充电系统电路 （2）在实车上找到充电系统的组成部件
知识目标	能叙述充电系统的基本组成及发电机的发电原理、整流原理、励磁方式
学习活动	学习充电系统的基本知识→充电系统的识别与分析→评价总结

引导问题 1：汽车充电系统由哪些部件组成？充电系统电路是如何工作的？

1. 充电系统的组成

如图 4-1 所示为汽车充电系统的组成，请将图中组件的名称填入表 4-1 中。

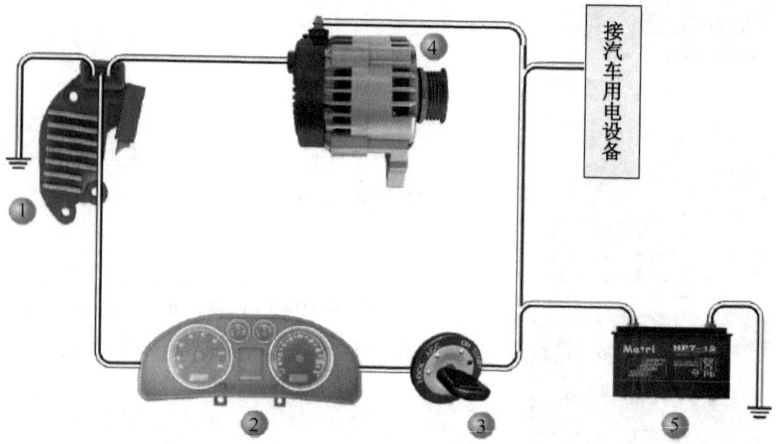

图 4-1　汽车充电系统的组成

表 4-1　汽车充电系统各组件的名称

组件代号	①	②	③	④	⑤
组件名称					

2. 填空

（1）选词填空：打开点火开关，未起动发动机前，充电指示灯________（点亮、熄灭），起动发动机后，充电指示灯__________（点亮、熄灭），说明充电系统工作__________（正常、异常）。

（2）打开点火开关，未起动发动机前，发电机转子绕组的预激励电流由__________提供；发动机正常工作后，发电机输出电压高于蓄电池电压时，发电机转子绕组激励电流由_____提供。

（3）通用汽车的电源管理系统中，车身控制模块监测__________、__________和__________，并通过控制__________来改善发电机的输出。

（4）通用汽车的电源管理系统中，发动机控制模块监测__________，并通过提高__________来增加发电机的发电量。

（5）大众汽车充电系统的用电负荷管理主要由__________来执行，须监测__________、__________、__________、__________等信号。

3. 汽车充电系统电路分析（图 4-2）

（1）用红蓝铅笔描出充电指示灯电路。

（2）用红蓝铅笔描出蓄电池充电电路。

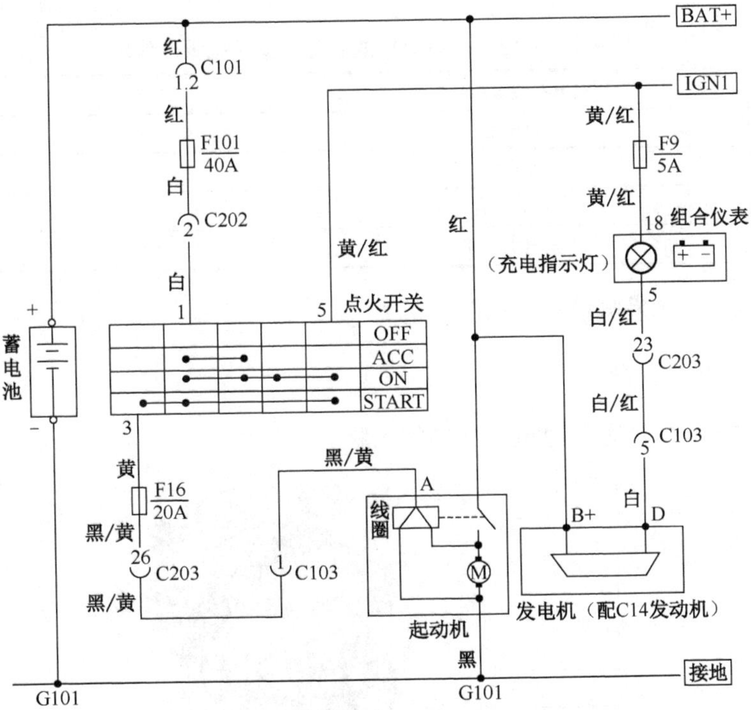

图 4-2 五菱宏光汽车起动及充电系统电路

4. 认识励磁电路

在图 4-3 中用红蓝铅笔描出发电机的他励和自励电路。

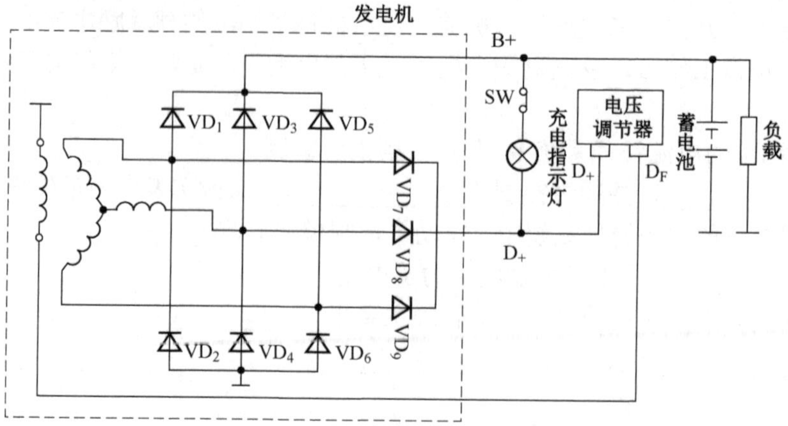

图 4-3　发电机的励磁电路

5. 充电系统实车识别

在实训车上找到该车充电系统的各个组成部件，填入表 4-2 中。

表 4-2　充电系统各组件的名称、安装位置及作用

序号	充电系统组件名称	安装位置	作用
1	蓄电池		
2	发电机		
3	点火开关		
4	充电指示灯		

引导问题 2：汽车发电机是如何工作的？

1. 认识发电机的外观

在图 4-4 的方框内填写发电机外部结构名称。

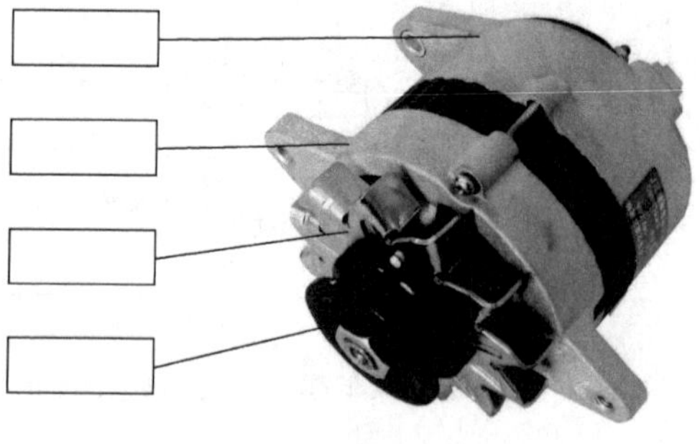

图 4-4　发电机外部结构

2. 认识发电机的结构

在图 4-5 中的方框内填写发电机的零件名称。

3. 发电机的工作原理

（1）发电机的他励电流由__________提供，自励电流由__________提供。

（2）发电机工作时，定子线圈两端产生的是________（交流电、直流电），从发电机输出端（B+）输出的是________（交流电、直流电）。

（3）发电机要发电，首先要让________通电产生磁场，再通过皮带驱动使它转起来。这时，________切割旋转磁场的磁力线产生交流电动势，再通过由________组成的桥式整流电路把交流电变成直流电输出。

图 4-5　硅整流交流发电机的结构

学习任务单 13　就车检测汽车充电系统

任务目标：

技能目标	（1）会识读分析具体车型的充电系统电路 （2）在实车上检测充电系统电路，会诊断和分析充电系统故障
知识目标	能叙述充电系统电路的工作过程
学习活动	学习分析充电系统电路→充电系统电路就车检测分析→评价总结

引导问题 1：汽车充电指示灯常亮的故障原因是什么？如何检测和诊断故障？

1. 认识发电机插接件

图 4-6 为五菱汽车发电机插接件示意图，写出图中插接件代号的含义。

B________　　IG________

L________　　E________

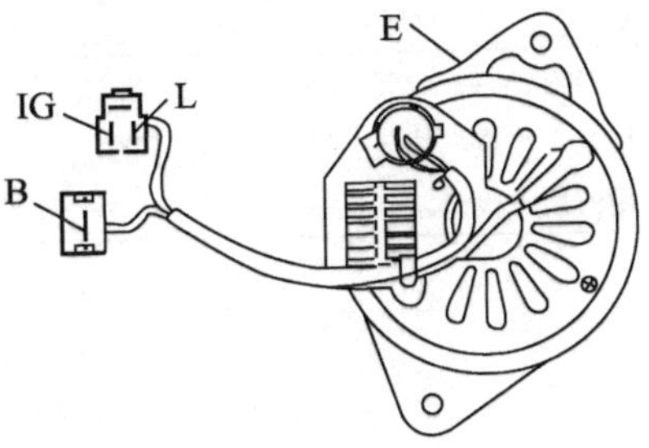

图 4-6　发电机插接件

2. 填空

（1）充电指示灯在点火开关打开，发动机未起动时____________（点亮、熄灭），发动机起动后____________（点亮、熄灭）。充电指示灯电路通常由____________供电或模块控制。

（2）发电机励磁电路通常由____________或____________供电。

（3）丰田汽车发电机的 S 端子用来检测__________，如果该线路断路，则充电指示灯______________，发电机_____________（继续发电、不发电）。

（4）大众汽车的 DFM 端子用来检测__________________，用万用表检测其电压约_______V；也可以用诊断仪读取发电机负荷数据流，在同样的负载下，发动机转速升高，发电机负荷__________。

（5）通用汽车发电机的 L 端子既是充电指示灯控制电路，也用来控制_________________，发动机起动后其电压为_________V。

（6）发动机起动后发电机的输出电压通常在________________V，输出电流在________A 以上为正常。

3. 非模块控制充电系统电路的分析与检测

（1）分析图 4-2 中五菱宏光汽车充电指示灯常亮的可能原因。

（2）充电系统检测（五菱宏光），并将结果记录在表 4-3 中。

表 4-3　充电系统检测记录表（五菱宏光）

序号	检测项目	检查记录	结果判定
1	充电指示灯检查	点火开关打开：□点亮；□不亮 起动发动机：□点亮；□不亮	□正常；□不正常
2	发电机输出电压	怠速______V，加速到 2500r/min______V	□正常；□不正常
3	发电机输出电流	怠速______A，加速到 2500r/min______A	□正常；□不正常
4	发电机负荷	怠速______%，怠速开大灯及风机______%	□正常；□不正常
5	发电机 D 端子	拔去发电机插头，打开点火开关，检测发电机 D 端子（图 4-7） ① 用试灯检查，试灯：□点亮；□不亮 ② 用万用表检测，电压_______V	□正常；□不正常
检测结论			

图 4-7　五菱宏光汽车发电机电路检测

4. 模块控制充电系统电路的分析与检测

（1）分析图 4-8 中宝骏 630 汽车充电指示灯常亮的可能原因。

（2）充电系统检测（宝骏 630 或大众新波罗、雪佛兰科鲁兹等），并将检测结果填在表 4-4 中。

表 4-4　充电系统检测记录表（宝骏 630 或大众新波罗等）

序号	检测项目	检查记录	结果判定
1	充电指示灯检查	点火开关打开：□点亮；□不亮 起动发动机：□点亮；□不亮	□正常；□不正常
2	发电机输出电压	怠速_______V，加速到 2500r/min______V	□正常；□不正常
3	发电机输出电流	怠速_______A，加速到 2500r/min______A	□正常；□不正常
4	发电机负荷	怠速_______%，怠速开大灯及风机______%	□正常；□不正常
5	发电机 L 端子	拔去发电机插头，打开点火开关，检测发电机 L 端子 ① 用试灯检查，试灯：□点亮；□不亮 ② 用万用表检测，电压________V	□正常；□不正常
6	其他端子（如大众 DFM 端子，科鲁兹 F 端子）	拔去发电机插头，打开点火开关检测 ① 用试灯检查，试灯：□点亮；□不亮 ② 用万用表检测，电压________V	□正常；□不正常
检测结论			

（3）如果发电机 L 或 D 端子检测正常，但发电机输出电压、电流不正常（即发电机不发电），可能的原因是什么？

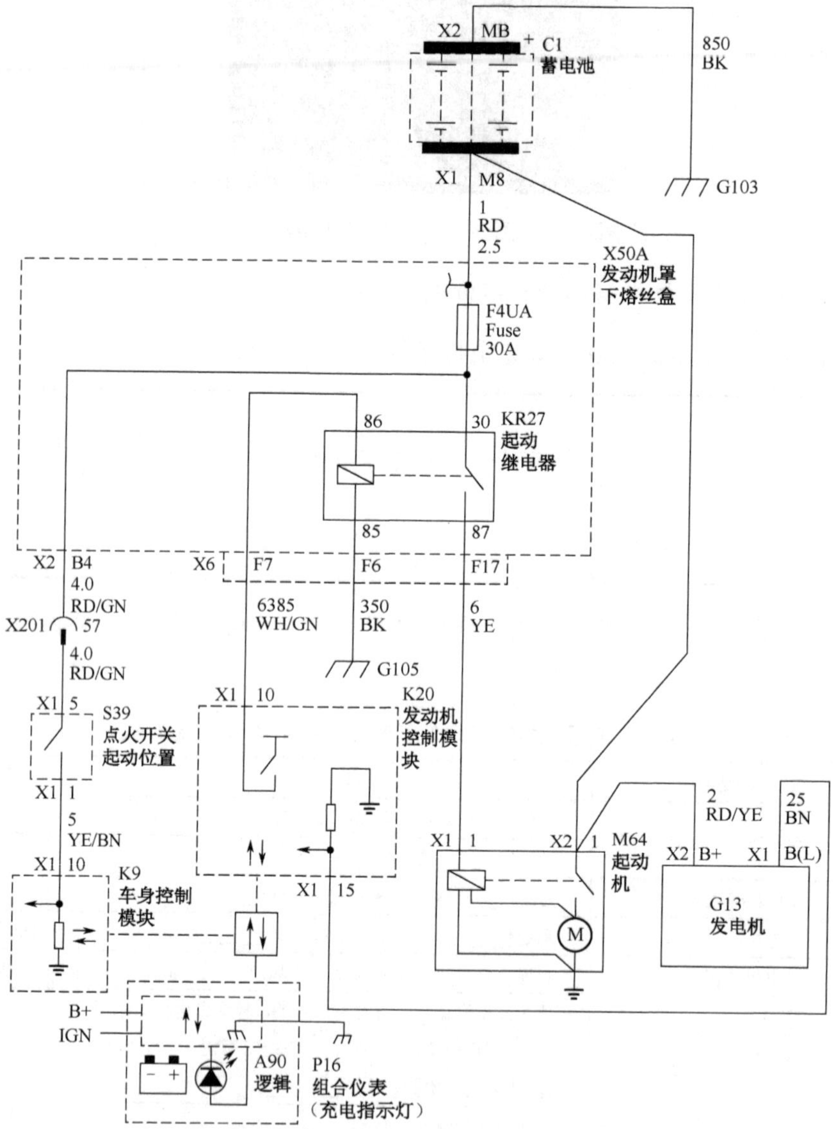

图 4-8　宝骏 630 汽车起动及充电系统电路

引导问题 2：如何拆装和更换发电机？

1．实训任务

就车更换发电机总成。

2. 实训要求

（1）工具使用和拆装步骤正确，使用专用工具可以避免多拆零件。为便于装复，可以在拆卸前对传动皮带拍照并做好传动方向记号。

（2）正确拆装张紧轮，避免盲目拆卸造成损坏。

（3）查阅维修手册，了解拆装步骤。

3. 实训步骤（以宝骏 630 汽车为例）

拆装步骤	图示
1. 断开蓄电池负极电缆。 2. 拆卸转向助力泵皮带。 （1）安装转向助力泵皮带拆卸工具。 （2）保持工具与皮带轮间的贴合，顺时针转动皮带轮。 （3）顺势将箭头位置的皮带向外拉动，拆下皮带。	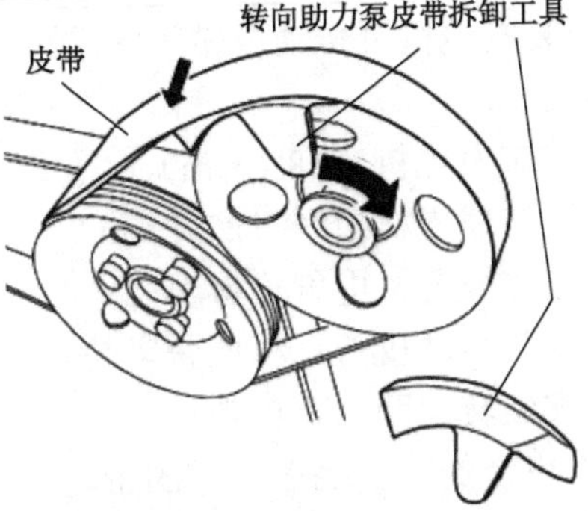
3. 举升车辆，拆下发动机右下侧的防溅板。 4. 松开张紧轮，将传动皮带拆下。	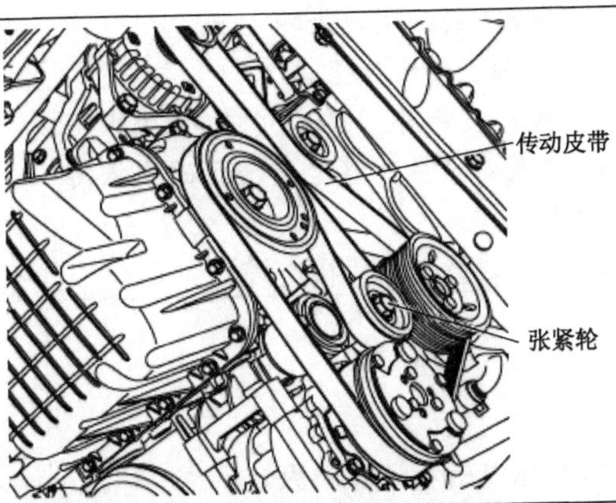
5. 拆卸发电机电缆及连接器。 （1）打开发电机电缆保护盖。 （2）拧下发电机电缆螺母，断开发电机电缆。 （3）从发电机上断开发电机电气连接器。	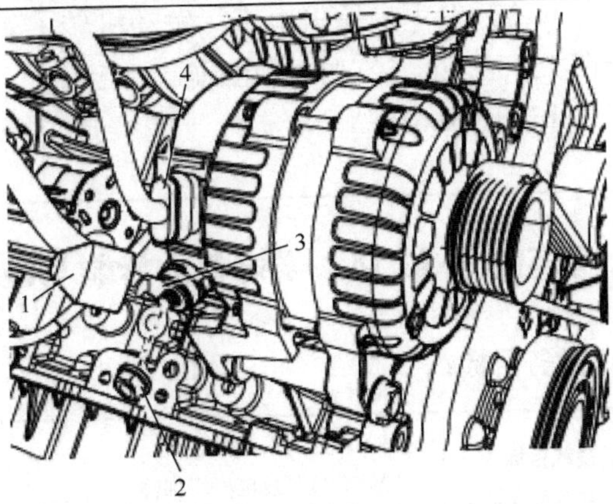 1—电缆保护盖；2—电缆螺母；3—电缆；4—电气连接器

拆装步骤	图示
6. 拆卸发电机：拧下两颗发电机螺栓，拆下发电机。	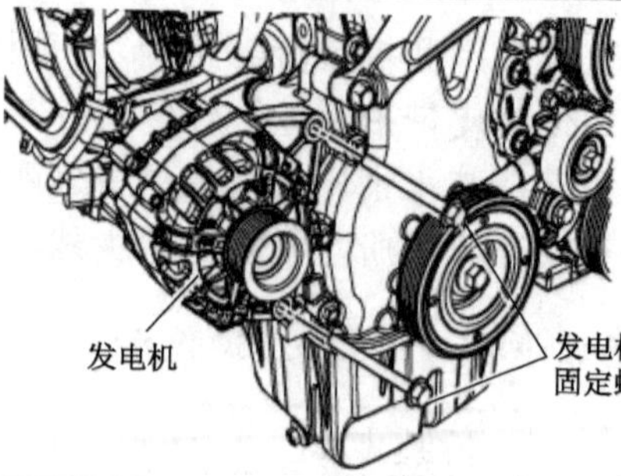
7. 安装发电机及传动皮带（按拆卸的反顺序）。 （1）安装发电机（58N·m）。 （2）连接发电机电缆（22N·m）。 （3）连接发电机电气连接器。 （4）安装传动皮带，释放张紧轮。 （5）安装转向助力泵皮带。 ① 将皮带的一端绕在水泵的带轮上，另一端绕在转向泵皮带轮上部。 ② 安装皮带安装工具。 ③ 保持皮带和工具的位置，使用扳手顺时针扳动工具，直至皮带正确进入皮带轮槽。 （6）安装蓄电池负极电缆。	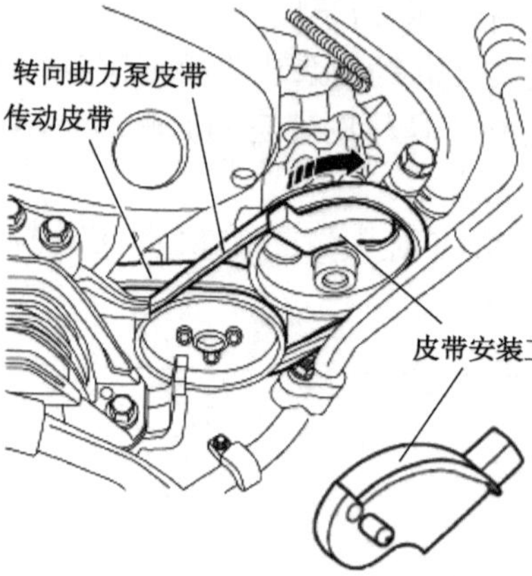
8. 验证更换效果。 起动发动机： （1）充电指示灯应熄灭。 （2）检测发电机输出电压，发动机转速在2500r/min左右时，发电机输出电压应为13.5～14.5V。	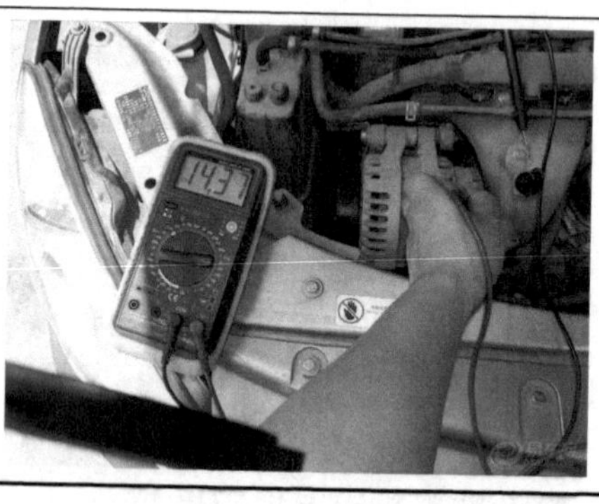

学习任务单 14　发电机的拆装与检修

任务目标：

技能目标	（1）会拆装发电机 （2）会检测发电机零部件
知识目标	（1）能叙述发电机的工作过程 （2）能说出发电机各零部件的作用
学习活动	学习发电机的组成与原理→发电机的拆装与检测→评价总结

引导问题 1：发电机由哪些部分组成？

1. 了解发电机各元件的作用（填入表 4-5 中）

表 4-5 发电机各元件的名称及作用

序号	元件名称	作用描述
1	发电机总成	
2	转子	
3		产生三相交流电
4		将交流电变成直流电
5	电压调节器	

2. 填空题

（1）整体式交流发电机是把____________和____________做成一个整体。

（2）发电机产生磁场的组成部件是__________________，产生交流电的组成部件是________________。

（3）硅整流器的作用是____。三相桥式整流电路通常由 6 个____________组成，整流原理是利用二极管的________________。

（4）电压调节器的基本作用是____。多功能电压调节器还具有____________、____________、____________等附加功能。

（5）电压调节器的调压原理是通过控制____________的通断来控制发电机电压的输出。

（6）外搭铁型发电机是指励磁绕组的一端经过____________来控制搭铁。

（7）发电机的额定输出参数即__________和__________可以从发电机铭牌上找到。

（8）发电机的 IG 端子与______________连接，通常给______________________供电并提供________________电流。L 端子是____________________________端子。

3. 选择题

（1）交流发电机中产生磁场的元件是（　　）。

A．定子　　B．转子　　C．整流器　　D．端盖

（2）发电机整流端盖装有两个电刷架，用两个螺旋形弹簧压住电刷，使其能可靠接触转子上的两个（　　）。

A．接柱　　B．滑环　　C．轴头　　D．轴承

（3）交流发电机遵循公式 $E=Cn\Phi$，为维持输出电压恒定，交流发电机配置了（　　）。

A．调节电机常数 C 的装置　　B．调节发电机转子转速 n 的装置

C．调节转子磁场强度 Φ 的装置　　D．调节电动势 E 的装置

（4）改变交流发电机输出电压大小的部件是（　　）。

A．硅二极管　　B．转子　　C．定子　　D．调节器

（5）发动机正常运转时充电指示灯亮，说明（　　）。

A．蓄电池处于充电状态　　B．发电机工作正常

C．发电机或充电系统电路有故障

引导问题 2：如何拆装检修发电机总成？

1．实训任务

完成发电机的拆装和检修。

2．实训要求

（1）工具使用和拆装步骤正确，严禁暴力拆装。为便于装复，可以在拆卸前做发电机壳体对正记号。

（2）量具使用和检测方法正确，会判断元件的好坏。

3．实训步骤

图示	说明
1．外观检查	
 	在发电机解体前做外观检查： （1）手持皮带轮检查前轴承轴向及径向间隙。 （2）转动皮带轮，检查轴承阻力、噪声，以及转子与定子之间有无摩擦声及异响，当发现阻力较大时，可拆除电刷后再试，以确定阻力是来自电刷还是来自轴承。 （3）转动皮带轮，目视检查皮带轮的摆差大小，以判断转子轴是否弯曲。 （4）检查外壳、挂耳、线束等处有无油污、裂纹及损坏。
2．发电机解体（以五菱汽车法雷奥发电机为例）	
 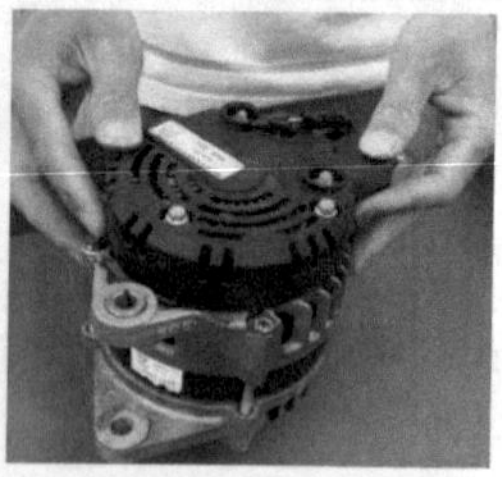	（1）拆下发电机后端防尘盖固定螺栓，取下发电机“B+”接线柱、“L”线束和固定螺栓。 （2）取出防尘盖。
 	（3）拆卸电刷及调节器紧固螺钉。 （4）取出电刷及调节器组件。

图示	说明
 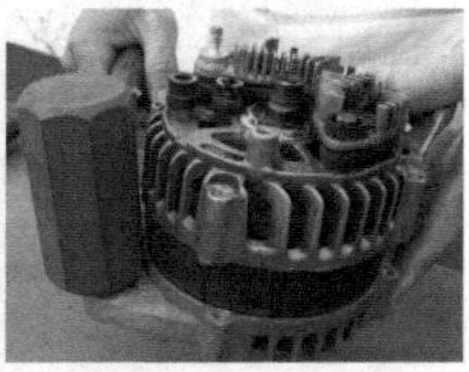	（5）拆下前、后端盖的连接螺栓。 （6）用木锤或橡皮锤轻轻敲击前、后端盖，使前后端盖分离。 注意：在分离前、后端盖时，如果没有将三相引线焊开，定子应随后端盖在一起，以免折断定子绕组引出端线。
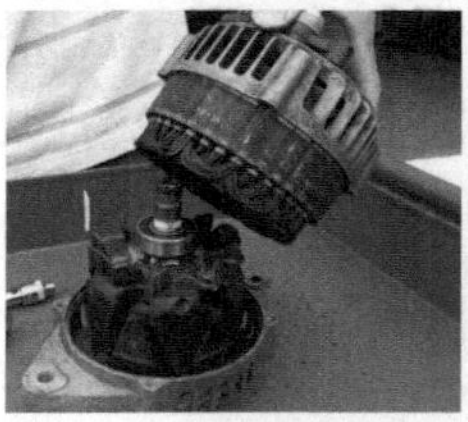 	（7）分离前、后端盖。 （8）分离定子总成与后端盖。 该发电机三相引线与整流器之间的连接是焊接方式，用电烙铁分离三相抽头与整流器的连接。
	（9）拆下整流器总成。
3．发电机的检测	
	（1）定子检查。 ① 外观检查：定子表面不得有刮痕，导线表面不得有碰伤、绝缘漆剥落现象。 定子外观检查：□正常；□不正常
	② 搭铁检查：检查定子各相绕组是否搭铁。如有搭铁，应重新绕制或更换。 定子绕组引线对地电阻值为： A 相__________Ω B 相__________Ω C 相__________Ω 定子绕组搭铁：□正常；□不正常
	③ 断路检查：定子绕组任意两相之间应导通。如有断路，应重新绕制或更换。 A-B 相电阻值__________Ω A-C 相电阻值__________Ω B-C 相电阻值__________Ω 定子断路检查：□正常；□不正常

图示	说明
	（2）转子检查。 ① 外观检查：转子表面不得有刮痕，否则表明前后轴承松旷，应更换。滑环表面应光滑平整，两滑环间的槽内不得有油污和异物。 滑环表面如有烧蚀或失圆，可更换或用车床进行修整，其最大跳动量不得超过0.05mm，最后用细砂布抛光并吹净粉屑。 转子外观检查：□正常；□不正常
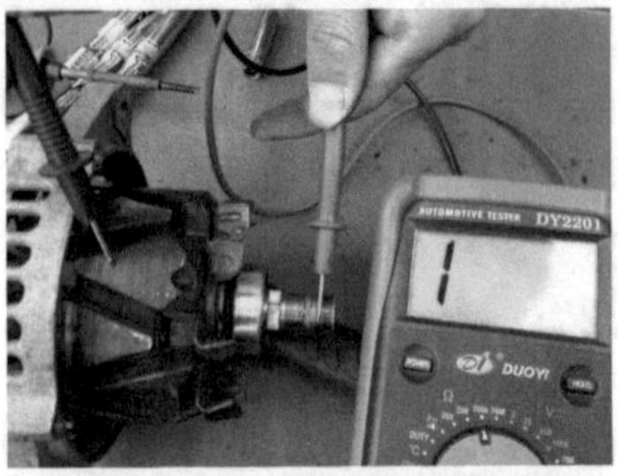	② 搭铁检查：如图所示，检查转子搭铁情况。 滑环对地电阻值为： A 环__________Ω。 B 环__________Ω。 转子搭铁检查：□正常；□不正常
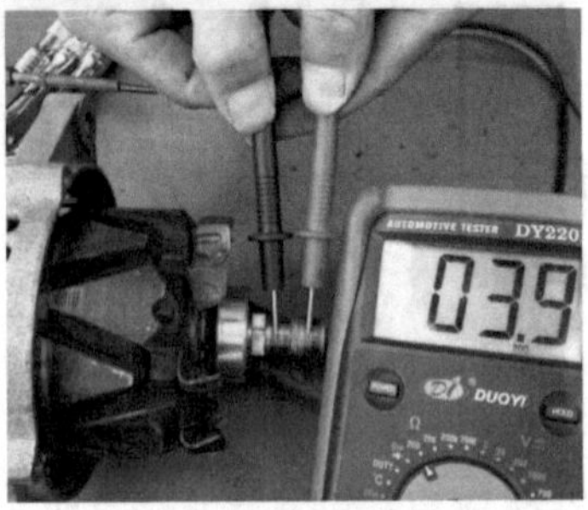	③ 断路及短路检查：转子两滑环间阻值应为3～4Ω。大于4Ω表明有断路故障；小于3Ω，表明有短路故障。 A-B 环电阻值__________Ω。 转子断路检查：□正常；□不正常 转子短路检查：□正常；□不正常
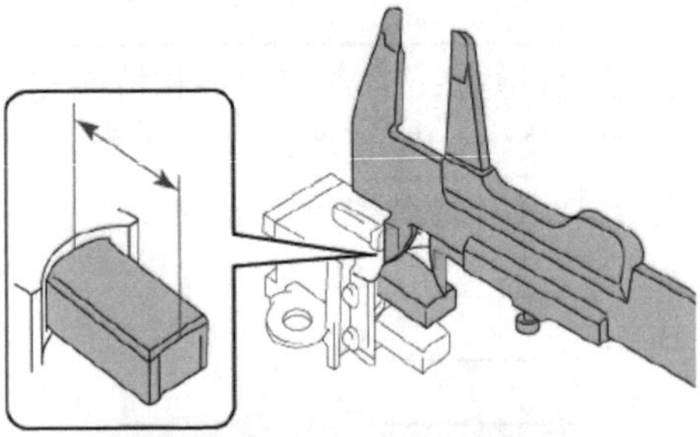	（3）电刷检查。 电刷外观应完好，在电刷架内应滑动自如。 长度应符合要求，超过极限（原长的1/2）应予更换。
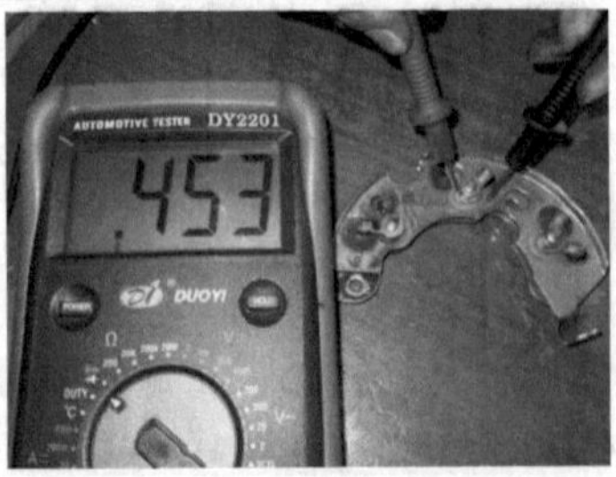	（4）整流器检查。 ① 检查二极管的正向压降。 选择数字式万用表的二极管挡位，红表笔接被测二极管正极，黑表笔接被测二极管负极，硅二极管的正向压降一般为0.5～0.8V。 二极管的正向压降为__________V。

图示	说明
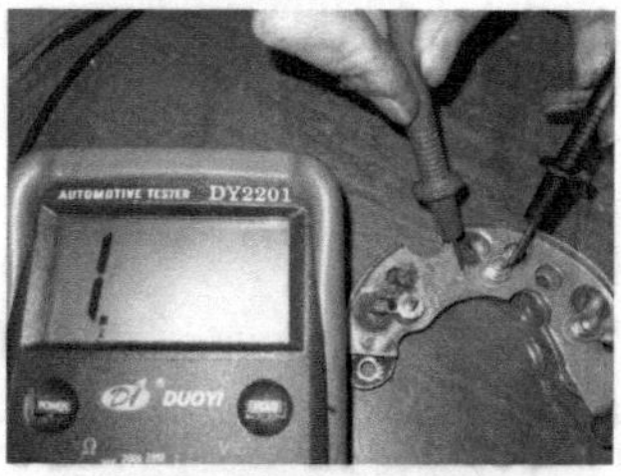	② 检查二极管的反向压降。 选择数字式万用表的二极管挡位，红表笔接被测二极管的负极，黑表笔接被测二极管的正极，硅二极管的反向压降为∞。 二极管的反向压降为__________V。 二极管检查：□正常；□不正常
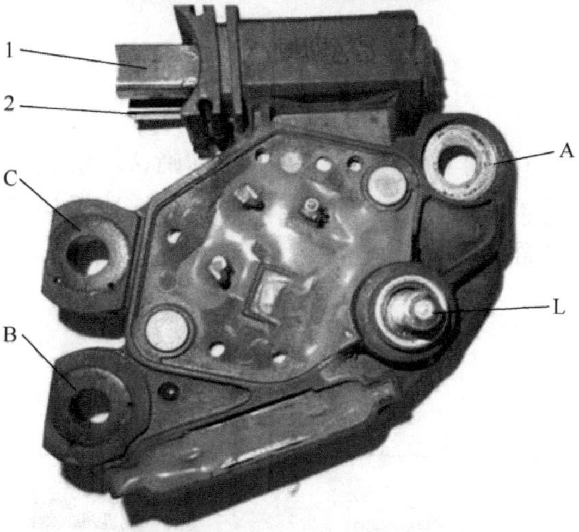	（5）调节器检测。 ① 调节器接脚及电刷编号。如左图所示，将调节器与发电机连接的三个接脚孔用 A、B、C 进行编号，两个电刷用 1、2 编号。而调节器上的接柱在拆卸防尘盖时已知是“L”（充电指示灯）接柱。
	② 调节器安装位置比对。根据调节器安装位置，记住各接脚孔与发电机的连接关系，同时判断出“A”接脚即搭铁脚（“A”接脚对应的发电机螺孔没有绝缘垫）。故将“A”接脚标为“E”。
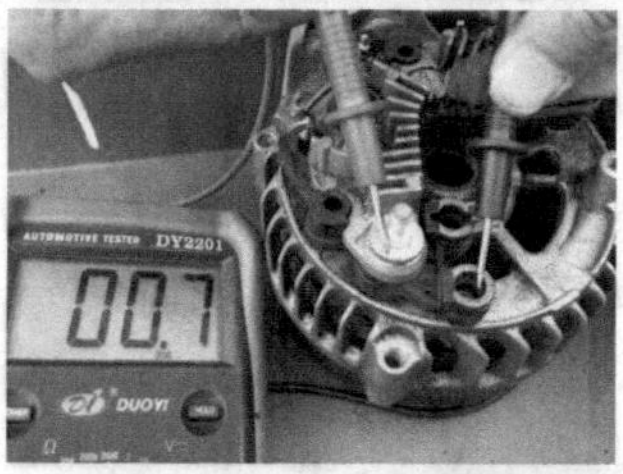	③ 调节器“B+”接脚确认。测量调节器“B”接脚对应的发电机安装座与发电机“B+”接柱间是否导通。测量结果为导通，故确认调节器“B”接脚即为“B+”接脚（电源接脚）。
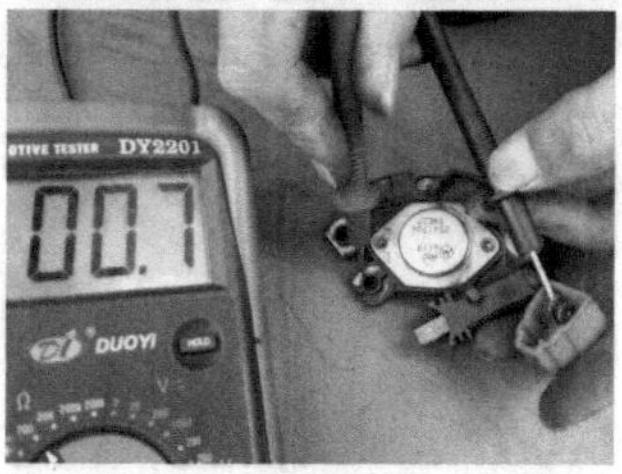	④ 调节器“L”接脚确认。测量发现调节器“C”接脚与发电机“L”接线柱（线束）导通，故确认调节器“C”接脚即为“L”接脚（充电指示灯接脚）。

图示	说明
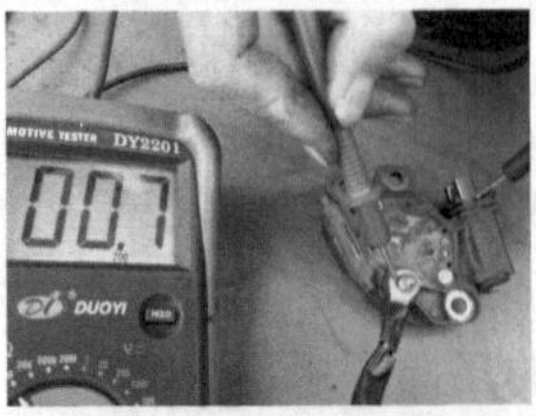	⑤ 正、负电刷确认。电刷“1”与调节器“L”接柱导通，为正电刷，则电刷“2”为负电刷。
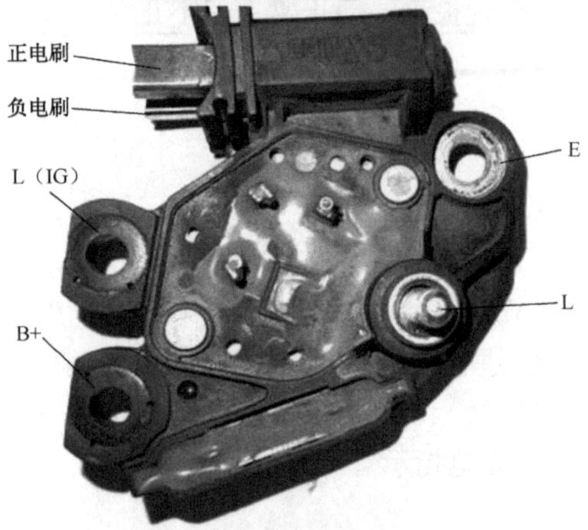	⑥ 调节器接脚及电刷名称确认。经过上述辨认与检测，最终确认调节器接脚及电刷名称。
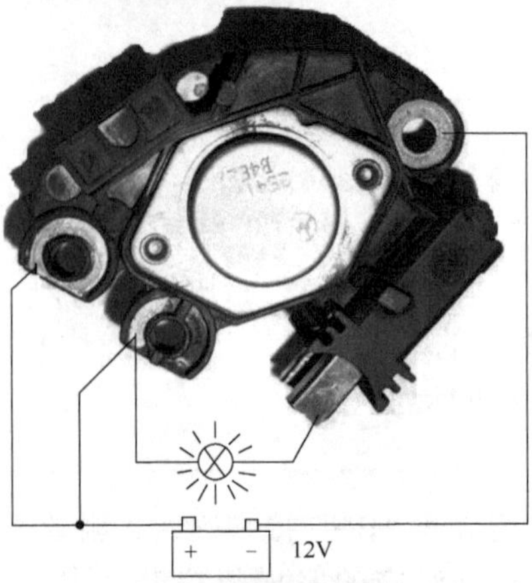 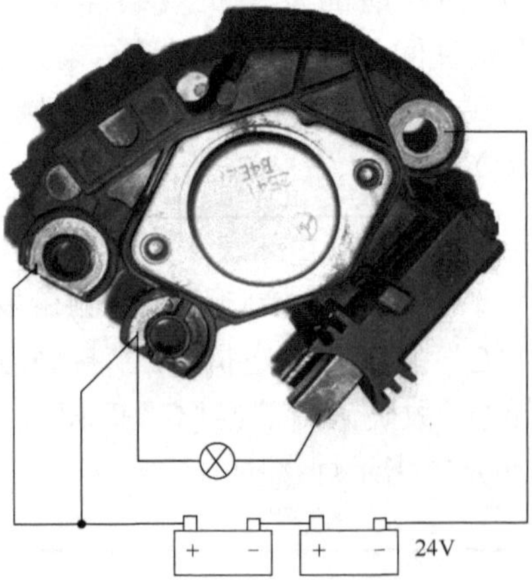	⑦ 调节器检测电路的连接。将调节器及电刷组件与蓄电池、试灯、连接导线按左图所示进行连接。当电路电压为 12V 时，试灯点亮；当电路接入 24V 电压时，试灯熄灭，说明电压调节器正常，否则应更换调节器。 想一想： ◆ 在调节器检测电路中，为什么电路电压为 12V 时，试灯点亮；当电路接入 24V 电压时，试灯熄灭？ ◆ 图中试灯相当于发电机实际电路中的什么元件？

4．发电机装复	
图示	说明
 	发电机的装复按拆卸的相反程序进行。 （1）将整流器安装在发电机的后端盖上。 （2）用电烙铁连接整流器与三相绕组接头。
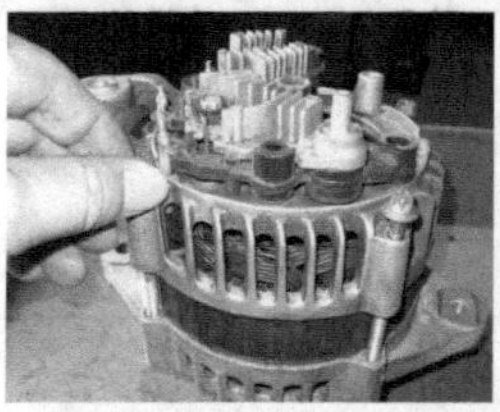 	（3）安装发电机前、后端盖。 （4）安装调节器及电刷组件。用一段细长钢丝压缩电刷，将调节器及电刷组件安装到位并紧固。
 	（5）安装电刷护罩。 （6）安装防尘罩并紧固“L”和“B+”接柱。
5．发电机磁场检查与发电试验	
	发电机装复后应进行磁场检查与发电试验。 （1）励磁磁场检查。将发电机壳体接蓄电池负极，“IG（L）”接柱连接蓄电池正极，用起子靠近发电机前（后）轴端，起子应被吸住。
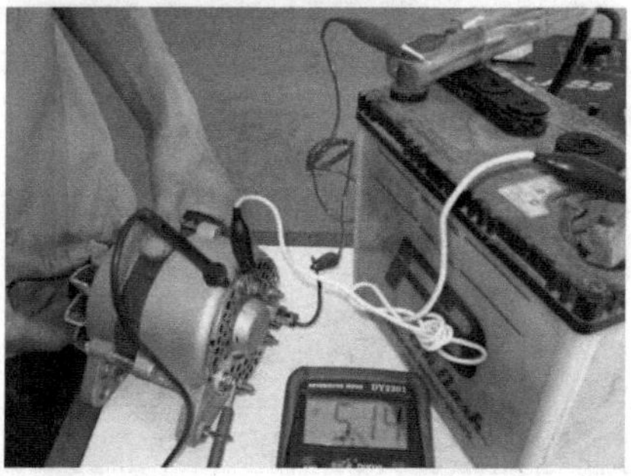	（2）发电试验。将发电机壳体（E）接蓄电池负极，“IG（L）”接柱连接蓄电池正极，用手快速旋转发电机皮带轮，同时用万用表直流电压挡测量发电机“B+”（输出）接柱电压，根据转速的高低，应有 3～10V 的电压输出。
6．工作现场 7S，自检工作完成情况并进行自我评价	

项目 5　起动系统的故障诊断与检修

学习任务单 15　认识汽车起动系统

任务目标：

技能目标	（1）会连接基本起动电路 （2）能在实车上找到起动系统的组成部件，并会分析起动机不转的故障范围
知识目标	能叙述起动系统的作用、组成和基本工作过程
学习活动	学习起动系统的基本知识→起动系统的识别、连接与故障分析→评价总结

引导问题：汽车起动系统由哪些部件组成？起动机是如何工作的？

1. 了解汽车起动系统的组成

在横线上填写组成部件的名称（图 5-1）。

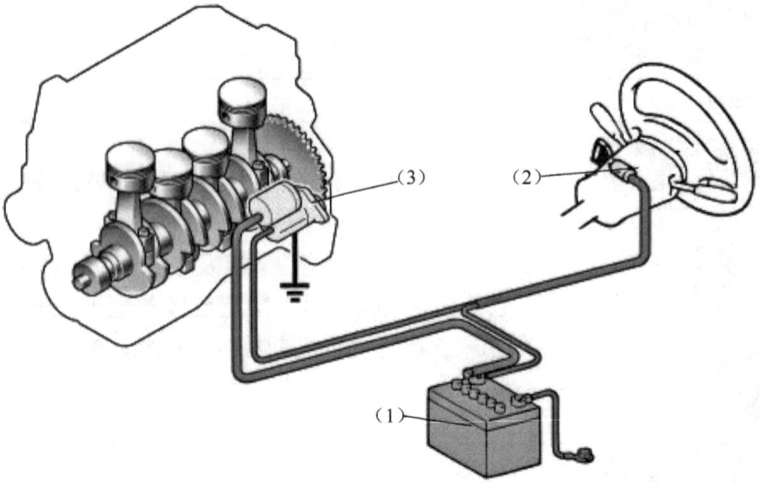

（1）________________

（2）________________

（3）________________

图 5-1　汽车起动系统的组成

2. 起动系统实车识别

在实训车上找到该车起动系统的各个组成部件，填写表 5-1。

表 5-1　起动系统各组件的名称、安装位置和作用

序号	起动系统组件名称	安装位置	作用
1	蓄电池		
2	起动机		
3	点火开关		
4	起动继电器（若有）		

3. 认识起动机

在横线上填写组成部件的名称（图 5-2）。

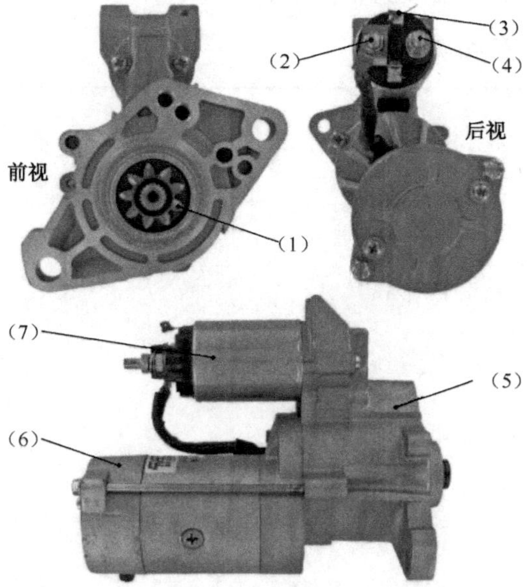

（1）__________

（2）__________

（3）__________

（4）__________

（5）__________

（6）__________

（7）__________

图 5-2　起动机的外部结构

4. 了解起动系统的基本工作原理

（1）实训器材：蓄电池、起动机、导线（带夹头）、点火开关、继电器、台钳等。

（2）实训要求：先按图 5-3 连接起动机基本工作电路，再把点火开关、起动继电器依次接入电路。

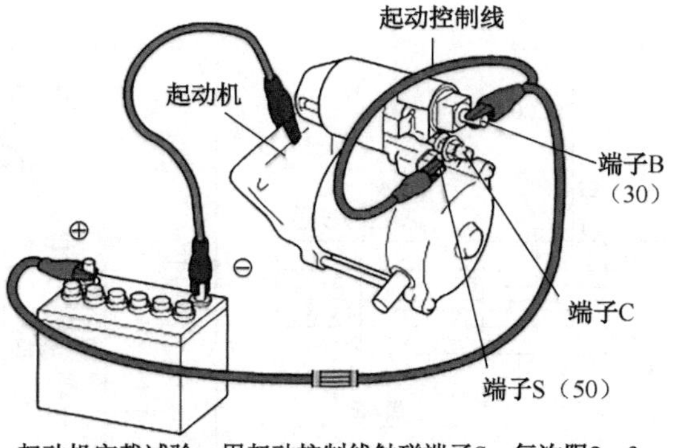

起动机空载试验：用起动控制线触碰端子S，每次限2～3s。

图 5-3　起动机的空载试验

用台钳垫铝板或布夹住起动机，按图 5-3 连接蓄电池与起动机，用起动控制线触碰起动机的端子 S（50 接柱），驱动齿轮将伸出并运转——这就是起动机的基本工作原理，即起动机正常工作的条件是：起动机壳体与蓄电池______极连接，端子 B（电源 30 接柱）与蓄电池______极连接，当起动控制线（点火开关控制线）向起动机______端子供电时，起动机驱动齿轮将伸出并运转。

5. 起动系统故障分析

图 5-4 是五菱宏光汽车起动与充电系统电路，假定该车打起动时起动机不转。

（1）试分析可能的故障原因并将故障部位在图上用红蓝铅笔圈出来。

（2）说说如何确认起动机不转的故障原因在起动系统。

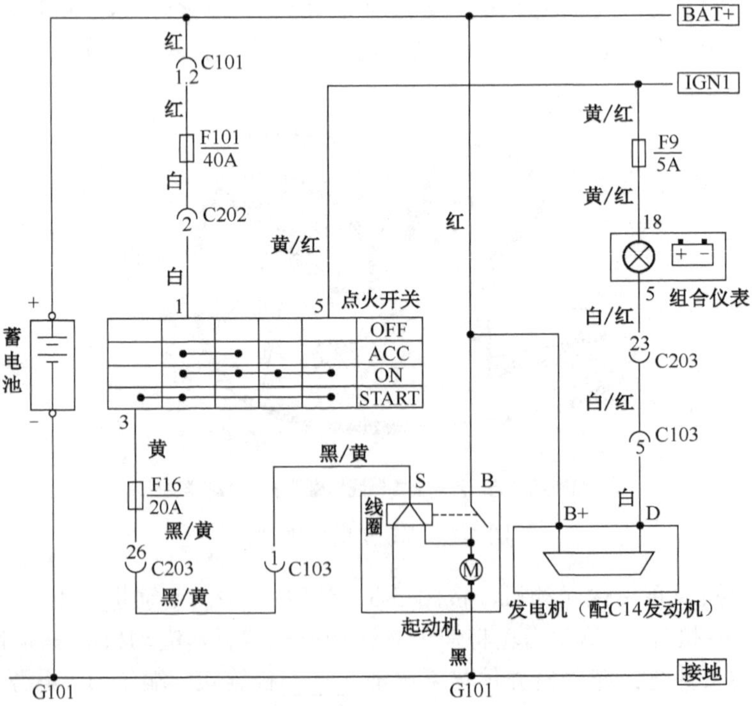

图 5-4 五菱宏光汽车起动与充电系统电路

学习任务单 16　就车检测汽车起动系统

任务目标：

技能目标	（1）能在实车上检测起动控制电路，判别起动系统故障 （2）会查阅维修手册，会分析非模块控制和模块控制的起动系统电路 （3）会就车更换起动机
知识目标	分析起动电路，说明起动控制电路的工作原理
学习活动	学习起动控制电路的基本知识→起动系统的分析与检测→评价总结

引导问题 1：非模块控制汽车起动电路由哪些部分组成，如何检测？

1．描图与填空

阅读丰田卡罗拉 1ZR-FE 发动机起动系统电路图（图 5-5），回答下面的问题。

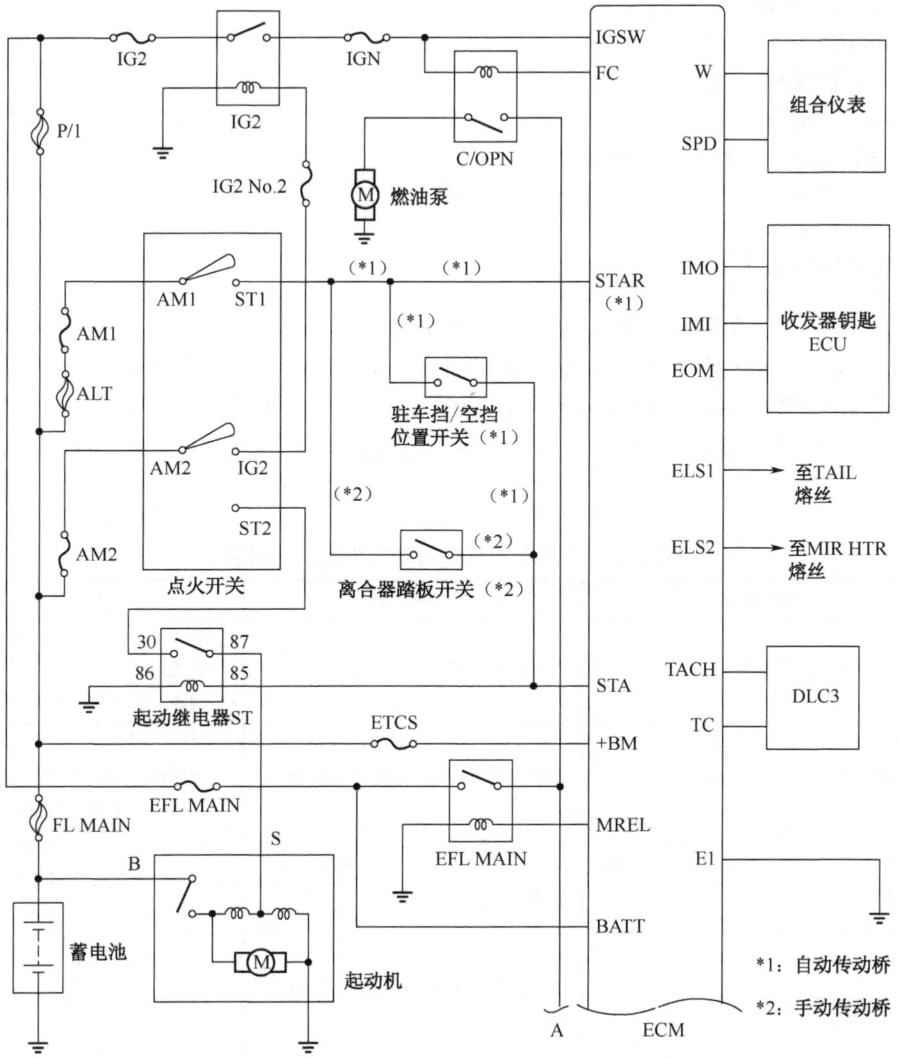

图 5-5　丰田卡罗拉 1ZR-FE 发动机起动系统电路图

（1）用蓝笔描出手动挡车型打起动时起动继电器控制电路的电流方向，用红笔描出起动继电器主电路的电流方向，用铅笔描出起动机主电路的电流方向。

（2）卡罗拉手动挡车型打起动时，起动机不转，可能的原因有哪些？用蓝色笔在电路中圈出来。

（3）卡罗拉手动挡车型打起动时，起动机不转（选择填空）。

① 如果按喇叭声音不响亮，开大灯亮度暗淡，则优先检查______________是否有故障。

② 如果喇叭声音响亮，大灯灯光明亮耀眼，起动机电缆连接正常，则拔下起动控制线插头（S 端子），打起动检查其供电情况：如果 S 端子有电，则故障在______________；如果 S 端子没有电，则故障在______________________。

③ 如果拔去起动继电器，打起动时（同时踩下离合器踏板）用试灯一端搭铁，一端接起动继电器 30 和 85 接脚，试灯都点亮，说明___________________没有故障。

A．喇叭和大灯

B．蓄电池

C．起动控制电路及点火开关

D．起动机

E．离合器踏板开关

F．起动继电器

G．保险 ALT、AM1、AM2

H．都有可能

2．起动电路实车检测

检测五菱宏光汽车起动电路（参见图 5-4）。

（1）查阅五菱宏光汽车电路手册，如图 5-6、图 5-7、表 5-5 和图 5-8 所示，在实车上找到起动电路中熔丝 F101、F16，接插件 C101、C103、C202 和 C203 的位置。

（2）起动电路检测：用试灯、万用表检测五菱宏光汽车起动电路（图 5-9）并填写表 5-2。

表 5-2　五菱宏光汽车起动电路检测记录表

序号	检测项目	检测方法	检测记录
1	起动机 S 端子插头	打起动时用试灯和万用表检测	试灯：□点亮；□不亮 电压：___________V 判断：□正常；□不正常
2	熔丝 F16	打起动时用试灯和万用表检测	试灯：□点亮；□不亮 电压：___________V 判断：□正常；□不正常
3	熔丝 F16 到起动机 S 端子插头电路电阻值	关闭点火开关，用万用表测量电阻值	电阻值___________Ω 标准：通常线路阻值≤1Ω 判断：□正常；□不正常
4	起动电路电压降	参见图 5-9，打起动时检测各处的电压降	V_1=__________V V_2=__________V V_3=__________V 判断：□正常；□不正常

1. 发动机舱保险丝盒

（1）保险丝盒继电器的布局。

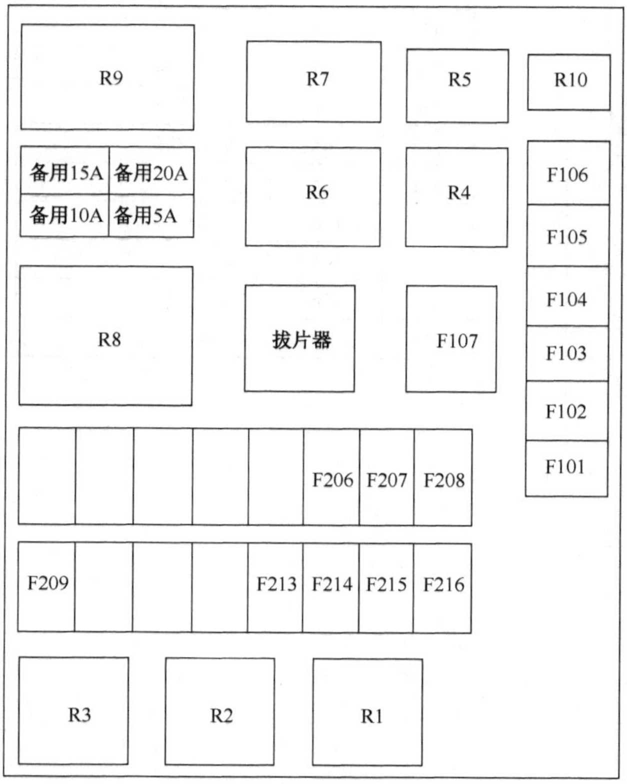

图 5-6　五菱宏光汽车发动机舱熔丝盒的布局

（2）发动机舱保险丝及继电器的使用（表 5-3）。

表 5-3　保险丝及继电器的使用说明

保险丝	电流	说明
F101	40A	仪表保险丝
F102	40A	ABS 保险丝
F103	30A	ABS 保险丝
F104	40A	冷却风扇保险丝
F105	20A	大灯保险丝
F106	30A	暖风机保险丝
F107	30A	电动窗保险
F206	10A	ABS 模块保险丝
F207	5A	ABS 模块保险丝
F208	10A	ECM 电喷保险丝
F209	15A	小灯保险丝
F213	15A	油泵保险丝
F214	15A	前雾灯保险丝
F215	10A	喇叭保险丝
F216	10A	压缩机保险丝
继电器	电流	说明
R-1	–	压缩机继电器
R-2	–	大灯继电器
R-3	–	小灯继电器
R-4	–	低速风扇继电器
R-5	–	燃油泵继电器
R-6	–	暖风机继电器
R-7	–	前雾灯继电器
R-8	–	高速继电器
R-9	–	主控继电器
R-10	–	电喇叭继电器

2. 仪表熔丝盒

（1）熔丝的布局。

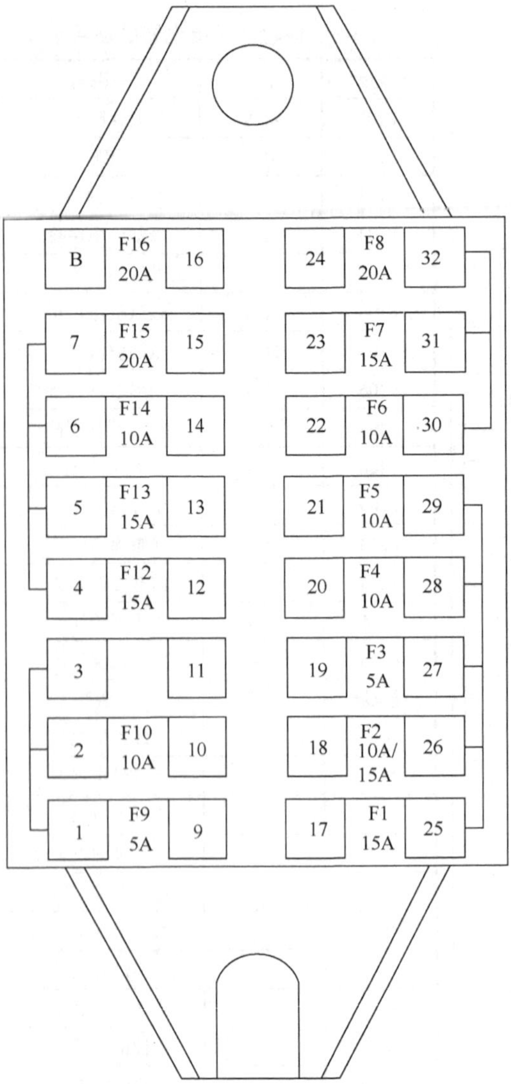

图 5-7 五菱宏光汽车仪表熔丝盒的布局

（2）仪表保险丝的使用（表 5-4）。

表 5-4 仪表保险丝的使用说明

保险丝	电流	说明
F1	15A	前雨刮
F2	15A/10A	倒车灯（豪华型为 15A）
F3	5A	后视镜
F4	10A	顶蒸发器
F5	20A	除霜
F6	10A	收放机
F7	15A	点烟器
F8	20A	车载电源
F9	5A	组合仪表
F10	10A	安全气囊
F12	15A	顶灯
F13	15A	报警灯
F14	10A	制动灯
F15	20A	中控门锁
F16	20A	起动电机

表 5-5 图 5-8 中接插件信息说明表

接插件号	针脚数量	颜色	连接的线束	接插位置
C101	2 个针脚	白色	前部线束—起动电缆	蓄电池旁边
C103	12 个针脚	白色	前部线束—发动机线束	前雨刮电动机旁边
C202	2 个针脚	白色	前部线束—仪表线束	仪表板左下角
C203	39 个针脚	白色	前部线束—仪表线束	仪表板左下角
C101	—	—	起动电缆	蓄电池旁边

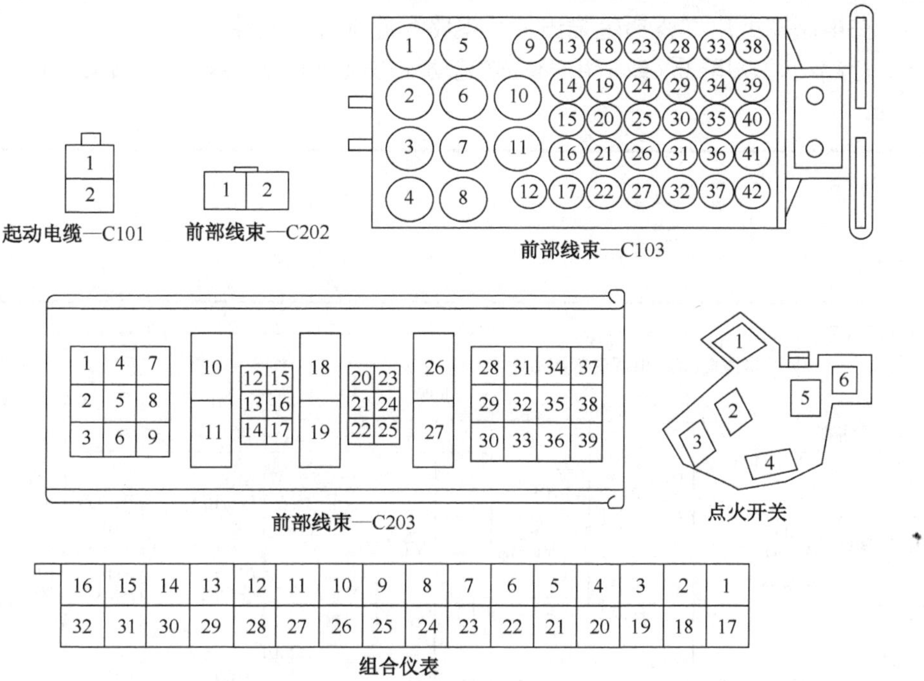

图 5-8　五菱宏光汽车起动与充电系统电路接插件信息

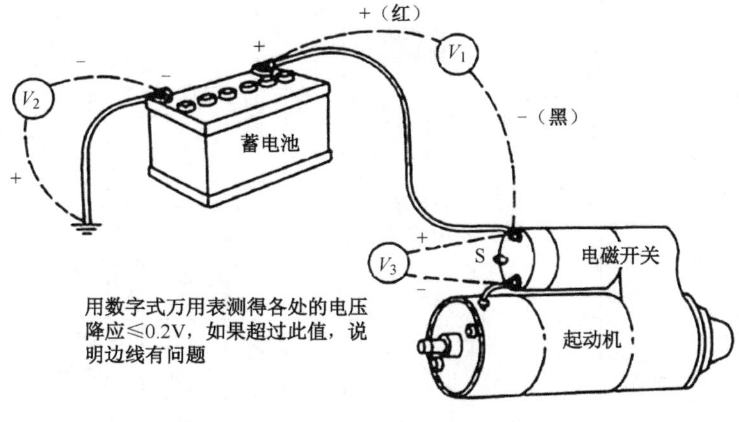

图 5-9　起动电路电压降的检测

引导问题 2：模块控制汽车起动电路由哪些部分组成，如何检测？

1. 信息收集

阅读别克威朗手动挡车型起动控制电路（图 5-10），回答下面的问题。

（1）模块控制的起动系统通常由蓄电池、__________、__________、__________、__________和起动机等组成。

（2）模块控制起动系统的起动继电器线圈通常由__________供电。

（3）模块控制的手动挡车型的起动系统，ECM 须采集__________和__________信号，才会接通起动继电器电路，同时接收到__________信号，才会持续接通起动继电器电路。

（4）在电路图上用红蓝铅笔描出信号电路和起动控制电路。

（5）打起动时，用试灯或万用表检测起动继电器 KR27 接脚 1，如果没有电，应检查哪些地方？

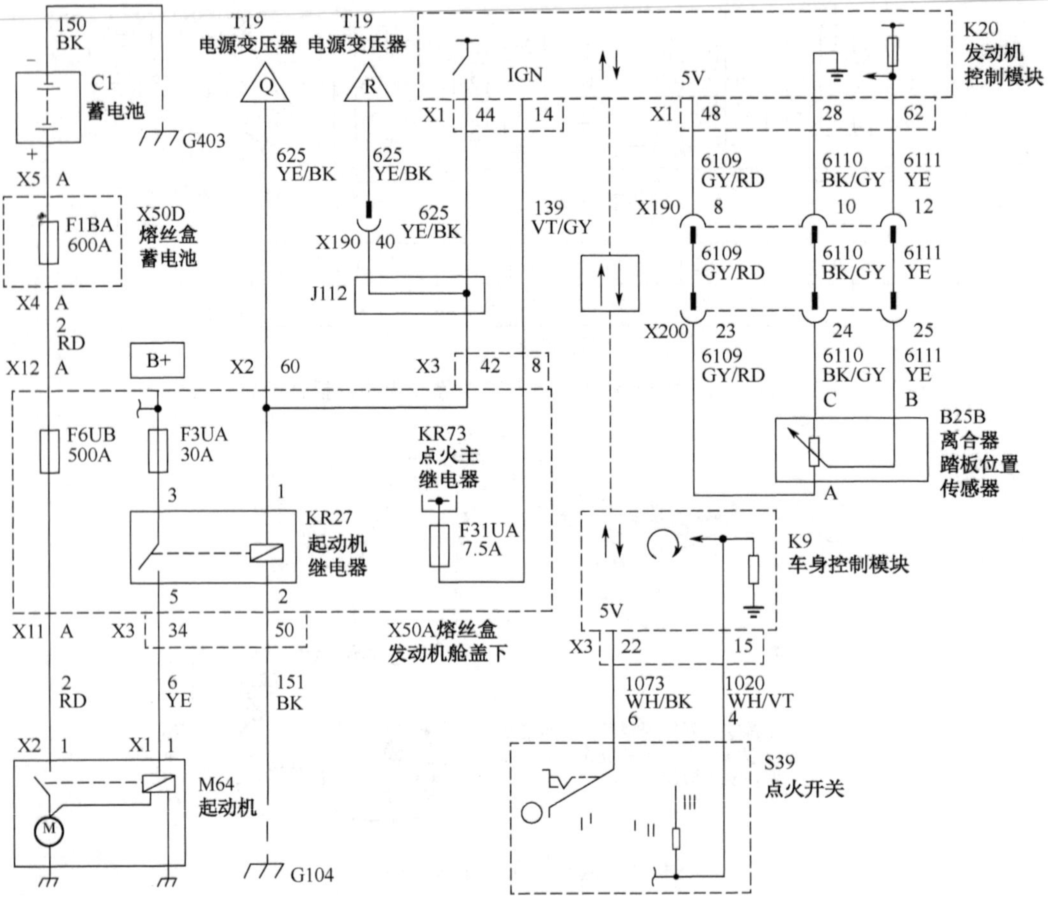

图 5-10　别克威朗手动挡车型起动控制电路

2．起动电路检测

（1）实训任务：检测科鲁兹轿车（或其他模块控制车型）起动系统电路，参见图 5-11。

（2）实训要求。

① 电路分析：用红蓝铅笔在电路图上描出信号电路和起动控制电路。

② 以起动继电器为切入点检测实车起动电路。

（3）实训步骤。

① 在电路图上描出起动信号电路、P/N 挡信号电路和起动控制电路。

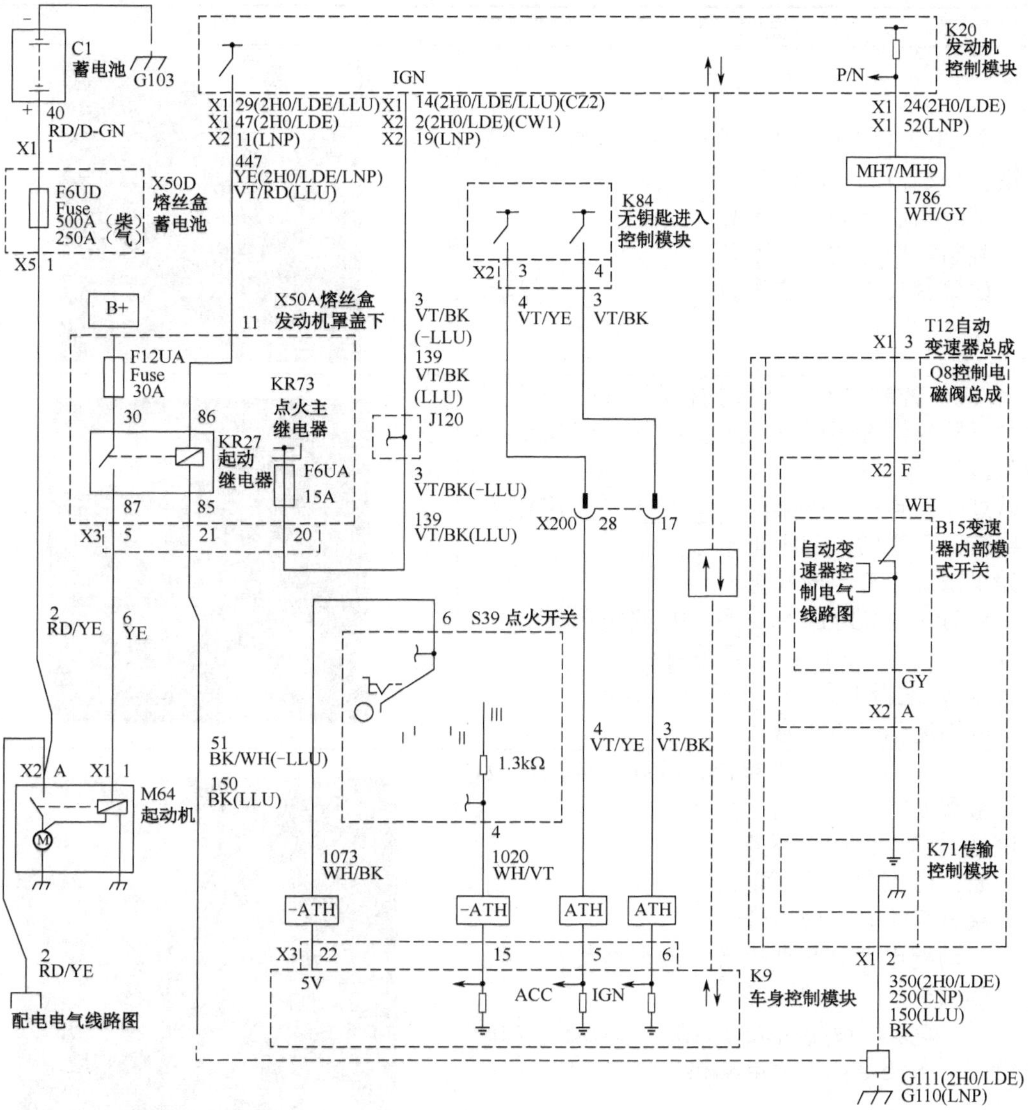

图 5-11　科鲁兹轿车起动系统电路

② 实车检测步骤。

实车检测步骤如下所示。

说明	图示
安全防护：将实训车辆举升至离地面 10～15cm（或在驱动车轮前后垫三角木），打开发动机舱盖，安装防护套。	
找到起动继电器：查阅手册或根据发动机保险盒盖的标注寻找。	
检测起动继电器电路（拔去起动继电器，用试灯检测）。	

说明	图示
※ 30（开关电源）接脚的检测：试灯一端搭铁，一端检测 30 接脚。 试灯：□点亮；□不亮 判断：□正常；□不正常 如果试灯不亮，应检查____________保险。	
※ 86（控制电源）接脚的检测：试灯一端搭铁，一端检测 86 接脚——起动开关打到起动挡检测。 试灯：□点亮，持续约_______s；□不亮 判断：□正常；□不正常 如果试灯不亮，应检查： ☆起动继电器到 ECM 之间的电路是否断路。 ☆起动信号、P/N 挡信号是否正常。 ☆ECM 是否工作。 ☆网络通信是否正常。	
※ 87（输出）接脚的检测：试灯一端接正极，一端检测 87 接脚。 试灯：□点亮；□不亮 判断：□正常；□不正常 如果试灯不亮，应检查： ☆起动继电器到起动机之间的电路是否断路。 ☆起动机是否有故障。 思考：如果怀疑起动机有故障，如何区分故障在电磁开关还是在直流电动机？ ________________________________ ________________________________	
※ 85（搭铁控制）接脚的检测：试灯一端接正极，一端检测 85 接脚。 试灯：□点亮；□不亮 判断：□正常；□不正常 如果试灯不亮，应检查起动继电器到搭铁间电路是否断路。	

说明	图示
检测起动继电器： 继电器线圈两端加 12V 电压，用万用表电阻挡或试灯检测继电器开关的导通情况。 线圈的电阻值为__________Ω。 开关闭合时的电阻值为__________Ω。 判断：□正常；□不正常	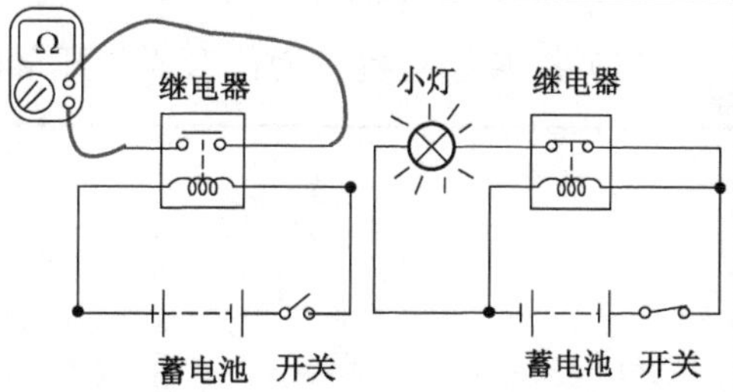
恢复车辆	

引导问题 3：如何就车更换汽车起动机？

由于车型不同，起动机的安装位置不同，拆装起动机的复杂程度也不一样。有些车型把车辆举升起来就可以直接拆装，有些车型须拆卸空气滤清器、进气歧管等附件后才能拆装起动机。下面以五菱宏光 1.4L 发动机车型为例进行介绍。

1. 实训任务

拆装和更换实训车辆的起动机。

2. 实训要求

（1）通过维修手册和实车观察，弄清楚起动机的安装特点，避免多拆附件。
（2）安全、正确拆装起动机。

3. 实训步骤

准备工作：关闭车上所有用电设备。
拆卸步骤：
（1）断开蓄电池负极。
（2）举升车辆，拆下发动机后下盖板。
（3）拆下起动机电缆和控制线螺母，取下起动机电缆和控制线。
（4）拆下两颗起动机固定螺栓，取下起动机。
安装步骤：
（1）安装起动机到发动机上并拧紧固定螺栓（24±5N·m）。
（2）连接起动机电缆并拧紧螺母（11±2N·m）。
（3）连接起动机控制线并拧紧螺母（6±1N·m）。
（4）装上发动机后下盖板，小心降下车辆。
（5）连接蓄电池负极，起动汽车，测试性能。

4. 实训思考题

（1）拆装起动机时为什么要断开蓄电池负极？

（2）如果没有举升机，还有哪些方法可以拆卸起动机？

学习任务单 17　起动机的检修与试验

任务目标：

技能目标	（1）会拆装和检修起动机 （2）会进行起动机的空载试验
知识目标	能叙述起动机的组成和基本工作过程
学习活动	学习起动机的基本知识→起动拆装与试验实训→评价总结

引导问题：如何解体检修有故障的起动机？

1. 填图

（1）认识电磁开关的结构（图 5-12），请在方框内填写零件名称。

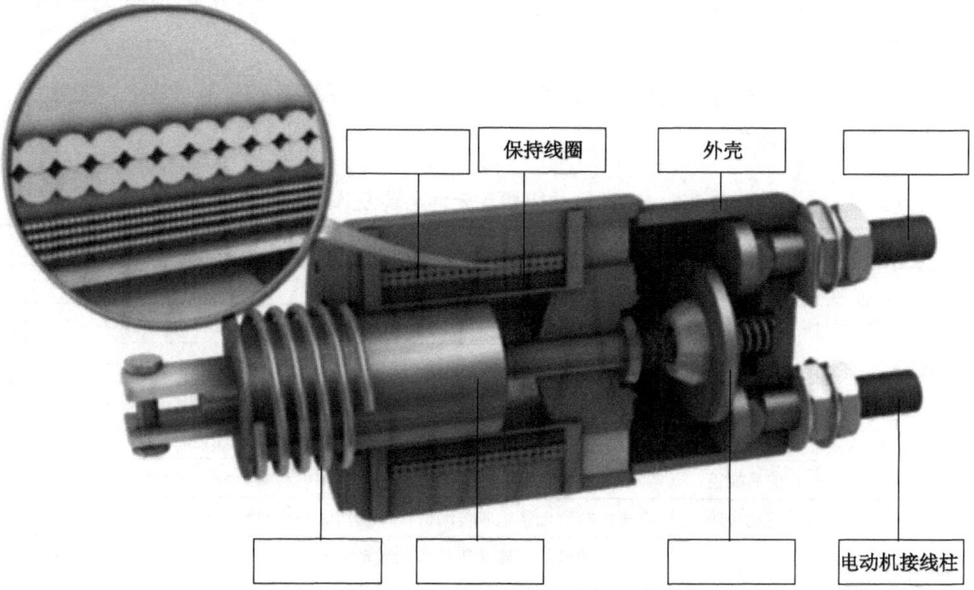

图 5-12　电磁开关的结构

2．认识直流电动机的结构（图 5-13），请在方框内填写零件名称。

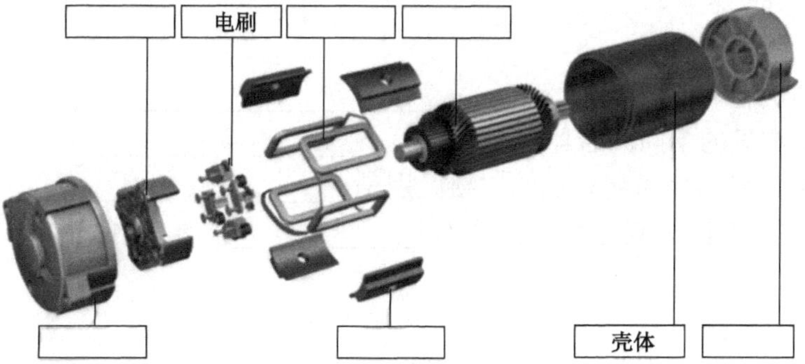

图 5-13　直流电动机的结构

3．认识减速起动机的结构（图 5-14），请在方框内填写零件名称。

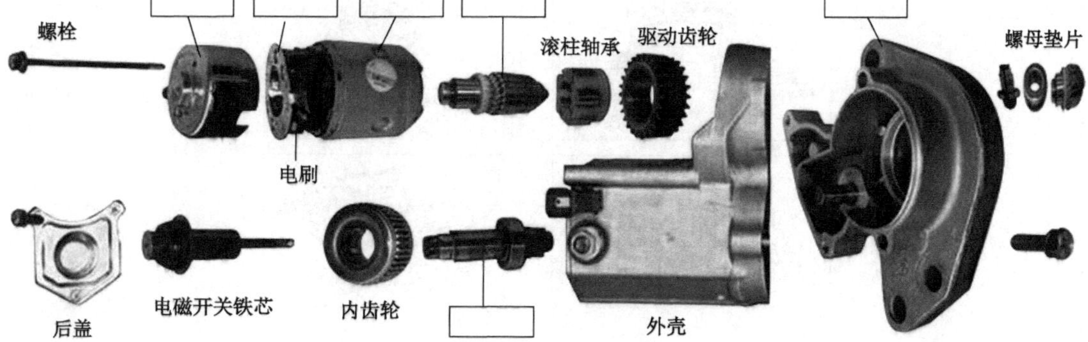

图 5-14　减速起动机的分解图

2．填表

在表 5-6 所示的空格中，根据起动机的“元件名称”填写“作用描述”，或根据“作用描述”填写“元件名称”。

表 5-6　起动机的组成、元件名称及作用描述表

起动机的组成	元件名称	作用描述
直流串励式电动机	磁极	
		产生电磁转矩，通电后在磁极所产生的磁场中运动的转动体
	换向器	
		将电流引入电动机，由铜粉（80%）和石墨粉（20%）压制而成
	电刷架	用来安装电刷，分正电刷架和负电刷架两种
	前后端盖	用于安装电枢、电刷架等零件，并将电动机组成一个整体
传动机构	驱动齿轮	与单向离合器组成传动机构，工作时与飞轮啮合传递扭矩
	单向离合器	将电动机的电磁转矩传递给发动机使之起动，并在起动后自动打滑，确保起动机不会飞散损坏
	拨叉	
控制机构		用来接通或断开电动机与蓄电池之间的电路

3．填空题

（1）起动机的作用是____________________________________。

（2）汽车上常见的单向离合器有__________、__________、__________。

（3）减速起动机与普通起动机的主要区别是________________________。

（4）减速起动机齿轮减速装置主要有______________和______________两种。

4．选择题

观察图 5-15，属于普通起动机的是__________，属于行星齿轮式减速起动机的是__________，属于平行轴式减速起动机的是__________。

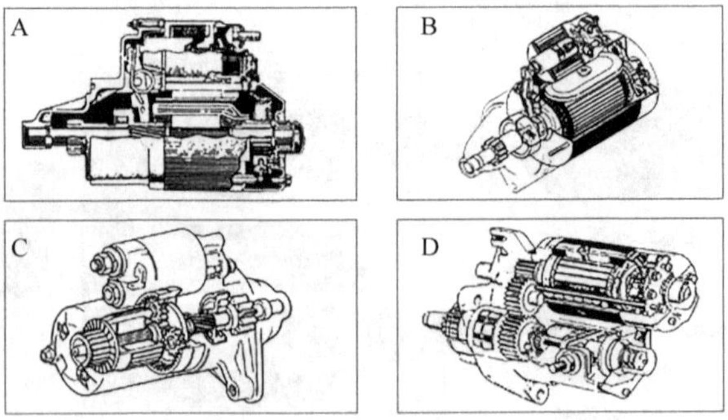

图 5-15　起动机的种类

5. 实训：起动机的解体检修与试验

（1）实训任务：解体检修普通或减速起动机，装复后完成空载试验。

（2）实训要求。

① 查阅维修手册或资料，了解起动机解体顺序、检测内容及检测标准。

② 正确使用工量具，规范拆装起动机，避免损坏零部件。

（3）实训步骤。

① 起动机的解体。

图示	说明
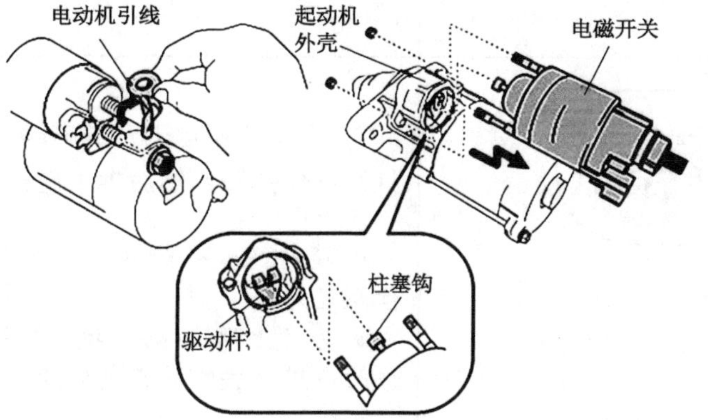	（1）拆卸电磁开关总成。 ① 拆下定位螺母并断开电动机引线。 ② 拆下两个螺母并将电磁开关拉到后侧。 ③ 向上拉电磁开关的顶端，从驱动杆中取出柱塞钩。 ④ 拆下电磁开关。
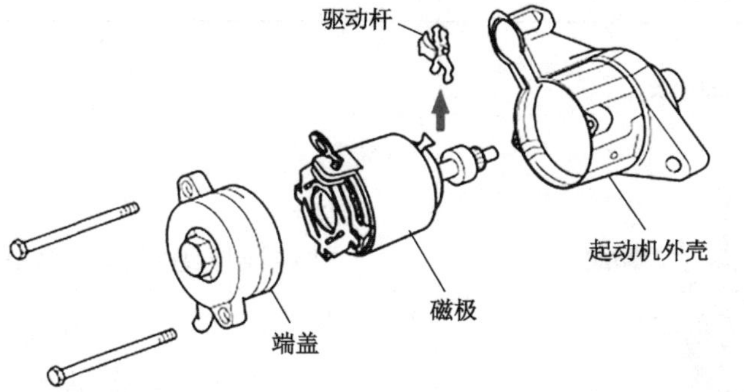	（2）拆下起动机磁轭（磁极）总成。 ① 拆下两个螺栓。 ② 拆下换向器端盖。 ③ 分开起动机外壳与起动机磁轭。 ④ 拆下驱动杆。
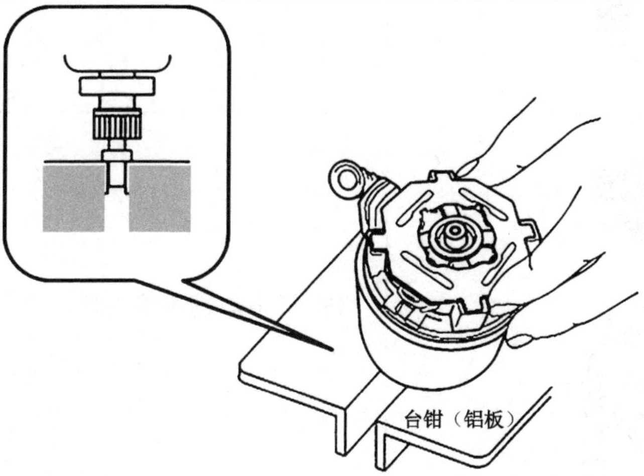	（3）拆卸起动机电刷。 ① 用台钳将电枢轴固定在两块铝板或者布之间。

图示	说明
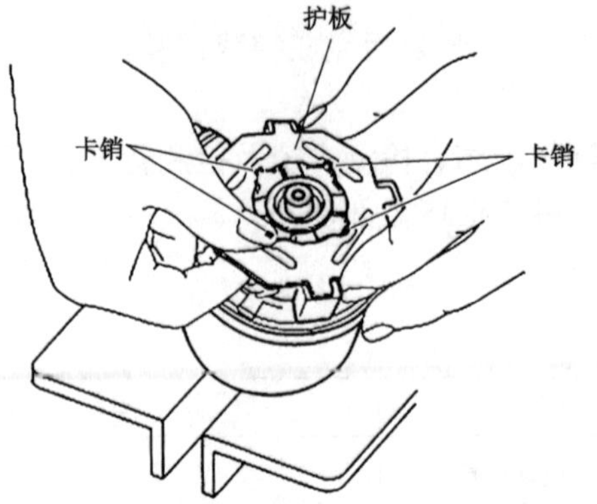	② 释放卡销并取下护板（用手指向上扳卡销，然后拆下护板）。 注意：应慢慢拆下护板，否则电刷弹簧可能会弹出。
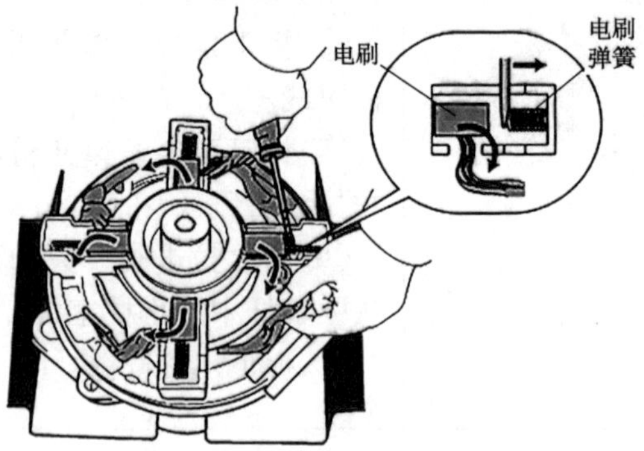	③ 用平头螺丝刀（或其他工具）压住弹簧，然后拆下电刷。 注意： ● 执行此操作时应用胶带缠住螺丝刀。 ● 为防止弹簧弹出，执行此操作时应用一块布盖在电刷座上。
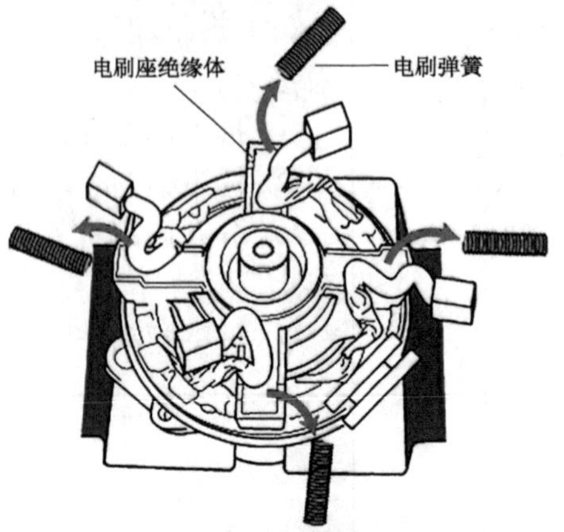	④ 从电刷座绝缘体上拆下电刷弹簧。
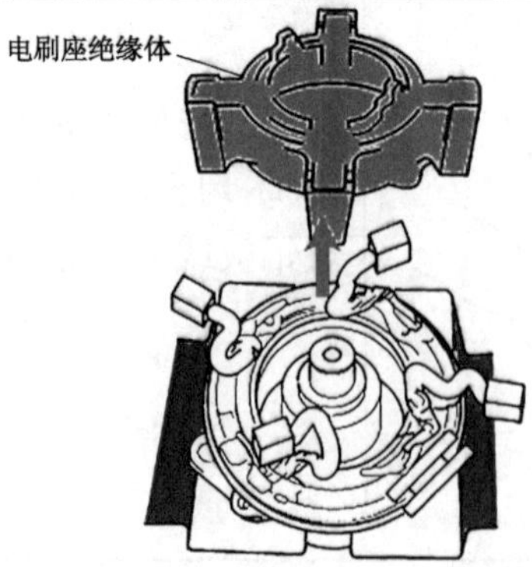	⑤ 拆下电刷座绝缘体。

图示	说明
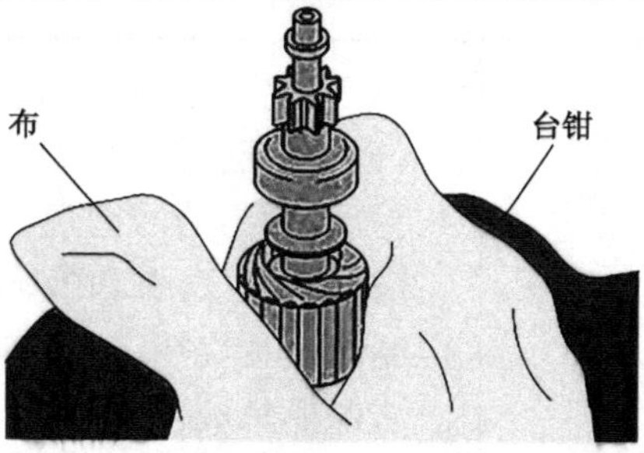	（4）拆下起动机离合器。 ① 从起动机磁轭上拆下起动机电枢总成，然后用台钳将电枢固定住，夹在两块铝板或布之间。
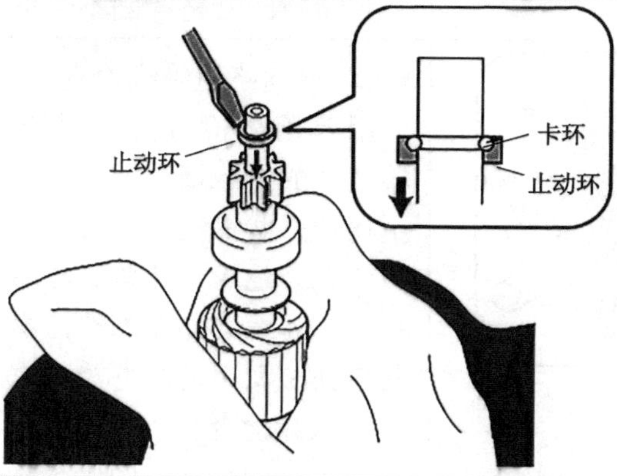	② 用平头起子轻敲止动环，使其向下滑动。
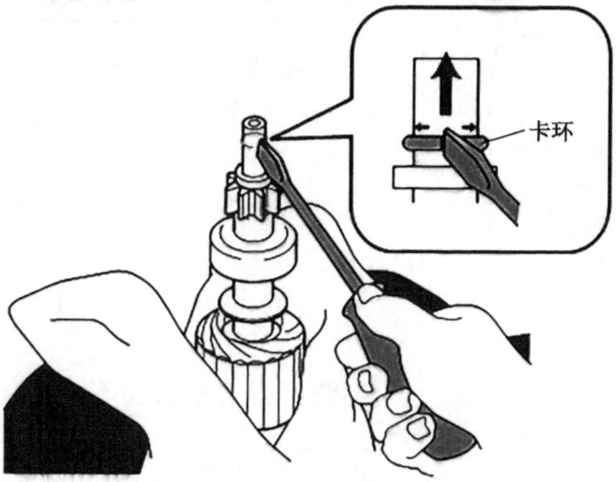	③ 用平头起子打开卡环的开口，拆下卡环。
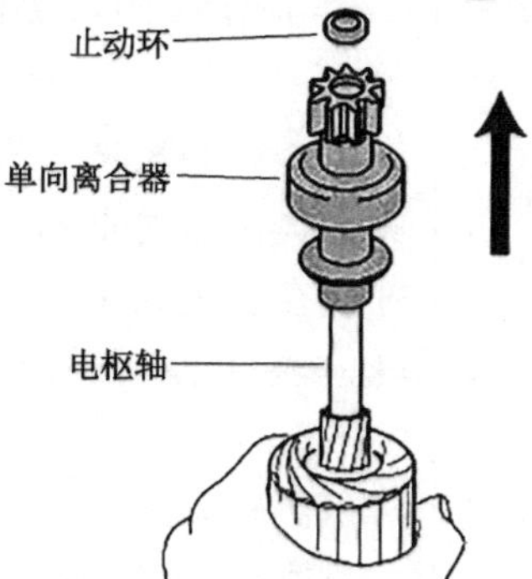	④ 从电枢轴上拆下止动环和起动机离合器。

2．起动机零部件的检查。

<table>
<tr><th>图示</th><th>说明</th></tr>
<tr><td>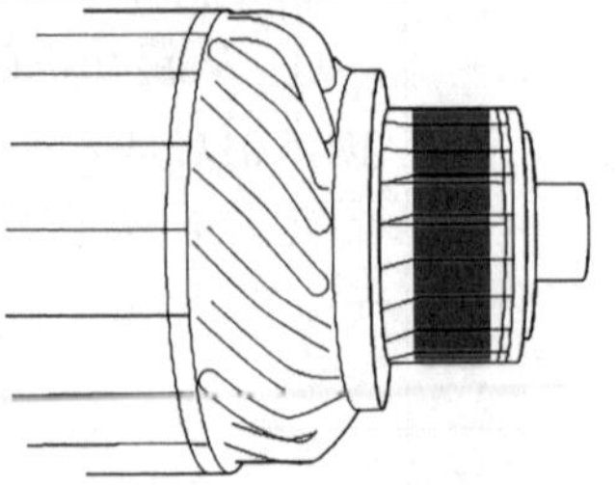</td><td>（1）检查电枢。
① 目测与清洁检查。
检查电枢线圈和换向器变脏的程度或是否烧坏；用抹布或者刷子清洁电枢总成。
判断：□合格；□不合格</td></tr>
<tr><td>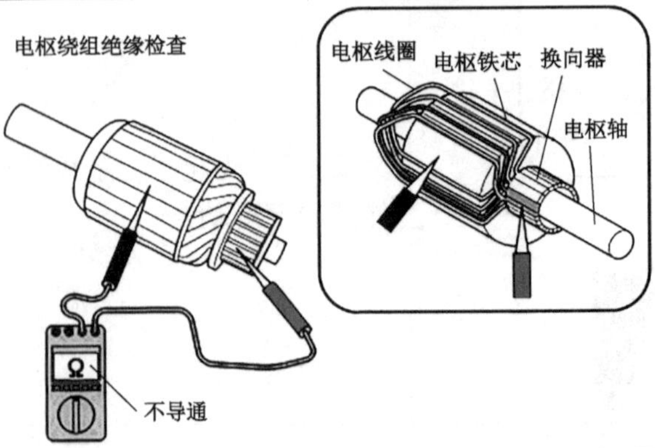
</td><td>② 电枢绕组绝缘检查。
用万用表检查换向器和电枢铁芯之间的绝缘情况。
提示：电枢铁芯和电枢线圈之间的状态为绝缘，换向器与电枢线圈相连。如果零部件正常，换向器和电枢铁芯之间的状态为绝缘。
※绝缘检查__________Ω。
判断：□合格；□不合格</td></tr>
<tr><td>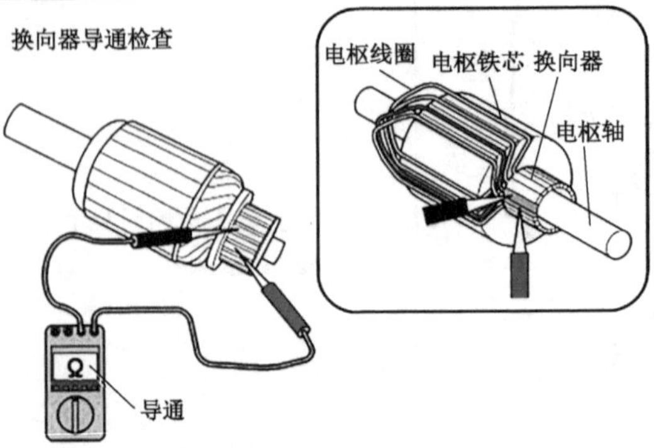
</td><td>③ 换向器导通检查。
提示：每个换向器片通过电枢线圈连接。如果零部件正常，换向器片之间的状态为导通（电阻值小于1Ω）。
※换向器片之间的电阻值_____Ω。
判断：□合格；□不合格</td></tr>
<tr><td>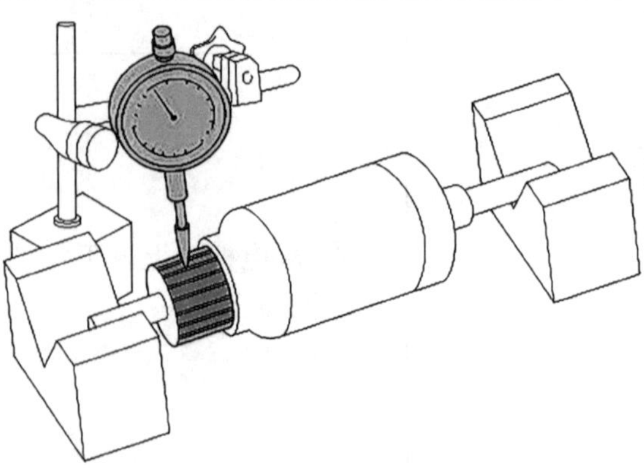</td><td>④ 换向器圆跳动量检查
用千分表检查换向器的圆跳动量。
提示：如果换向器的圆跳动量变大，换向器与电刷的接触将减弱，可能会出现故障，如起动机无法运转。换向器的圆跳动量应不大于0.15mm。
※圆跳动量__________mm。
判断：□合格；□不合格</td></tr>
</table>

图示	说明
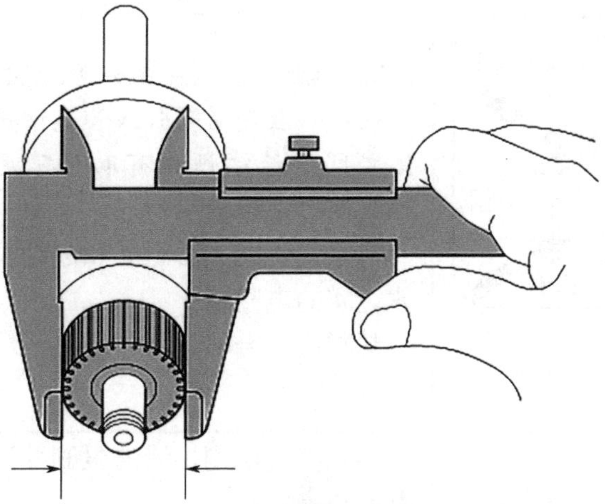	⑤ 换向器外径检查。 提示：换向器在转动时要与电刷接触，因此会磨损。 如果测量值超出规定的磨损范围，换向器与电刷的接触将变弱，这可能会导致电循环不良，从而造成起动机无法转动和其他故障。测量值与标准值相差应不超过1.1mm。 ※测得直径________mm。 查标准直径________mm。 判断：□合格；□不合格
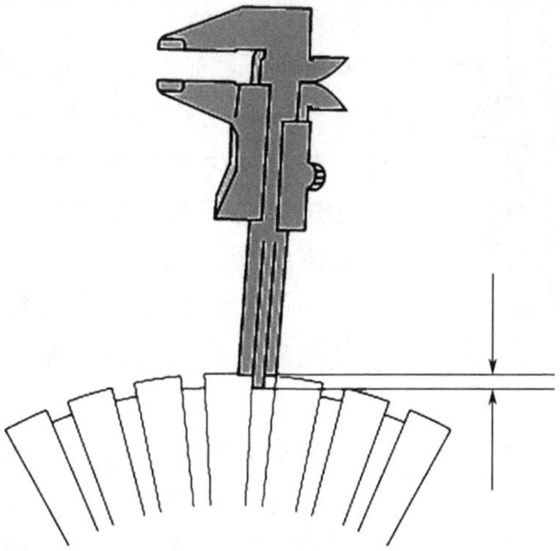	⑥ 换向器凹槽深度检查。 云母片应低于铜片0.5～0.8mm。云母片如果高于铜片，应用锉刀修整。 ※凹槽深度________mm。 判断：□合格；□不合格
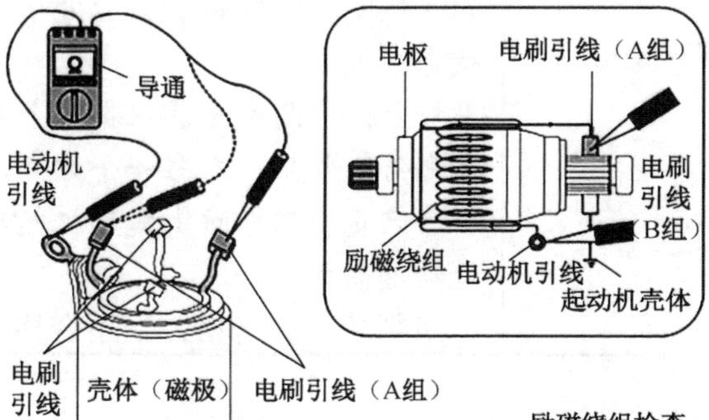 励磁绕组检查	（2）检查电刷引线。 ① 电刷引线（A 组）和电动机引线导通情况检查。 提示： ● 电刷引线有两组，一组与电动机引线相连（A 组），另一组与起动机壳体相连（B 组）。 ● 检查电动机引线和所有电刷引线之间的导通情况。A 组的 2 根电刷引线导通，B 组的两根电刷引线不导通。 ※电刷引线（A 组）和电动机引线之间的电阻值________Ω。 判断：□合格；□不合格

<table>
<tr><th>图示</th><th>说明</th></tr>
<tr><td>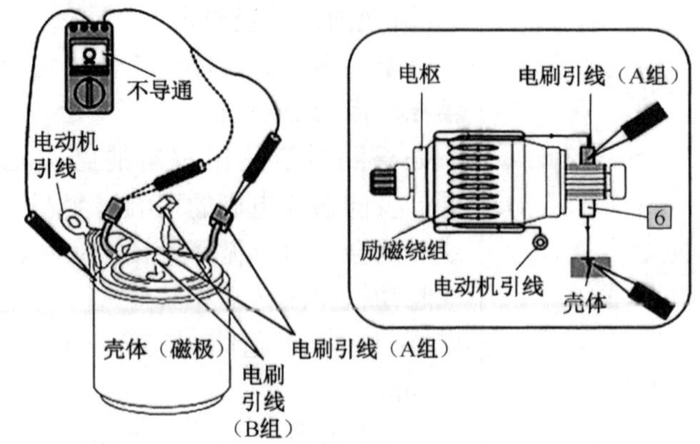
</td><td>② 电刷引线（A 组）绝缘检查。
提示：检查电刷引线和起动机壳体之间的绝缘情况有助于确定励磁线圈中是否发生短路。
※电刷引线（A 组）和起动机壳体之间的电阻值________Ω。
判断：□合格；□不合格</td></tr>
<tr><td>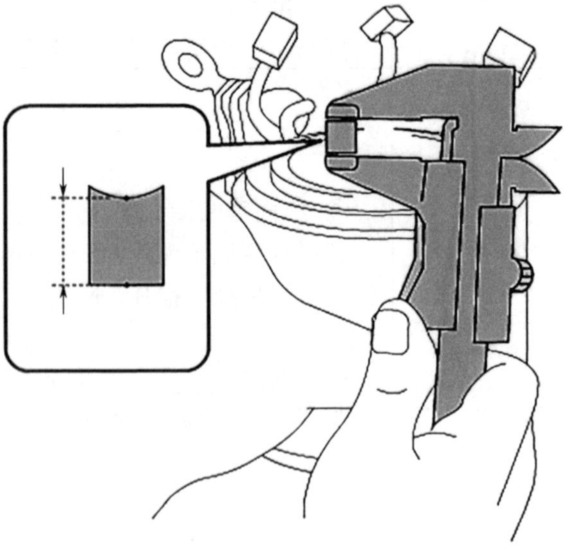</td><td>（3）检查电刷，清洁电刷并测量电刷长度。
提示：
● 测量电刷最低点的长度。
● 如果电刷磨损超过规定限度，其与换向器的接触将变弱，会使电流流动不畅，起动机可能因此而无法转动。
● 如果测量值低于规定值，应更换电刷。要求实际长度不小于标准的 2/3。
※电刷长度__________mm。
电刷标准长度________mm。
判断：□合格；□不合格</td></tr>
<tr><td>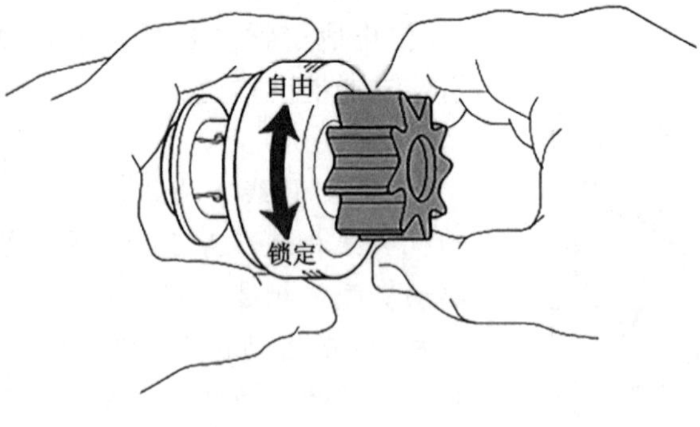
</td><td>（4）检查单向离合器。
用手转动单向离合器，逆时针方向（从驱动齿轮端看）应处于锁定状态。
提示：单向离合器仅在一个旋转方向传送扭矩。在另一个方向，离合器只是空转，防止发动机起动后带动起动机。
※判断：□合格；□不合格</td></tr>
</table>

图示	说明
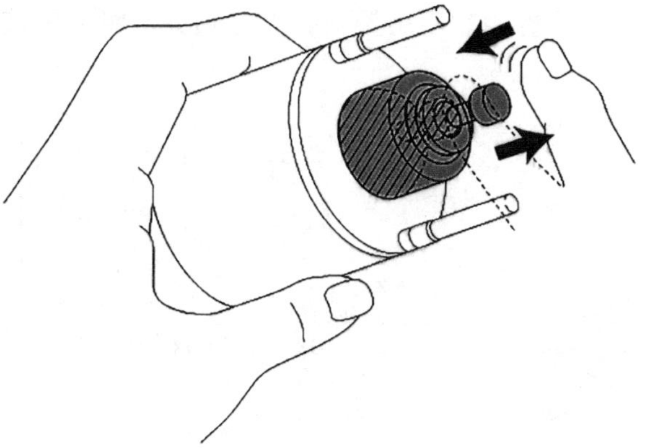	（5）检查电磁开关。 ① 检查活动铁芯回位情况。 用手指按住活动铁芯（柱塞），松开手指之后，检查铁芯是否很顺畅地返回其原始位置。 提示： ● 如果柱塞无法顺畅地返回其原始位置，开关的接触将变弱，将无法打开/关闭起动机。 ● 如果柱塞的运行不正常，应更换电磁开关总成。 ※判断：□合格；□不合格
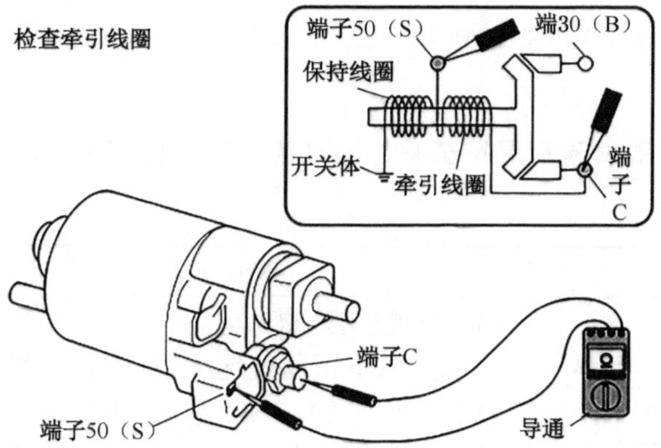	② 检查牵引线圈：用万用表检查端子 50 和端子 C 之间的导通情况（电阻值应小于 1Ω）。 提示： ● 牵引线圈连接端子 50 和端子 C。如果牵引线圈正常，则两个端子之间导通。 ● 如果牵引线圈断开，柱塞将无法被引入。 ※牵引线圈电阻值_____Ω 判断：□合格；□不合格
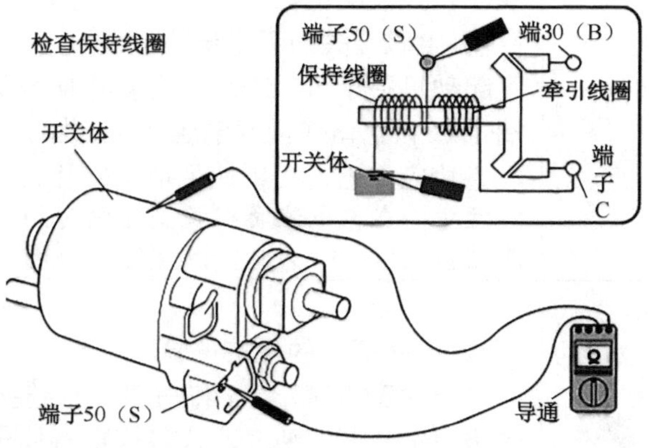	③ 检查保持线圈：用万用表检查端子 50 和开关体之间的导通情况（电阻值应小于 1Ω）。 提示： ● 保持线圈连接端子 50 和开关体。 ● 如果保持线圈断开，可牵引柱塞，但是无法保持，因此小齿轮会反复伸出和返回。 ※保持线圈电阻值_____Ω。 判断：□合格；□不合格

③ 起动机的组装。

起动机的组装按解体的相反顺序进行。

安装单向离合器时，应在花键上涂一些润滑脂。

电枢轴卡环和止动环的安装如图 5-16 所示。

- 将止动环安装到电枢轴上时，较小的内径应指向下方（驱动齿轮一侧）。

● 电枢轴上的卡环在拆卸时已经被撬开，安装时将卡环对齐轴上的凹槽，用台钳适度压紧。

● 推出单向离合器，将其保持在推出的位置，然后用塑料锤敲打轴头，将卡环装入止动环中。

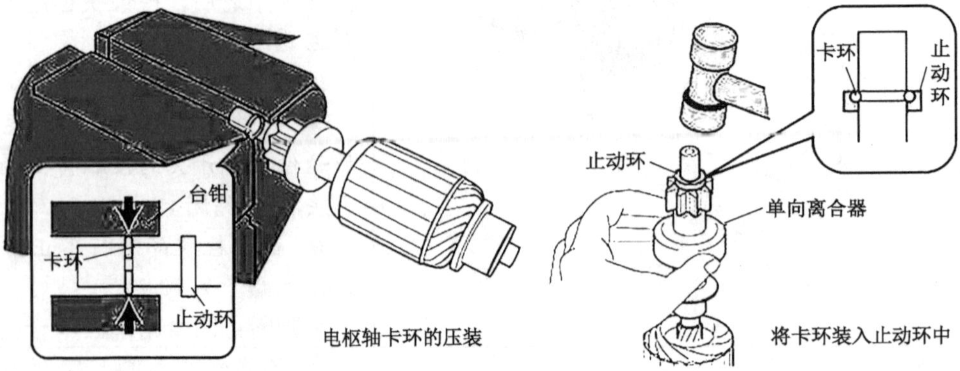

图 5-16 电枢轴卡环和止动环的安装

④ 起动机的试验。

起动机组装后应进行电磁开关的牵引试验和保持试验、驱动齿轮回位检查和起动机无负荷试验，以检查维修和组装的质量。

图示	说明
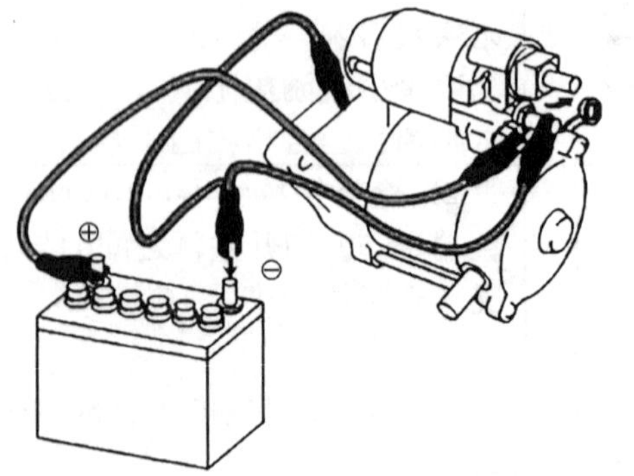	（1）电磁开关的试验。 说明：以下试验是连续进行的，试验前应熟悉操作步骤，以免通电时间过长烧坏线圈。可以先从端子 C 上断开磁场线圈引线，以免起动机运转。 ① 电磁开关的牵引试验。 起动机端子 S（50）连接蓄电池正极，端子 C 和壳体连接蓄电池负极，此时驱动小齿轮应伸出，否则应更换电磁开关。 注意：在蓄电池负极控制通电时间，每次试验以 3～5s 为宜，以免烧坏线圈。
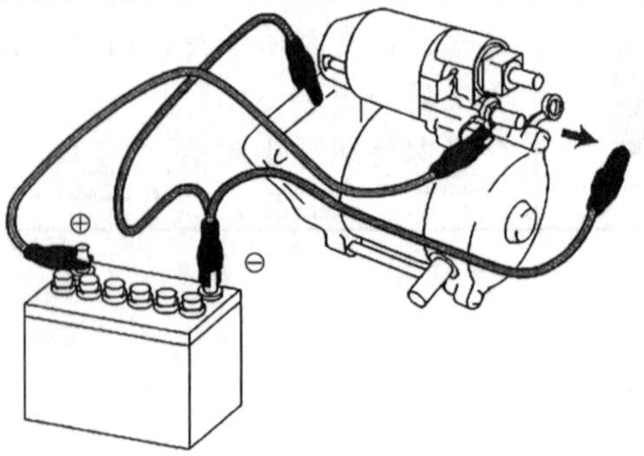	② 电磁开关的保持试验。 在上述牵引试验中，将与端子 C 连接的负极电缆移开，驱动小齿轮应保持伸出，否则应更换电磁开关。 注意：此时与蓄电池负极连接的电缆保持连接，每次试验以 3～5s 为宜，以免烧坏线圈。

图示	说明
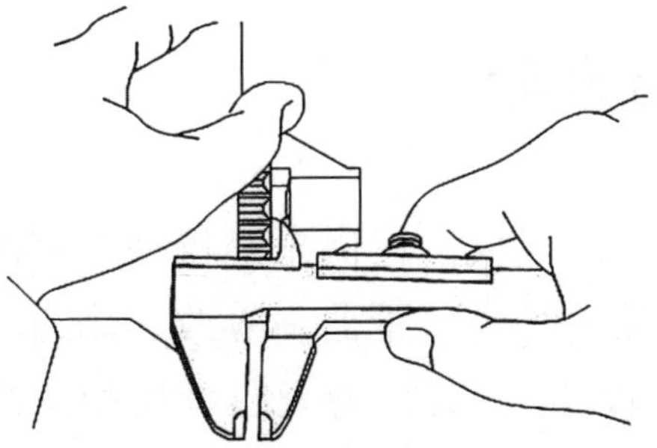	③ 检查驱动齿轮间隙。 在保持试验状态下，快速测量驱动齿轮与止动环之间的间隙，应为 1.0±0.5mm 说明：熟练时可以快速目测，以减少试验通电时间。
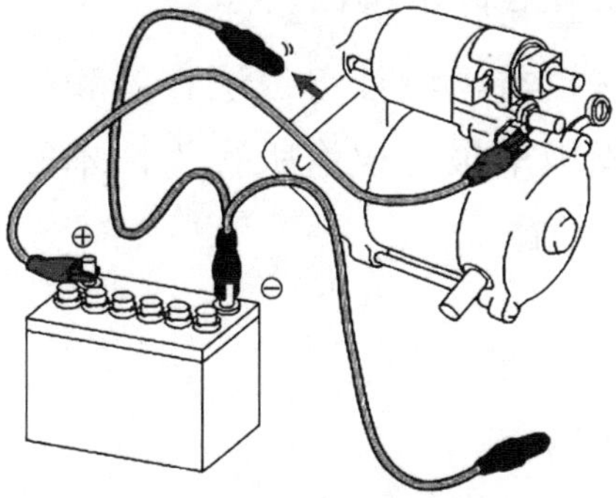	④ 驱动齿轮回位检查。 在电磁开关保持试验结束后移开起动机壳体上的负极电缆，此时驱动齿轮应迅速回位，否则说明回位弹簧有故障，应更换电磁开关总成。
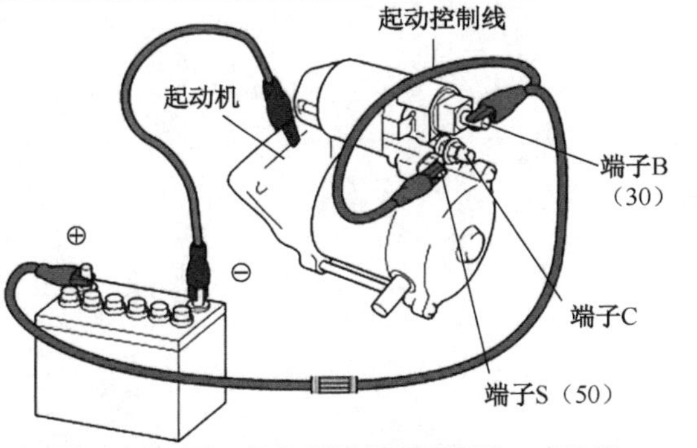 起动机无负荷试验：用起动控制线触碰端子S，每次限2～3s。	（2）起动机无负荷试验。 无负荷试验可以检查电磁开关的接触点，以及换向器和电刷之间的接触情况 电磁开关试验结束后，将磁场线圈引线与端子 C 连接好，把起动机用台钳加铝板或布夹好。 按图示连接蓄电池与起动机，在起动机壳体处控制电路通断，此时起动机驱动齿轮应伸出并运转正常。

5．现场 7S，维修结束。

- 清洁、整理工量具。
- 清洁工作台、起动机。
- 打扫场地卫生。

反侵权盗版声明

举报电话：（010）88254396；（010）88258888
传　　真：（010）88254397
E-mail：　dbqq@phei.com.cn
通信地址：北京市万寿路173信箱
　　　　　电子工业出版社总编办公室
邮　　编：100036

汽车发动机电气维修

含工作页

职业院校汽车专业任务驱动教学法创新教材

汽车底盘维修（含工作页）
柴油机维修教程
☑ 汽车发动机电气维修（含工作页）
汽车发动机构造与维修
汽车维修企业管理基础
汽车焊接技术
汽车保养与维护（含工作页）
机械识图
汽车电工电子基础
汽车装饰与美容（含工作页）
汽车钣金修复
汽车空调维修（含工作页）
汽车车身涂装
汽车文化

策划编辑：郑　华
责任编辑：郑　华
封面设计：彩丰文化

PHEI

ISBN 978-7-121-32123-8
9 787121 321238 >
定价：31.80元